峒村林溪：
林溪河侗寨文化研究

吴万清　杨尚荣　编著

北京燕山出版社
BEIJING YANSHAN PRESS

图书在版编目 (CIP) 数据

峒村林溪：林溪河侗寨文化研究 / 吴万清，杨尚荣
编著 . -- 北京：北京燕山出版社，2022.12

ISBN 978-7-5402-6069-9

Ⅰ . ①峒… Ⅱ . ①吴… ②杨… Ⅲ . ①侗族 – 民族文
化 – 文化研究 – 三江侗族自治县 Ⅳ . ① K287.2

中国版本图书馆 CIP 数据核字 (2022) 第 185549 号

峒村林溪：林溪河侗寨文化研究

出版发行：北京燕山出版社有限公司

社　　址：北京市丰台区东铁匠营苇子坑 138 号 C 座

邮　　编：100079

责任编辑：刘占凤　吴蕴豪

版式设计：优盛文化

印　　刷：定州启航印刷有限公司

开　　本：710mm×1000mm　　1/16

印　　张：18

字　　数：300 千字

版　　次：2022 年 12 月第 1 版

印　　次：2022 年 12 月第 1 次印刷

ISBN 978-7-5402-6069-9

定　　价：98.00 元

序言

　　我老家南康侗寨坐落在林溪河上游美俗村西北面后背的一个椭圆形山坳里，山坳由太平山与坡顶山两条山脉合拢形成，一条小溪一年四季在山坳中流淌，村民就安居在此。村寨虽然不大，但鼓楼、福桥、祠庙、戏台、学校、田垄、鱼塘、牲畜、竹木，以及岁时节庆、道德规矩、笙歌乐舞等侗寨村落文化元素一应俱全。两百多年来，村落最早由从湖南方向迁移而来的几户人家呈工棚式散居，经过大家团结一心、披荆斩棘、拓荒造田，各族姓开枝散叶，发展到如今的近百户人家，见证了一个侗寨从无到有、从小到大的历程，例证了一个民族的发展史及其文化经络。

　　林溪河流域几十个侗寨组成的溪峒款区，则是具有一定地理范围的文化空间。因为连接长江支流渠江和珠江支流浔江、坪坦河流域与林溪河流域的双江—坪坦—科马界—林溪—古宜这条通道，自古就是两江流域南来北往的官民商兵和北米南盐物资流通的一条重要通道，因此林溪河侗寨有着多元文化交融交织互动的村落特征。从考古人类学的角度看，珠江流域的"柳江人"和长江流域的高庙文化遗址，都说明这个区域在一万年前就有人类活动；从历史文献记载角度来看，从秦汉两朝"南征百越"的被塞"镡城之岭"到夜郎古国的历史记载，说明这个区域到公元纪年时，就已经产生了高度的文明，其物质和精神文化足以与中原相抗衡；从文化符号元素角度看，南方壮侗语族的兄妹婚、洪水神话和祖母崇拜的原始社会遗留、荆楚湖湘文化的太阳崇拜与崇巫尚武都在林溪河流域侗寨里呈现出来。我们可以这样说，中华民族文化多元一体的特征在林溪河流域侗寨得到充分体现，并交融互补，相得益彰。

　　从生计、制度和意识形态等方面入手，对一定区域空间进行的文化地理研究越来越受到时下人文研究学者的重视，他们注重研究不同地域特有的文化、文化渗透、转变关系。具体来讲，其生计文化主要研究人们日常的生产生活，如衣食住行、生计类型等；制度文化则指组织生产、生活活动的机构、制度，如法律制度、经济制度、家族制度等；意识形态文化则是与人们心理、信仰、价值观相关的宗教、艺术等。一般认为，一种文化景观的形成，是文化扩散的使然。《峒村林溪：林溪河侗寨文化研究》一书就是运用文化扩散的研究方法，来探讨林溪河侗寨文化景观。该书各章的作者用历史发展的观点，在研究林溪河侗寨文化现象时空发展变化过程的同时，探寻林溪河侗寨文化源地表述方向的可能性。林溪河侗寨的文化源地与林溪侗区域原居民的灌溉农业息息相关。这是因为文化最先在农业取得成就的地方发展。只是后来随着国家力量的进入，由于移民、领土扩张和商业往来，不同文化进入并在林溪河侗寨发生混合或替代。该书研究者注意到了这个问题，他们把研究重点放在不同文化在林溪河侗寨间传播交流的路线和过程、文化传播的方式、文化区的扩大和进退等方面，体现在这本书中，就是涉及生产工具的形式和应用、植物的种植和动物的饲养、农业体系的建构以及宗教的价值和信念等。

当前，湘黔桂三省（区）交界侗族地区民族文化旅游开发方兴未艾，侗学界提出了建设"百里侗乡文化长廊"的侗族文化研究、保护、开发、利用的建议。这条"百里侗乡文化长廊"北起湖南通道侗族自治县，南至广西三江侗族自治县，沿途包括坪坦河流域和林溪河流域的近百个侗族村寨。《峒村林溪：林溪河侗寨文化研究》将为"百里侗乡文化长廊"文化旅游建设打下坚实的理论基础。这是本书取得的社会成果。

祝愿家乡建设蒸蒸日上！是以为序。

杨再延

2021 年 11 月于南宁相思湖畔

CONTENTS
目 录

第一章 概述

杨尚荣　黄洁

　　林溪，民国版《三江县志·山川》载，源出于县北高步乡之水团村，及林溪山仓门坳各山溪，合而南流，至林溪街口，再纳各山小溪，过林溪大桥而南，入程阳乡境，折而东南，旋复南流入光辉乡境，过文村，至黄排村边，合武洛江，东南流，至石眼口入浔江。林溪河流域侗寨的行政归属县为林溪镇，该镇北边与湖南省通道侗族自治县（以下简称"通道县"）牙屯堡镇和坪坦乡毗邻，南边与三江县周坪乡连接，东边与湖南省通道县陇城镇相邻，西边与三江县八江镇相邻。全镇总面积为 153 平方千米，有 15 个村街，65 个自然屯，居住着近 3 万人口的侗、苗族同胞。

　　本书是一部有关林溪河流域"峒村林溪"侗族村寨文化整体性、综合性描述的民族志。在我国的历史学和民族学范畴里，"峒"是南方人群的一种"居住地"。其地理形态指高原山地中散布的、因河水侵蚀逐渐形成的面积不大的山间谷地。这些"峒地"地势较平坦、水源较充足，因此可以容纳较多的人群在此定居，从事水稻耕种，而且逐步发展出稳定的人群组织和社会结构。这些"峒民"也成为地方官府最早接触的山区人群之一，并且由于定居稻作，他们相比那些从事刀耕火种、迁徙不定的人群，更容易被地方官府纳入管理，成为拥有"峒民"身份的人群。这类人群因为"安土重迁"，便在漫长的社会进程中形成了自身的文化特质。林溪河流域几十个侗族村寨的"峒村林溪"就是这样。基于此，本书将选择从历史源流、自然生态、社会结构、居所时空、生计方式、风物风情、宗教信仰、生命礼仪、文物古迹、文学艺术、遗产价值等 11 个方面，对"峒村林溪"的林溪河流域侗族村寨文化的特性或特征，分别进行阐述。

一、三江县林溪河的侗族住民

侗族自称"宁更"（nyenc gaeml），主要分布在云贵高原东部边缘的湘桂黔三省区毗邻地区的高寒山地，交通和经济都较不发达，并与汉、苗、水、瑶等民族形成交错杂居的分布格局。因所居地理位置为楚越边界或镡城之岭，汉族古籍多称其为"洞人""峒人"或"溪洞之民"[①]。广西壮族自治区的侗族主要聚居在桂北山区三江侗族自治县、龙胜各族自治县，散居在融安、融水苗族自治县、罗城仫佬族自治县、东兰等县。其中，三江侗族自治县（以下简称"三江县"）处于三省交界地带的南面、桂西北与贵州交界的山区，居住人口来源大致有湖南和贵州两种说法。

民国版《三江县志》载："其始（此处当指原住民）多居溪洞，亦称峒人，体貌多魁伟，略黑，性勇猛诚朴，较瑶为淳厚，尤富于团结、互助、自治、爱群、建筑、植牧、自足、自强之性能。男子多尚武习国技，在昔各村武馆林立……所居山原均有（分布见前），故生活较优，除种桐茶杂粮外，多种糯米，在林溪五塘及溶江一带，多撑船放木排为生……按湘西有侗族人，本县侗族人或自彼处来。"依据三江县侗族人现在的文化形态和社会形态，比较贵州、湖南等其他地方的侗族人的文化形态和社会形态，得出现在居住在三江县的侗族人是从湖南等地迁移而来的。也有人称，三江县的侗族人是由贵州向东迁移，从溶江来到三江县内，后又向北发展而成。[②]在侗族语言和文化的分区上，三江县与广西龙胜、融水，贵州黎平、榕江、从江，湖南通道等县同属于南部侗族地区，因山川阻隔、交通不便，经济文化和社会发展相对缓慢，传统文化保存相对完整。而在同一区域之内，因交通条件、经济状况、外界影响等方面的差异，在民族语言、侗歌、舞蹈、建筑、礼俗等方面各具特色，形成了多元共生的村寨文化。其中，林溪是三江北部高寒山区的侗族聚居镇，全镇95%的人口为侗族，除了牙己村1个苗寨和林溪街1个街道，其他包括平岩、程阳、平铺、冠洞、枫木、林溪、高秀、高友、美俗、茶溪、合华、水团、弄团13个行政村皆为侗寨。

据林溪河流域侗寨居住的各地村民的讲述，林溪河流域侗族村寨的现住民一大半是元明两朝从沅江流域沿水而来，他们的祖先分别来自湖南、湖北、江西等地，不论是什么样的时机、迁徙背景，他们都为这峒乡河谷

① 吴浩：《中国侗族村寨文化》，民族出版社，2004：序。
② 广西壮族自治区编辑组：《广西侗族社会历史调查》，广西民族出版社，1987，第1页。

之地带来了祖居地文化。这些人分别在不同的时间来到林溪，然后到八江，再到独峒。当然，他们的祖先在长途跋涉的迁徙过程中也丢失了一些文化。例如，南岳庙和雷子庙，此类在林溪河流域的大多村寨建有的民间庙宇及由此承载的宗教信仰和相关文化，在八江流域地区的侗族村寨就很少了，在独峒流域地区的侗族村寨几乎看不到了。所以当地也流传有这样的谚语：父在八江，子在独峒（bux nyaox nyal magx, lagx nyaox nyal miul）。又如，在独峒镇具盘村的吴、杨两姓，都是从坪坦河流域的横岭、梓檀、中步几个村迁去的。可以说，林溪河流域的各大侗族村寨处于侗族人迁徙的中间节点，对于祖居地文化的传播起到了承前启后的作用。这也是本书致力林溪河流域各个侗族村寨文化与社会形态梳理和调查的出发点和重要意义所在。

二、林溪河的历史与现在

如今，位于林溪河沿岸的侗族村寨大多位于群山之间的河谷平地。人们一般将这种地域空间称为"峒"。"峒"是南方人群的一种"居住地"，是较为典型的封闭型的小盆地或山间的平坦坝子，四周群山环抱，当中有一条河流或山涧流经。林溪河流域的村落所处的"峒"的空间跨度连绵二三十千米。在这个被称为"峒"的地理单元中，有相对封闭的山间盆地、基本的良田耕作区，有利于灌溉的水源溪流以及周边繁盛的山林植被是满足生存和防御的基本条件。有些历史书有记叙唐代对边疆地区实行羁縻统治时期，侗族先民的族群曾经以"峒"作为一种行政管理单位。

林溪河流域便处于"峒"这样的历史地埋空间。侗族人沿着河岸建造干栏式房屋，依山傍水而居。不过，每个村落的具体环境也稍有不同，如程阳八寨和冠洞村都位于林溪河比较平坦、河流比较宽阔的地方。而高秀和高友村位于海拔较高的地方，高秀村寨四面环山，平均海拔546米。从邻近高友村发源而来的高秀河自南往西北穿过村寨，经林溪与湖南甘溪、陇城交界的科马界山，流往毗邻的湖南省通道县坪坦乡阳烂、高步、高团等地，汇入长江，流进洞庭湖。林溪河沿岸村寨的侗族人沿河聚居，形成了村寨依山傍水的自然文化生态。科马界山上有条商贩便道连接林溪与高步，1949年以前，湖南的米、杉木、牛皮和棉花等少数民族土特产，通过坪坦河流运到这里，再走便道经高秀运到林溪，由林溪走水路运到古宜和柳州、桂林，乃至广东、福建，以换取作为生活用品的盐和糖等。以往高秀侗族人外出经商、走亲访友，或逢二七去通道县坪坦乡赶圩，都是通过这条便道。直至20世纪60年代初，村里还时常有人靠肩挑土特产到桂林去卖。

村寨建设不断完善，从古宜县城通往林溪沿河各村寨的公路也早已建成，为侗族村民进城购买生活用品提供了便利，同时带动了村民外出打工的热潮。位于这条公路的节点是林溪和高秀。目前很多侗族村寨的公路建设都在不断完善之中，如高秀村，沿着高秀河的"统战路"穿过高秀村的，是寨上最早修建的水泥路，2001年由区委统战部援建，正好连接20世纪60年代修建并在20世纪90年代后翻修的"林溪—冠洞"公路。每天早上8：10和下午2：30有两班中巴客车从三江县城古宜镇开往高秀村，途经林溪镇程阳、冠洞等多个侗寨，约1个半小时的车程（41千米），为村民打开了村外的世界。1979年第一波打工潮后，年轻一代的侗族村民陆陆续续通过这条通道外出打工。这些侗族村寨中也有少数人考了大客（货）车驾照，靠在县城和村寨进行客、货运营为生。

三、林溪河流域的历史源流与自然地理

在林溪河流域这个"楚边粤尽"的楚文化边缘地带，林溪河沿岸各侗寨有相对综合的信仰特征。当地侗族村寨除了原住民对大自然神灵的祭祀，对祖先的崇拜，还有对祖母神萨岁和飞山公杨再思的信仰，除此之外也不排斥外来宗教，形成了祖先和英雄神等多元神灵相交融的多神信仰体系和特征。其中当然包含了对太阳、雷神等自然神灵的虔诚信仰，这些也是典型的荆楚文化代表。

从历史源流来看，流传在林溪河侗寨里的侗族远祖歌和姜良姜妹兄妹结婚生下侗族人的神话传说，诉说着人们想象的远古历史。不过，历史上，林溪河流域处在九万大山和越城岭的中间过渡地带，西北有贵州山高水深的雷公山余脉和湖南的"镡城之岭"，南边就是柳江流域广袤的丘陵地带。在林溪河流域方圆50千米内，目前考古发现的三个遗址，分别是位于湖南通道侗族自治县县城10千米的万佛山镇下乡村北的大荒遗址，湖南靖州县新厂乡金星村斗篷坡巅的斗篷坡遗址和位于广西资源县资源镇晓锦村后龙山坡地上的晓锦遗址。这三大遗址是石器时代原始人在这片土地上生息、劳动、繁衍，并留下了丰富的文化遗产的证明，正好也表明了与此地相距50千米左右、位于南方楚越交汇之地的林溪河流域所处的人文地理位置和历史环境。这些也形成了当地侗族人居住的干栏式

吊脚楼，聚族而居的村落结构的原始基础。《建置怀远始末记》中云"怀远自汉通夜郎道置郡以来，千余岁矣"，先秦时期，林溪河流域属于百越诸族的瓯或桂国地望。后来，汉武帝兵发夜郎牂牁江进攻南越国，黔地而来的清水江与都柳江成为重要的兵道之一，作为屯军的兵士也带来了夜郎文化，这反映在如今林溪河的冠洞村竹王传说和三王宫祭祀习俗的遗迹上。唐宋以后的群雄割据纷争时期，人口的流动促使了民族的融合和新质文化的形成，也为位于南北楚越文化交通要道的林溪河流域带来了新的移民人口，采访中，我们从村民的讲述中得知，至迟到南宋，已经有了"五百林溪"之说，这些由原住民与外来户合成的人群，就聚居在"岑衙苗"和"满当"山上。到了明初，随着明洪武年间朝廷执行"江西填湖广"政策，不少江西籍人口开始向西南山地迁移，有的来到林溪河流域，成了现今大部分林溪人的先祖。作为渠江与浔江连接通道的林溪河流域，接纳并融合了从江西经湖南城步、绥宁、通道、靖州以及贵州黎平等地迁徙而来的移民。南北人口流动的频繁，显示了林溪河的交通重要性，随着江西籍人群的陆续进入，也带来了他们故乡的文化，包括农田水利灌溉耕作技术和物品商贸交易方式，深刻影响了林溪河流域各村寨。其中，最为明显的变化体现在民间信仰文化上。在原住民的传承下，林溪河流域侗族人主要还是信奉祖母神萨岁和飞山公杨再思，并祭祀祖先和信仰大自然神灵。不过，当地侗族人也吸收了同县内或邻县其他侗族地区的信仰元素，如道教、佛教和基督教等，这些直到民国时期仍在林溪河流域流传。

从自然生态来看，地处桂湘边界的林溪河处于广西三江县东北部与湖南通道县毗邻之地，位处长江流域（洞庭湖水系沅江段）与珠江流域（西江水系浔江段）分水岭，属夏凉冬暖的中亚热带山地气候，拥有较为丰富的植被资源，形成了桂北绿色生态屏障。从地理环境来看，林溪河流域各侗族村寨地处广西壮族自治区和湖南省界交汇的重要地理位置。河流上，自秦南征百越起，渠江—坪坦河—科马界—林溪河—浔江就是一条重要通道，林溪河处于其重要节点上。地形上，林溪河处于桂北与湘西南省际相通的官、兵、民、商等多重交织的重要通道，历史上留下了湘桂古道、盐粮古道、古横县道、古黄县路等多条驿站古道，以及焦柳铁路、湘桂界国道209线等陆路交通线，同时在林溪河沿岸亦遗留有古宜至林溪的河道水运、渡口码头等水路交通设施，畅联两省的交通廊道。这条通道也成为国家南北交通要道和兵家必争之地。基于这样的自然生态和地理位置的条件，当地侗族人选择了溪峒这种山间坝子和群山环绕的居住环境，他们将村落建于溪涧平坝之处，环抱的群山则成了他们天然的防护伞，保障他们安居乐业。基于此，饭稻羹鱼的复合生态共同体，配合着山、水、田、林、寨的和谐，他们又善于利用籼糯并作的农耕种植方式，稻田鱼塘中养鱼，注重共生的生态农业渔业。同时，种植杉木，以木结构营造技艺构建房舍，经营茶油与茶叶的生计与生意，并巧妙制作糯食酸食、种植高山蔬菜，山水之间的衣食住行，体现着当地侗族人与万物为邻的生存智慧。也正是因为这样的条件，形成了林溪河流域较为密集、保存较完整的侗族村寨群，有效地保障了当地侗族村寨传统文化元素的整体性，使其保存较为完好。其中平岩村的马安、岩寨、平寨、高友、高秀等 5 个传统侗族村寨，因村落景观与文化元素现状保存完好，于 2011 年入选了《中国世界文化遗产预备名单》。

四、林溪河流域侗族村寨的居所时空与生计方式

从村寨居所时空来看，依傍着林溪河河流、周边环绕的群山和众多树林（包括其中的风水山与古树）、福桥（风雨桥）、鼓楼和家屋、水塘和田地、凉亭井亭、粮仓、水井、各种神灵庙宇等，这些与侗族人生活息息相关的自然和人文环境，共同构成了林溪河流域侗族人居住的完整团寨空间。特别是其中的河流、山林、田地、水塘等人们赖以生存的空间，滋养和承载了当地侗族居民生活与信仰。而这些丰富多元的村寨文化中，包含侗族人崇巫敬日、信仰雷子、南岳等楚越文化交流的重要元素。在林溪河流域各个团寨之中，侗族人一年的时间是按耕种忙闲对应的农历时序安排的。居住在当地的侗族人，从出生开始就伴随着各种各样的迎生送死的生命仪式。他们一生中，不论是办三朝、满月、结婚、进新屋的仪式，还是丧葬的仪式，都与"补拉"（父子）和"然得"（外婆家）这两大亲属集团有不可分割的关联，仪式也是围绕这两大集团的往来、人情资源的交换展开的。尤其个体生命礼仪中包含诸多具有"过渡"意义的环节，如出生礼中小儿的认亲、婚礼中女性身份的转换，都包含着两个集团对特定个人的身份的认同与实践。当然这里需要提到当地比较神秘的文化，就是他们关于"前世—今生—来世"的观念（灵魂转世观念）。林溪河流域居住的侗族村寨流传着有关灵魂转世或再生人的传说。当地的侗族人相信，人死了以后去投胎，再回到人间，有些人可能已经忘记了前一辈子的事情，而少数人可以记得很清楚。而再生的传

说，特别是善恶有报或因果报应的思想，鼓励人们广施善行、积累福德，成为支持当地侗族人在一生中不断做好事的一种信念。同时，节日庆典也好，个人的生命仪式也罢，都不是单纯的团寨的时间，而是团寨中时空交织的场域，串联着一个接一个的社会空间的过渡仪礼。比如，迎生送死既伴随"补拉"和"然得"的交往，也伴随着今生和来世、后人和祖先、阴间和阳间等诸多关系的沟通。整个林溪河流域的侗族人所生活的团寨，就是一个时空交织的场域。而值得一提的是，为了合神消灾解难以求今世平安，来世可以投胎做好人，而日行善事、经营公益事业，是串联团寨与个人时空的最重要的场域之一。

从生计方式来看，当地侗族也多采用水稻种植、田中养鱼，稻鱼鸭和谐共生的独特的生计方式，这与林溪河流域处于南岭丘陵山地的环境直接相关。高寒气候和地理条件使耕种和养殖成为当地侗族人传统的生计方式。他们可通过种植糯稻、喂养耕牛和家畜、稻田养鱼、鱼塘养鱼等传统方式，获取食用的米、茶、油、鱼、鸡、鸭、猪肉、牛肉，衣服是利用自种的棉花纺纱，再通过蓝靛浸染的侗布制成，住屋是用山上栽种的杉木搭建，逢年过节招待宾客和送礼也主要是自产的猪肉、鸭肉、糯禾和草鱼，包括腌制的酸肉酸鱼、熏肉腊肉，食盐、农具和其他用具可在逢五、逢十的日子去林溪村的圩场购买，因此形成了相对稳定自足的村内生活。可以说，每人拥有的几分田、几十亩（1亩约为666.67平方米）茶油树及茶叶地和杉木林是侗族人生计最基础且重要的部分。1980年以后，当地农民仍以耕种为主，引进了杂交水稻，茶叶和茶油成为次要收入来源，到县城及较远省份务工、到周边村寨建造房屋和凉亭、木材家具的加工制作和销售、进行客（货）运营等非农业收入构成了收入的主要部分，以副养农的生活方式更为普遍。以村民的生产观点变化来看，以前如何实现粮食丰收是主要的，现在如何将茶叶和茶油推销出去是更迫切的问题。近年在林溪镇政府的宣传和导引下，程阳八寨的新年婚礼送新娘，冠洞村的长桌宴、百家宴，4月的高友村韭菜节和11月的高秀村红薯节等节庆活动，吸引着各地的游客。随着生活水平的提高，各个村落农户的开支主要用于购置牲畜、农作物、肥料、家具家电、衣物、交通和通信工具，以及抚养小孩和赡养老人等，抚养小孩费用占大部分。对务农家庭的老人而言，农事活动减少，儿女给的赡养费除家里日常衣食住行和看病等外，主要用于社会交往、村中事务如亲戚办酒、鼓楼建设和集体公益、文艺娱乐。近年，随着年轻人外出务工，留守村

第一章 概述

中的老人和妇女开始寻找新的生计贴补家用。各村寨兴起了种植茶叶、制作茶油，也有经营小卖部、开展快递服务、开展客（货）运营等小规模副业，配合原有的种植养殖业的传统生计方式，形成多元化生计和生活方式。

五、林溪河流域侗族村寨的社会结构

从社会结构来看，林溪河流域各侗族村寨的传统社会结构脉络清晰，层次分明，按血缘和地缘关系由近及远层层结盟，构成了以血缘为中心，以地缘为纽带的社会组织结构体系，即侗款组织。具体而言，以血缘为基础的"斗"组成村寨，以数个村寨组成小款，环地百里，称"洞"或"坪"，以数个"洞"或数个"坪"组成大款，环地数百里，以数个大款组成特大款，即整个侗族的联合，最终构成了侗族款组织的结构体系。较大款组织的范围，如侗歌《从前我们做大款》中提到"头在古州，尾在柳州"。父系氏族社会的组织机构有五种级别："言"，即家庭，以男性为中心，为最低一级；"补拉"，即氏族，处于大家庭与氏族之间的过渡形态，低级组织；"斗"，即胞族，由数个"补拉"组成，属中级组织；"团寨"，即部落，由数个或数十个胞族组成，高级组织；"款"，即部落联盟，分小款、中款、大款、特大款。明清时期的款组织，已经不是一种部落联盟，而是一种民间性的自治联防组织，由一个自然村寨或一个大寨及邻近若干小寨组成最小立款单位，邻近若干个小款联合盟誓立约而成中款，它们再通过联合组成联防自治的大款和特大款，由款首主持事务、维护群体社会秩序，属于侗族地区自发结成的最高层次组织。传统时期，侗族社会以村寨为单位组成地域性联盟，称为"合款"，由几个或十几个相邻的"团寨"组成"小款"，又以共同的款坪为中心联成"大款"。最大的款为整个侗族聚居区域。款内有互相支援的义务和互相监督执行款约的权力，对于当时维护侗族地区社会秩序、抵御外侮，均起着重要作用。款组织1949年后已取消，但其文化上的约束和交往功能仍在民间社会发挥作用，如村中的乡规民约和村与村之间的"为也"等，形成区域性互助谐和的地方社会。

在整个林溪河流域，以族姓结寨是诸侗族村寨的一个要则。村寨内部在空间的划分上体现的是别群异姓的特点。村落往往几个家族按不同的片分开居住，每个家族内部又按血缘的亲近程度集中分居，再按一定的地理单元，即同一房族者共同组成一个生活单元（侗族称之为"兜"

或"斗"），如古歌中唱的"按族分开座，按格分开住"。居住空间基本以鼓楼为轴心展开，鼓楼以其物化的形式凝聚了族人的认同感，形成内敛性和向心力。"补拉"与"团寨"通常被认为是侗族较为重要的族裔的概念。从概念界定上，在林溪河流域，侗族人同一姓氏的血亲组织称为"补拉"，由三四十户以上的同一大姓氏补拉或多个不同小姓氏补拉围绕一个鼓楼，顺应地势建造房屋、共同居住形成"斗"，再由一个或若干个斗组成"团寨"，故同斗多是具有血缘关系的同一补拉房族或其分支，以鼓楼为单位展开社会生活。其中，补拉和团寨是当地侗族村寨社会结构的重要特征。补拉的特点主要有两层：一是补拉是以血缘为核心，以地缘为纽带，以原始民主为机制的组织制度。同一补拉里的男性成员，大多有或远或近的血缘关系。同一补拉的各户成片聚居，间隔居住的现象十分罕见。不存在正式的首领，而的自然推举一个或几个被公认为德高望重且能言善辩的长者，负责处理各种公共事务。二是认为补拉首先是侗族民间自治体系的起点，其次是一个或多个补拉聚居的团寨和多个村寨组成的款，形成"补拉—团寨—款组织"的多层次民间自治体系，其对内自治一般表现在以严明的族规施行管理。对内管理、对外交涉两方面的民间自治概括了补拉的主要功能。对于林溪河流域侗族人而言，补拉本身即是集合血缘、地缘和精神特征于一身的统一体，由其构成的团寨和社会组织形式也自然而然拥有了其特征，从补拉的诸多表象中不难看出其在居住空间和信仰体系上对村落资源的占有，形成了村落社会聚落上的诸多特征。侗族的"小传统"传承、创造和享用的时空是自然的团寨，主体是作为侗族社会的基点的补拉。补拉是侗族村寨中血缘和地缘的统一体，是团寨历史建构与文化传承的主体，也是共同体的情感与文化认同的基本单位。

六、林溪河流域侗族村寨的生命礼仪与信仰文化

从生命礼仪来看，林溪河流域侗族村寨民俗文化中，人生礼仪文化与桥梁文化、布衣文化、信仰文化等是相融合的。当地侗族人的人生礼仪，可以通过"过桥"加以概括，桥文化贯穿并融合在当地侗族人一生的人生仪礼中。具体而言，当地侗族人一生的生命礼仪可以概括为三座桥，即"生桥""婚桥"和"丧桥"。首先是过"生桥"。因为过去有不落夫家的婚俗，生产和诞生的礼仪在林溪河流域侗族村寨中颇受重视。所以婚后不孕的侗族夫妇，往往"架桥"以求子。在当地风雨桥旁、溪

沟上、山间的小沟上、向阳的沟渠上，常常会看到用一根笔直的杉木做成的桥，杉木上绑着红纸，红纸中包有小额钞票，红纸上还写有文字，这些都是为了求子而架的桥。而怀孕以后，从求子到出月会为新生儿展开一系列的"过桥"仪礼。其次是过"婚桥"。从年轻男女行歌坐夜开始进入自由恋爱，到融入了成人礼的吃糖茶，再到交换定情信物的换"档"，还有婚礼的时候，趁着夜深人静的偷情和堂上的抢亲，都有秩序。而有些村寨，如程阳、冠洞等村还有集体送新娘的传统婚俗。村民们约定在每年农历大年三十晚上接新娘，大年初一全村人看新娘挑水，初二吃新郎家喜酒，初二晚上闹新娘油茶，初三送新娘回门，并在新娘家吃喜酒，好不热闹，这一系列活动被称为"过婚桥"。最后是过"丧桥"。侗族村寨丧葬习惯土葬，当有人去世后，要请道士到家为他念经、出殡，主持丧礼。桥王父母将人从四萨花林护送来到人世间，最后，再将人的灵魂送回到四萨花林殿，"过丧桥"成为当地侗族人的生命仪式，迎接新生命，经历人生的过渡，最后送亡者入土为安，象征了善始善终。

从信仰文化来看，首先是关于侗族特有的信仰——"萨"和"飞山"的情况。林溪河流域侗族村寨长期流传着祭祀"萨岁"的习俗，但各寨祭祀时间不同，有的在大年初一，有的在三月三，有的在社节，也有的村寨如高友和高秀对"萨"的概念相对淡薄，村里的萨坛被破坏后就没有重新修建，有的便不设萨坛而只祭拜飞山大王杨再思。大部分的侗族村寨只有一座飞山庙，部分村落还有姓氏的飞山庙，如高秀有谢家飞山庙，高友村中三座飞山公庙皆属于不同房族，只有位于上下寨交界的飞山宫才作为村内各个重大节庆和村落祭祀的主要场所。另外，除了萨和飞山等主要神灵，林溪河流域各个侗族村寨也会祭祀雷神、南岳大帝等民间的神，有些村寨还祭祀五通神、观音等，并在福桥上祭祀关公大帝、土地神等。这些神灵大多是汉族文化起源的民间信仰，也可以说是汉族与侗族文化交流的呈现。需要指出的是，体现巫楚文化的当地人对太阳与雷神十分崇拜，雷神代表天神，司管五谷丰歉、行云播雨。林溪河侗寨大多流传有"天上雷公大，地上舅公大"的谚语和"莫要枕边说长短，撺夫怠老小心有雷神"的警言，而为了祭祀雷神，在村中建设雷子庙或雷祖庙，并在祭祀村落诸神时，较为优先敬请雷神，将其与萨神列于前，以示对雷神的崇敬。可见，地处楚越文化交汇要道的林溪河，作为侗族人迁徙中的重要中转点，林溪河流域沿河各侗族村寨与同县的八江河、独峒河等地的侗族村寨相比，承载并保留了较为丰富的楚文化的传承。

这不仅体现在如今林溪河沿岸侗寨普遍存在的雷子庙、南岳庙、拜太阳、崇巫（巫傩、还愿）、制陶等文化形态上，还体现在各地侗族人口头讲述的历史中。现在，在林溪河流域，民间款场等场域居民仍不断传诵着祖先落河（ongx bux laos senl）的远古传说，讲述他们的祖先是如何从古州（现榕江）迁来当地落寨繁衍至今的故事。

七、林溪河流域的村落文物古迹与文学艺术

从村落文物古迹来看，林溪河流域的平岩、程阳、平铺、冠洞、合华、林溪、美俗、茶溪、水团、枫木、高友、高秀、弄团等侗寨，还包括一个苗侗共居的牙己寨，大都遗存着许多文物古迹。例如，位于三江侗族自治县北程阳村林溪河上的程阳永济桥是国家级文物；位于林溪村亮寨屯林溪河边的亮寨鼓楼属于区级重点文物保护单位；亮寨红军桥则属于区级和县级重点文物保护单位。同时，林溪侗寨古建筑群，包含高友、高秀、平岩（包括马安、平寨、岩寨、坪坦四个屯）等传统古村寨。这些侗族村寨里的鼓楼、风雨桥、戏台，以及侗族人居住的吊脚木楼、乡间的古老青石板古道、寨门、古城墙、井亭、凉亭、飞山庙等均保存完好。另外，承载着萨神、飞山公、南岳大帝、雷神、土地公等宗教信仰类的建筑，如飞山庙、萨坛、南岳庙、雷子庙、土地神庙等庙宇都具有相当重要的历史意义，是影响当地侗族人日常生活的重要的文物。当然，还有很多日常被忽略的文物，如在居所建筑中，整个村落应该被看作一个活性的博物馆，其中的木房吊脚楼、鼓楼、风雨桥、凉亭、戏楼（台）、水井亭、寨门、凉禾架、堆砌石坎、石板寨巷及石阶等的文化元素共同构成的村落生活场域。此外，当地侗族人发明和使用的生活用具，如水辗房、火塘、焙坑、石制器具（石磨、石臼、石槽等）、木制器具（盒、盆、桶、柜、桌、椅、床、缸、纺机、辗弹棉机等）、竹制器具（篮、箕、筐、篓、箩等）、藤制器具（椅、篮等）、金属器具（铁锅、铁鼎、刀等）、陶瓷器具（碗、碟、缸、瓦、砵等）都在当地的生产生活中发挥过并继续发挥着重要的作用。还有诸如水车、水渠、水利、分水口、水筧、拦水坝（阴沉木）、田块、地块、石板和独木桥、生产用具（犁、耙、耧等）等生产设施用具类的文物，和金银饰品、锦绣品、男女装等服饰装饰类，都与人们的生活息息相关。除此之外，卜卦板、古书（侗族三本书）、歌书歌本、巫师用具、琵琶、芦笙、笛子、石刻、壁画等文化艺术类的文物则以一种有形的方式呈现着当地侗族人的精神生活。

这些多种多样、多元多彩的文化元素和文物，既丰富和繁荣了林溪河流域诸多民族村寨的生活，也为当地进行旅游开发和遗产保护提供了重要的历史文化资源。程阳八寨、冠洞等有些村寨在这些宝贵的文物古迹资源的基础上大力发展特色文化旅游，成为三江县、广西、全国，乃至世界闻名的旅游景点。而马安、平寨、岩寨、高秀、高友等几个侗族村寨的则整体被列入《中国世界遗产预备名单》，大大提高了侗族村寨在世界上的文化知名度。

从文化艺术来看，所谓"饭养身，歌养心"，这充分说明了侗族人在吃饭穿衣外，还离不开陶冶他们性情的、丰富他们生活、交友联谊、谈情说爱的歌；甚至哄小孩睡觉、解除病人痛苦、夫妻拌嘴、劳动解乏等等都离不开歌。在林溪河上，各式各样的场合中都能听到侗族人的歌声。除了人们喜闻乐见的琵琶歌和芦笙曲，还有许多生产生活中产生的民歌和礼仪歌，如迎接宾客的拦路歌，去往另外村寨做客时候吹芦笙、唱侗戏、唱多耶等；男女青年行歌坐夜的歌谣，接客迎宾、婚嫁酒宴上唱的酒歌，男女青年去赶坡会唱的情歌，在坡会中用木叶吹唱的贴近大自然的木叶歌，用竹笛伴奏的笛子歌，劳作中作乐的拉山歌，哄小孩入睡的儿歌；两位歌手传唱的双歌、模仿知了声音的蝉歌，男女恋爱传达情意深化情谊的情人歌，众人齐聚火塘坐夜时唱的歌，婚丧嫁娶时候的礼俗歌及哭丧歌；传颂宣传要孝顺父母、尊重老人的敬老歌等。几乎人生各种各样的场合，生活中的各个方面，村寨的历史和现在，个人的迎生送死的礼仪都伴随和贯穿着传统的歌谣。在林溪河上，除歌谣外，另外还有一种重要的文学形式，那便是款词。款词是伴随着款组织而产生的，原本是款组织制定的民间规约和法律，用以约束村民款民行为的条例。按内容而言，款词包括记述人类及物种起源的创世款，记述始祖入村建村状况及其年代的祖宗入村款，记录各种规约、法律条文等内容的约法款，记述古代款组织所辖之区域及活动场所的款坪款，记录侗族各种风情风物及社会道德礼仪的风俗款，赞颂和记述民族英雄生平事迹的英雄款，还有竖柱上梁、婚姻嫁娶、丧葬、庆典、进新屋、添粮祝寿、喜庆丰收、开鼓楼、"踩桥"等仪式中念诵的吉语彩话，甚至还包括以谈情说爱为主的风趣幽默的白话歌。由款首或寨老聚集所有村民款民，每年定期（农历三月和九月，所谓"三月约青，九月约黄"）或不定期（有需要的时候）进行念诵，往往具有教育后人的意义。林溪河侗寨的民间文学，包括民间故事，如姜良姜妹、找歌、芦笙等神话传说，娘梅、刘梅、述梅"三梅"等男女追求自由恋爱的爱情故事，以及"卜宽"系列故事等机智人物故事，此外，还有"天神哥""开甲""满根"，班善和培三桑等农民和妇女题材机智人物故事，以及陆大用、吴文彩、石戒福、吴朝堂等歌师的故事，以及虎姑娘结亲、螃蟹与野牛、芦笙和地瓜等动植物故事，这些故事因为风趣幽默而深入人心。

八、林溪河流域侗族村寨的风物风情与遗产价值

从风物风情来看，林溪河由北向南流淌，沿河两岸及其东西两边高山，分布着各传统村落。在侗族传统文化谱系中，有人认为林溪河流域的侗族村寨属于"第九款坪"，也有认为其属于"第十三款坪"的，不过，这些正好体现了林溪河流域的款文化村落空间分布特点。林溪河流域的侗族村寨沿河分布，具有以河源流域、山脉走向的地理特点，根据《十三款坪》款词，以马安寨为"脚村"，即林溪河下游节点，以冲罗（地名）为林溪河上游节点，以贯寨为林溪河河源中部节点，而位于中部节点之处，又有作为聚集款民的集合场所的"款坪"的平坦河坝或宽敞地带。所以，我们可以把林溪河流域这个特定地理空间范围分为马安（下游）—贯寨、冠洞（中游）—冲罗（上游）的三点一线的空间概念和人文意义。而有必要以冠洞村为中心，沿林溪河向下、向上来勾勒其传统村落的风物风情。首先是处于中间河段的"大省阿冠（dav senl ac guanv）"。冠洞位于款坪的中心区位，是侗款文化林溪河中段流域的风土人情的中心。冠洞村中冠大拥有清代建造的鼓楼、戏台、然萨等人文景观，与其他侗寨空间格局一样，冠小整合建构的鼓楼、戏台及长廊建筑，在村寨公共文化空间中占有极其重要的地位。作为林溪河流域款组织的"大省坪美松"，冠洞村人丁兴旺，历史性的人口迁徙促成向牛朵坡山脉两边山迁徙、开垦耕种、繁衍生息，并在村屯的农耕生活中逐步形成了如土王节、七月十四、冬节和虾节等风土习俗节日，配合生产生活，调节劳作，深化沟通，凝聚情感。其次是处于下游河段的"丁省马安（dingl senl max anl）"。程阳八寨位于款坪的下游区位，是侗款文化林溪河下段流域的风土人情的下区。程阳自清代及民国时期以来逐渐形成了8个侗族村寨，大部分相邻而设，建筑空间布局均衡，寨中风雨桥、鼓楼、戏台通过修复也基本恢复原貌，而各村寨的石板路、吊脚楼、碑刻、水渠、水车、水井、鱼塘等古建筑及自然景观保存较好。而程阳八寨既拥有独特的侗族集体婚礼等特色文化元素，又可依托平岩两寨、程阳八寨丰富

的民俗文化来开展民族风情民俗旅游，发展民宿、百家宴等旅游产业链，使程阳成为闻名世界的4A级景区。最后是处于上游河段的"高省林溪、金乐"（gaos senl limc qip jimh luox）。合华、林溪、美俗、茶溪、水团、高友、高秀等村寨位于款坪的上游河段，是侗款文化林溪河上段流域风土人情的上区。这一河段的村落历史文化悠久，文化资源丰富。大部分村落传统文化秩序系统完整，保存了较为完好的吊脚楼、寨门、戏台、井亭、凉亭、庙宇、城墙、水碾、水渠、池塘、古树、石板巷道等景观。这些村寨中居住的大部分村民是历史上迁徙到这片好山好水的落寨来的，尽管分属杨、吴、石、潘、李、罗、陆、韦、龙、张、陈等多个姓氏房族，从江西、湖南等不同地方迁徙而来，但他们相互之间和谐相处，在长期的共同生活中，融入当地，睦邻友好。特别是其中的高友村，地处珠江流域和长江流域又一分水岭（林溪河—坪坦河）的高山，高友村是林溪河流域唯一属于长江洞庭湖水系源头的小山谷里的寨子，它附近的科马界，历来是湘桂交界的米粮、白盐等地方土产的商业贸易之重要中转地，和商贾通道驿站。而且在各个村寨中，来源不同的各方人群和房族也结合土著和外来的风俗和信仰，融合了更多的湖湘文化。例如，其中的大田村民相信万物有灵，崇拜山、水、地、树、桥、火、太阳等自然神，以鸟、太阳、鱼为图腾。春秋两社，演侗戏、芦笙踩堂、讲款、唱歌、月也等属于这些侗族村寨村民共享的节日。而高友村延续至今的"拜太阳"民俗，每逢农历十一月十九，家家诚心敬供、斋戒祭祀太阳神，以当地的特殊方式呈现和维系着楚文化与土著文化和谐交融、多元共生的文化环境和生存智慧。

从遗产价值来看，林溪河流域有5个侗族村寨被列入《中国世界遗产预备名录》，这对于侗族人而言是值得纪念的历史性一刻。同时，提醒我们必须对林溪河流域侗族村寨世界文化遗产价值进行重新审视，也离不开对村落可视、直观、固化的直接观察。

第一，不能绕过的是侗族村寨发展演变的历史。侗族村寨是侗族社会发展到一定阶段的产物，是侗族人民为谋求自身的生存，与其他社会成员结成一定的关系，以便更有效地进行物质资料的生产和共同生活以及为满足人们的生理和心理需要而组成的一种集体聚居形式。侗族的传统文化实际上是原始文化的遗存，具有血缘文化的特征。当然，在历史的变化中，侗寨的构造形式也相应地发生变化，如今，侗寨布局和建筑不仅独具一格，而且和谐共生，与大自然合而为一的天然本色，蕴有侗寨发展变迁的全过程，也展示了新时代居宅建筑风姿。"款"文化、岁时节令文化、传统手工文化、歌谣文化、饮食文化、服饰文化等，随着生产、生活和经济社会的发展，更加丰富了侗寨的文化内涵。

第二，需要重新审视村寨的世界遗产价值。侗族没有本民族的文字，借由歌谣与故事的方式，将民族起源、迁徙、择居及定居于当地后发生的重大事件流传下来。侗族村寨和村寨联盟的传统社会组织、习惯和村规民约等，也是通过定期举行村民大会并宣讲法规条文（侗款）而口耳相传，被村民广为遵守。即便有的侗族掌握了汉字作为书写记录工具后，用汉字刻写的碑文也都是立在侗族村寨的中心和路口。在相对封闭的环境中，不少侗族村寨还保留着先前传统的社会结构、生产方式和生活习惯，经由观察与访谈即可从中获得相当多的历史及文化信息。侗族村寨是侗族历史和文化的一个缩影，是重要的历史学和人类学资料。

第三，需要注重侗族村寨文化突出的普遍价值。侗族村寨是中国西南少数民族村落文化景观最具特色的代表，侗族村寨的建筑类型多样，以住宅为基底，包括了鼓楼、风雨桥、寨门、萨岁坛、款场、戏台、学馆、祠庙、老井、道路、会馆等多种建筑类型。侗族村寨既具有与周围自然环境相互适应、相互关联而产生的特点，又具有跨越时空的延续性景观的特点，它在当今与传统生活方式相联系的社会中，保持一种积极的社会作用，而且其自身演变仍在进行中，同时又展示出历史上其演变发展的物证。侗寨的很多文化都属于活态遗产，从内容上看，是侗族传统建筑、语言、节庆、歌舞、饮食等生活方式，以及习俗、精神、制度等社会状况的缩影；从时间上看，是对侗族主要族群及其发展演变过程的生动反映；从空间上看，是对不同地区侗族特色文化的展现。

第四，侗族村寨与列入世界遗产的村落文化景观相比，鲜明地体现出中国侗族文化特色。与西南其他少数民族村寨如苗寨、藏羌村寨相比，具有不同的少数民族文化内涵。与中国其他地区村落文化景观相比，既不同于中原文化区皖南古村落对于汉族传统社会经济结构的反映，也不同于云南红河哈尼梯田对稻作梯田这一典型农业景观的侧重反映；与华南村落文化景观相比，既具有类似福建土楼、开平碉楼对于建筑实体的依赖，并都具有独特的建筑形象，但又不同于二者对于建筑防御功能的极大诉求。与土楼、开平碉楼实体建筑比，侗族村寨不仅有丰富的建筑类型，而且呈现出使用中的遗产的强烈特色，具有典型的活态遗产的特点。在建筑材料和建筑形制方面，与同属东亚的日本白川乡和五屹山等自然农舍、韩国的河回和阳东等历史村落不同，侗族村落的建筑类型更加丰富多样，民居建筑形式也更富有变化，河回和阳东反映了儒家思想的浸润与影响，而这恰好反映出侗族村寨文化不同于韩国文化历史村落的根本之处。与欧洲和西亚典型村落或农业文化景观相比，侗族村寨是中国少数民族村落活态文化的突出代表，侗族村寨与欧洲村落文化景观具有不同的文化主体（侗族），不同的建筑形式（从外观到材料），不同的建筑功能（不强调其防御性），反映不同的时代（数百年演进至今），具有不同文化的侧重（并非以宗教为主）。更重要的是，在上述文化表象之上，侗族村寨不仅所含村寨数量众多，建筑景观特色鲜明，核心保护区面积广阔，其还在文化内涵的广泛性、深邃性、生动性上独具特色。

可以说，侗族村寨作为一个有机整体，与国内外典型村落或农业文化景观相比，显示出其独特的文化价值，突出表现在其蕴含着丰富的物质文化与非物质文化内容，具有活态遗产的典型属性。在西方工业文明席卷全球的今天，中国西南侗族村寨作为农业文明、少数民族和传统聚落文化的活化石，具有突出的文化与人类学价值。

九、峒村林溪地域文化特质的提出

时至宋朝，林溪河流域才正式纳入国家版图。当时林溪河流域侗寨所在的怀远县由融州管辖。融江上游地区的浔江流域，开始在汉文献中留下记载。北宋初期，浔江流域被当作"古州蛮地"的一部分，居住在这里的人群被称为"王江古州蛮"。北宋崇宁四年（1105），王江"古州蛮"纳土，朝廷在这一地区设置怀远军，得名怀远县。宋代以来，随着国家对这一地区的逐步进入与开发，军队和移民开始逐步进入，并且设置"三甲"的地方行政区划，因此在浔江中下游地区才有了被后世文献称为"三甲民"的居住聚落，林溪河流域正式有了行政归属。但是，由于怀远县本土人群不纳赋役，国家为了统治这个地区，在花费了巨大的财力无果后，被迫放弃统治，因此怀远县在南宋至元朝，被弃之化外，直到明代初年，才再次被纳入国家版图，但是当地"蛮猺"依然叛服无常。《怀远县志》记，隆庆六年（1572）当地爆发"怀远猺乱"后，明朝才下决心派大军平定，重任知县建县治，并实施"六刀酋长"的联束民猺、开江通江、量定编则等一系列善后措施，才使怀远地方得以商民涌入、文教推行、社会重组。

随着国家势力的推进，原来据山自闭的怀远县少数民族村寨，就与外面的社会文化进行了无限的交织和交流，村寨社会的特质，也因此发生变化。这种变化见证了人类社会历史和民族内部的发展规律，它自古以来就吸引着无数人文学者的研究目光。从《宋史》到《岭外代答》再到《赤雅》，从《柳州府志》到《怀远县志》再到《侗族简史》，浩瀚的历史长河中，留下无数灿烂的侗族研究成果。今天我们要说的是，纵观学界，以一个"溪峒"区域为地理范围，展开对侗族文化的调查研究以及表述，这种学术研究手段与方式，应当说还是方兴未艾，任重而道远。而这正是本书的意义和价值所在。

那么，现今林溪河流域侗寨的社会文化特质是什么样的呢？综合归纳起来就是：它是侗水族群与殷商文明、百越文化与荆楚文化交互融合杂糅后的留存。

水族自称"睢（suǐ）"，有本民族的语言和传统文字。水语属汉藏语系壮侗语族侗水（侗台）语支，水语与侗语"稻"接近，在贵州榕江、从江、黎平等县的水寨和侗寨邻近的村落间，两个民族可以用各自的语言进行沟通交流。语言相通的两个族群，历史上一定是有兄弟间的血缘亲缘关系。水族有文字叫水书，水书是一种古文字体系，它保留着图画文字、象形文字、抽象文字兼容的特色，学界已经有定论，水书是夏商文化的孑遗。

中华有文字是从夏商起，夏商的文字包括铸于青铜器上的金文、刻于龟甲上的甲骨文、刻画或书写在陶器上的陶文、刻写在玉石上的文字以及用毛笔书写在简牍上的墨书等。《百越源流史》载，殷商亡国之后，部分殷人南迁融入百越族群。到了秦朝，秦始皇为统一中国发兵征剿岭南，这部分殷人后裔举族进行第二次大迁徙，从百越母体中分离出来，由南方溯流进入黔桂交界的龙江、都柳江上游，来到现在黔南的三都水族自治县、荔波、独山、都匀等县市，以及黔东南的榕江、丹寨、雷山、从江、黎平等县。这群人跟着当地人（侗水语支诸族的先人，包括现在的侗族、毛南族、仫佬族等）说当地话，融合成为当地人的同时，也带来了水书。

这群带着夏商文字而来的殷商人，更给当地带来了"萨"。"萨"在夏商时代是土地和社稷祭祀。《白虎通·社稷》云"封土立社，示有土尊"。所谓立社，就是封一堆土作为土地神的神坛，用作祭祀土地神的场所。古人祭土正如《说文解字》中"土，地之吐生物者也"。土地广博，不封坛，土神无所依附，因此古人封土为丘以祭之。这种土丘就称为社。《诗·大雅·绵》"乃立冢土"，《毛传》："冢土，大社也"；《诗·小雅·甫田》

"以社以方"，《荀子·礼论》"故社，祭礼也"，注："社，土神"。因此在古代，"土"即"社"，"社"即"土"，合而为一，分而为二。故《说文》："地主，社也，从示从土。"①

为什么要把土丘"社"称为"萨"呢？因为"萨"（sa）还是"社"字的古代读音。在商周时代，"社""土"合一，"社"是最古老的土地神。现代汉语的"社"（she）古读 zjya（王力），在《广韵》里它属于假摄开口三等去声禅母马韵字，读 dia（潘悟云）或 zja（李方桂）。拉萨在藏语里读 ta sa，是"土地神"的意思，藏语的 sa 也是"土"或"土地"。称"土地"为"萨"，在汉藏语系语言里是一个十分古老的同源词。这就是侗族"萨"读音的来源，在侗语里，因浊音清化变为"sa"。这是我们从音韵上证明侗族的"萨"与古代"社"的同源关系。从形状上看，萨坛的型往往是一堆土或一个土丘，侗族萨神封土立坛与古代社神封土为丘没有区别，侗族的萨坛既是社坛，也是"封土为丘"的夏商文化随着水族那群殷商遗民带过来并融入当地，在侗族社会的留存。一千多年前从榕江县因"避秦和避汉"迁到林溪的那群先人，也就把"萨"文化带了过来。林溪文化开始接纳外来文化。

如前文所述，秦汉两朝南征百越对南方用兵，以及唐宋王朝对边疆民族地区实行羁縻统治，国家力量借道荆楚，不断深入西南边疆民族腹地，兵士家眷大多沿着清水江、渠江和都柳江而来，特别是宋末元明之际，不断有移民从闽粤赣边区进入，明代中后期西南边疆民族地区充斥着外来移民与当地原住民之间的冲突、斗争与融合，在冲突与融合的过程中，外来移民从原住民手中夺得大量土地，并且学会了山地农作（包括刀耕火种的耕作方式）、林业等技术以适应山区生活。作为渠江与浔江重要走道的林溪河流域，这一时期就迎来了不少江西太和县经荆楚地或湖湘地而来的移民。这群人定居下来后，把荆楚文化中的崇巫尚武、制铁烧陶、水利灌溉等精神信仰、生产技能带了过来，特别是他们还带来了宗法理念与制度，与当地的款制文化完美交融，使村寨与村寨之间的自我管理、保护、生活、生产、培育的功能得到加强，地方成为"除了盐巴需要外买以外"的独立王国，溪峒文化特性显现。

① 龙耀宏.《侗族"萨神"与原始"社"制之比较研究》，《贵州民族学院学报》2011年第 2 期。

第二章　林溪河流域侗寨历史源流

杨尚荣

在人类漫长的历史发展中，我们常常感叹时代的久远、个体的渺小。走在林溪河流域各个侗族村寨里，我们常常会想，脚下的这片土地，它是什么时候开始有人居住，自有人在这里居住以后，在这片土地上又发生了怎样的事情，是什么人在创造着林溪河的历史？本章试着从历史的视角，来表述我们的田野收获与认知。

一、故事中的林溪

走在林溪河流域各侗寨间，我们常向老人们探问人类究竟是从哪里来的这样一些深深浅浅的问题，这些话题常常会引发聚集在寨巷中、鼓楼堂里、风雨桥上人群一堂欢乐的话题来。

"人从哪来？去水井里用水瓢舀上来，然后用水桶挑回家呀！哈哈哈。"说这种俏话的都是老年妇人。

"萨（祖母）养来的呀。""祖先姜良姜妹生养下来的啊。"阿公们大多会这样说。

在程阳村防火水池旁木楼人家的吊脚楼下，几个七八十岁的阿萨说是"四萨花林"孵蛋，孵出人来的，然后专门唱了一首歌。这首歌就是在林溪河流域传唱至今的侗族古歌"龟婆孵蛋"（也有叫"萨棉孵蛋"或"棉婆孵蛋"）歌：

> 四个龟婆在坡脚，它们各孵蛋一个。
> 三个寡蛋丢去了，剩个好蛋孵出壳。
> 孵出一男叫松恩，聪明又灵活。
> 四个龟婆在寨脚，它们又孵蛋四个。

三个寡蛋丢去了，剩个好蛋孵出壳。

孵出一女叫松桑，美丽如花朵。

就从那时起，人才世上落。

松恩松桑传后代，世上人儿渐渐多。

她们几个阿萨接着说，松恩、松桑生下了王素与虎、蛇等动物，王素又生下姜良、姜妹（王素与谁婚配才有生育，她们说不出来，只说就是王素这个人），后来姜良、姜妹因为得罪了雷公，雷公发滔天洪水淹没天下，姜良、姜妹躲在一个大葫芦瓜里逃过劫难后，兄妹结婚生下一个肉团，兄妹把肉团切为碎末丢到四方，化为人形，成为现在汉族、壮族、苗族、瑶族、侗族人的祖先。

松恩、松桑侗语叫"songh dengvl""songh sangl"，意思为"树往地下深扎根须"。龟婆给侗族祖先取这名字，是想让侗乡团寨的子孙们，像万千棵小树，傍着松恩、松桑而生，并像这两棵枝繁叶茂的老树在世间深深地扎下根，然后漫山遍野的树木花草、飞禽走兽，还有树蔸、藻菌、人面猴身的精灵山兄弟，都是松恩、松桑的子孙。侗寨里男男女女像蜂儿筑巢一样进进出出，热闹非凡。

"人就是这样来的。"她们肯定地说。

龟婆孵蛋生了松恩和松桑。为繁衍人类，松恩和松桑两兄妹结为夫妻，生育了龙、蛇、虎、熊、豹、猴、猫、姜良、姜妹等十二个孩子。有一天兄弟姐妹们在一起嬉闹取乐，不小心惹怒了雷公，雷公飞到天上向玉帝告状，请求发洪水，玉帝给了雷公一瓢水，对他说："你必须倒一半，留一半，免得人间把后断。"雷公因怀恨在心，违背旨意，把那瓢水全部倒向大地，结果造成洪水滔天，万物被淹没，人类灭绝，幸好姜良姜妹躲在一个掏空的大葫芦瓜里躲过了这一劫。后来在鹞鸟夫妇的劝说下，姜良姜妹成了亲，年头和好，年尾却生下一个肉团，眼也不会开，嘴也不会张，圆圆一个，像个南瓜。姜良姜妹十分痛心，以为是妖孽，用刀把肉团切成碎片，撒到山谷里、大地上，那些碎肉却神奇地变成了一群娃娃。自此，山谷沸腾有了人，山岭冒烟有了声，分为村，分为寨。头部变苗族，爱住山顶；骨头变汉族，住中原；肠子变瑶族，喜穿花衣；皮肉变侗族，在水边田坝上建起了村落。各山各守，各岭各住，各家各户，各宗各族。水有水源，人有祖根，姜良姜妹，育我子孙。

流传在林溪河流域侗寨里的神话传说中的兄妹婚，其实是对人类原始社会时期的血缘内婚的反映。原始人群阶段过渡为母系氏族社会，是在生产力水平提高的推动下完成的。血缘内婚制向氏族外婚制的转化是社会性质变革的关键因素。原始人的血缘家族，经过几代繁衍之后，由于人口不断增加，引起食物匮乏，生活受到影响，因而必然分裂出新的血缘家族。新的血缘家族依然实行内部的血缘婚。内婚制虽然能保持原始人群的相对稳定，但婚配的男女之间血缘关系太近，致使繁育的后代易患先天性疾病，或体质不良（侗族的姜良姜妹兄妹结婚，就生下一个肉团），智力低下，与自然界抗衡的能力减弱。诚如《左传》所言："男女同姓，其生不蕃。"内婚制在人类历史上延续的时间甚长，这正是原始人群阶段生产力发展缓慢的症结所在。

二、古人类原始先民时期的林溪

如果说神话故事不具有科学性，那么从科学的角度来看，林溪河流域处在九万大山和越城岭的中间地带，西北有贵州山高水深的雷公山余脉和湖南的"镡城之岭"，南边就是柳江流域广袤的丘陵地带。这片地区地处亚热带，气候温暖，雨水充沛，森林茂密，动植物种类繁多，自然资源丰富，山峦起伏，河流密布。这样的自然环境，为古人类生活提供了得天独厚的条件。我们把与林溪河流域同一种地理环境、水文气候条件相类似的方圆50千米的地区画一个圆圈，从目前的考古发现来看有三个遗址，这就证明早在原始社会时代，林溪河所在的这片南方楚越交汇地，就已经有原始人在这片土地上生息、劳动、繁衍，并留下了丰富的文化遗产。

一是大荒遗址，大荒遗址位于距湖南通道侗族自治县县城10千米的万佛山镇下乡村北，从林溪出发翻越科马界走30千米就到。其为新石器时代聚落遗址。遗址面积3.5万平方米，文化层堆积截面0.4至1米，暴露有灰坑及红烧土。湖南省考古研究所曾多次勘察，论证该遗址与靖州斗篷坡遗址同处一源。林溪距离斗篷坡遗址约150千米。下乡是侗乡的一个大粮仓，林溪河侗寨居民就有不少人是从"下乡临口"迁来的，这些人与下乡遗址有密切的关系。

二是斗篷坡遗址。1988—1990年，文物部门在距林溪河流域约50千米外的湖南靖州县新厂镇金星村斗篷坡巅的斗篷坡遗址，共清理出房屋基址54座，墓葬478座，窑址7座，灶坑2座。从墓葬、地层中出土的各类文物达3 000余件，并发现了一批炭化的果核和种子等植物标本，经考证，该遗址的年代距今约4 000～5 000年。从斗篷坡遗址的地貌来看，当时的居民多选择依山傍水的居住环境。居址选在河谷盆地两岸的一级台地上,房屋均为挖洞立柱的排架式木构地面建筑。方向朝东或朝东南,多为长方形两开间和三开间的结构,面积 20 ~ 40 平方米不等。有的房屋附近还设有窖穴。

三是晓锦遗址。林溪河距该遗址约 50 千米。它位于广西资源县资源镇晓锦村后龙山坡地上,1998—2002 年对该遗址进行发掘,揭露面积 800 多平方米,发现了大量的石器、陶片、炭化果核等,并发现墓葬与建筑遗迹,其原始居民大约有 60 人,出土的石器大都是磨制石器,有坠、镯、球、钻、锯、砺石等 20 多种。更为重要的是,在该遗址中发现有 13000 多粒炭化稻谷,经鉴定,这些稻谷属亚洲栽培稻的粳稻类型,米粒形状较现代粳米小,尚处在栽培稻进化早期阶段,是较原始的栽培粳稻。其年代距今 3 000 ~ 4 000 年,为新石器时代末期,最后阶段可能进入商周时期。该遗址稻谷和干栏式建筑遗址的发现,对研究这一带先民新石器时代早期农业和干栏建筑的起源与发展,具有重要的历史与文化价值。

这三处与林溪河流域相距 50 千米左右的遗址的存在,表明这个时期这片地区的人类开始进入新石器时代,它的主要标志是出现了石器磨制技术及磨制石器、陶器,原始农业和家畜饲养。由于生产工具的改进与变革,原始先民增强了与大自然作斗争的能力,特别是原始农业的产生,标志着人类从前期单纯对自然资源的攫取转变为对自然资源的再生产。为了适应原始农业发展的需要,先民逐渐过上了定居生活,逐步形成聚落点,出现了原始的依树积木的"巢居"或埋柱架楣、高地而居的早期干栏式房屋;出现了陶器的烧制和家畜的饲养,氏族人口增多,聚落点规模扩大,文化堆积厚,定居时间长;出现了墓地和以屈肢蹲葬为特点的丧葬制度。

特别是山坡聚落(遗址)的出现,代表着村落文化的正式形成。这种山坡聚落是位于山间盆地、江河附近的山岭坡地上的聚落,是介于洞穴与河旁台地聚落之间的一种聚落类型,是先民们从洞穴走向河畔再延展到远离河畔的丘陵地带居住和耕作的产物。这种聚落的特点:一是广泛分布于距离江河较远的地区,近临水源的山岭坡地上,背靠山岭,前面地势较平旷开阔;二是一些遗址堆积较为单纯,主要是先民活动、居住的房基、柱洞、灰坑、墓葬等遗迹及石器、陶器、骨器等遗物。

这种近临水源的山岭坡地上,背靠山岭,前面地势较平旷开阔的高处,林溪河流域侗寨称其为"务衙",不少村寨都有这样的地名专称。这些地方现在大多已经成为古迹，重要的往往是该村寨"最早入住人"的地方，如平铺村的"岑塘些"，冠洞村的"庙归老"，林溪村的"岑衙苗""满当"等。

我们在林溪河流域各村寨间访谈上了年岁的老人，每当提起这几处地名，老人们都以一种很崇敬的口吻说：那都是 gkongs mangh xic hiav（太祖公那时候）流传下来的，很久以前的了……没有文字的民族，一切记忆全都靠口耳代代传承。我们现在能做的，是在继续口传的同时，更期待着有朝一日考古部门对这些传说进行考古发掘，以科学的手段找出证据，证明林溪河流域生存着远古人群，以及探明他们的生存状况。

远古人类的生存生活，这是一个严肃的科学问题，我们在此以大荒遗址、斗篷坡遗址、晓锦遗址等旁证为基础，来表述林溪河流域，是力图找寻一种可能：林溪河傍靠浔江，在以水路为主要交通方式的古代，它极有可能在 4 000 多年前就有原始人群依水而来，在这片土地上狩猎渔牧，耕种劳作，繁殖生命。那时候，包括林溪河流域在内的现今湖南、贵州、广西三省（区）交界地区已经繁衍了不少的人口，而且数量还不少，至于多到什么程度，囿于没有文献记载，我们也无法估计。

对于原始居民这个问题，《三江县志》也认为："举凡一地，兽蹄马迹之外，必有先居之土著，在南方，未悉通于古之中原时，居其间之原有民种，则总曰之蛮，其细之称，则随代异名，为近是耳。"而侗族在人类社会历史上的"为近是耳"之"异名"，依其地望、聚落、氏族、共同体的特性来称呼，有骆、西瓯、西南夷、五溪蛮、僚、犵狑、犵獠、犵榄、犵偻、峒、狪等。

三、秦汉三国时期的林溪

秦汉三国时期，林溪河流域正处于拓荒开田、立楼建寨时期。这时期林溪河流域正式迎来中原文明进入的重要历史时期，这时，中国历史上发生了一件大事，即秦始皇为统一中国，发大军 50 万南征岭南。

为把这件事情说清楚，我们先从大中华历史版图的视角，来说南方百越诸族，或是对居住在林溪河流域上的百越先人及其生活情状进行一番描述。

先秦时期，林溪河流域属于百越诸族的瓯或桂国地望。瓯，又作区、呕、西瓯，是岭南越族中一个古老而强大的方国。大约在夏代已经名闻中原，故伊尹的"四方令"里第一个提到的便是瓯。战国末期，瓯人部落已经相当强大（在秦瓯战争中，能在"镡城之岭"一带把数十万秦军围困长达三年，使之陷入"三年不解甲弛弩"），瓯部落之地望，北接桂国，东与苍梧为邻，西至桂西及桂西北，南到左右江一带，红水河、柳江及桂江上游沿岸为其聚居之地。桂国，古国名，《山海经》中"桂林八树，在番禺东"，此部落因地多产桂树而得名。其驻地中心在今桂北（桂林），北到湖南，南临桂江，西至融江一带，东接苍梧。战国末年，为西瓯部落所兼并。

新石器时代晚期生活在岭南地区的人们，从多以血缘关系为纽带组成的氏族，逐步发展成规模大小不同的部落。各部落生活在特定的区域范围里，在山岭之间的平峒中开垦土地，开创田园，耕种劳作。

三江所在区位属于西瓯部落联盟，历史进入部落的古国发展时期，已初步具有国家的性质，出现了王、侯、将、民等不同阶层。郦道元《水经注·叶榆水》引《交州外城记》载："交趾昔未有郡县之时，土地有雒田，其田从潮水上下，民垦食其田，因民为雒民。设雒王、雒侯，主诸郡县，县多为雒将。"（此处之雒，侗族学者邓敏文和吴浩在《没有国王的王国——侗族研究》一书中认为其是汉字记越音，当读 nogx 或 nogc，即侗语中的鸟，雒田即鸟田，雒本意为鸟）。西瓯具体的社会组织及其面貌，目前尚无典籍可考证，但从西瓯方国奋起抗击秦始皇军队南征的秦瓯之战中，可以约略看出其人数的众多、力量的强大及战士的英勇顽强，只有其社会发展进入古国时代，有了君王与将帅的统领，才有可能具备这样的组织和作战能力。

这一时期，《越绝书》："畴粪桑麻，播种五谷，必以手足。大越海滨之民，独以鸟田……当禹之时，舜死苍梧，象为民田也。"从中我们可以了解到先秦时期瓯骆人的耕种方式，即耕种江河附近随水上下的"雒田""火耕水耨""象耕鸟耘"。这些耕种方法具有鲜明的地方特点和时代特征，特别是象耕、鸟耘，为瓯骆地区所特有。

何为象耕鸟耘？唐人陆龟蒙在《象耕鸟耘辨》中诠释："吾观耕者行端而徐，起坺欲深。兽之形魁者无出于象，行必端，履必深，法其端深，故曰象耕。耘者去莠，举手务疾而畏晚。鸟之啄食，务疾而畏夺，法其疾畏，故曰鸟耘。"岭南地区适合鸟类生长，每到夏天或秋季稻禾长势期，稻田里聚集了众多鸟类，在田间啄吃野草害虫，踏松田土，起到耕耘、保护稻禾作用。《水经注》云："有鸟来为之耕，春衔拔草根，秋啄其秽。"

服饰习俗：瓯骆人的服饰为上穿左衽，短袖、无领短衣，下着"桶裙"，跣足而行。《淮南子·原道训》载："九嶷之南，陆事寡而水事众，于是民人被发文身，以像鳞虫；短绻不绔，以便涉游；短袂攘卷，以便刺舟，因之也。"《战国策·赵策二·武灵王平昼闲居》载："被发文身，错臂左衽，瓯越之民也。"

居住习俗：岭南地区气候炎热多雨，地面潮湿，植被茂盛，毒蛇猛兽横行。为了适应这种自然环境，确保居所安全，瓯骆先民很早就创造了一种具有鲜明地方特色的离地而居的"干栏"建筑，并经历了从原始的"巢居"到埋柱架楹的"干栏"的发展过程。初时，先民们逐步离开栖息的山洞，来到河谷开垦耕地，为便于耕作和生活，他们建造了离地而居的寮棚。晋人张华《博物志》载："南越巢居，北朔穴居，避寒暑也。"随着生产力的发展，先人们就砍伐木料，把木柱埋入地下，再于其上架楹结茅，建成人居楼上、畜居其下的干栏住宅，其在大荒遗址、晓锦新石器时代遗址都有发现。这种建筑奠定了瓯骆后裔壮侗诸民族干栏建筑的格局。

因为生产力和认知能力的低下，瓯骆先民认为有一种超自然的力量主导着人间的吉凶祸福，能作用于人，于是出现了祭祀神灵以祈福禳灾的仪式和娱神的歌舞，以及辟禳邪恶的咒语和巫术，出现了专事祭神祈福和驱鬼禳灾的巫师。这种信仰是由前期的原始宗教发展而来的，流行对太阳（现高友村有拜太阳习俗）、大树、雷雨、鱼、牛等事物的崇拜，流行对祖先和英雄的崇拜，并且依据季节或特定需要、特定对象举行相应的祭祀仪式，这些对象和仪式构成了瓯骆原始的宗教文化。

南方百越民族的这种生活，引起了北方或中原统治阶级的注意。公元前218年，秦始皇调集50万大军，进行统一岭南战争，要夺取岭南，统一全国。其中一军堵塞"镡城之岭"。而本地的瓯骆先民，与秦军战，《淮南子》"越人皆入丛薄中，与禽兽处，莫肯为秦虏。相置桀骏以为将，而夜攻秦人，大破之……"使得秦军陷入了"旷日持久，粮食绝乏""宿兵无用之地，进而不得退"的困境，秦军被迫退出山林，集中于山间谷地，修筑于堡，困守待援。

那么秦时的"镡城"和"镡城之岭"在哪呢？镡，读xín，古代有镡成县，汉朝立，治所在今湖南靖州苗族侗族自治县南，县城区域在湖南、广西、贵州交界处，区位相当于现在的湖南靖州、通道、绥宁、城步，贵州的锦屏、黎平、榕江，广西的兴安、龙胜、三江等县；镡城之岭，指的是镡城区域的山岭地区，这一地区崇山峻岭，地势险要，是军事要地。林溪河流域就处在古镡城之境内，流域内的高山就是镡城之岭的组成部分之一，从林溪到湖南靖州苗族侗族自治县南的古镡城县，直线距离不到 500 米。

因此，我们完全可以说，秦始皇派的一路大军要从古镡城县境（现湘黔桂三省交界地区）进攻岭南百越，结果在包括林溪河流域在内的镡城地界被当地的越人（瓯骆先民）阻击了三年，秦始皇为了解决这个问题，采取了两个办法：其一是征调大批中原人民充当士卒支援，《人间训》"丁男被甲，丁女转输"，接着把这些兵士，留军戍守，接着又开辟交通、徙民南迁、发展生产，有部分后来就留在了"镡城之岭"并融入瓯骆；其二是派出一个叫禄的太史官（史籍写作史禄），带着一队人马遍寻镡城之岭，找出可以通往南方的通道。

当时，史禄发现沿沅江支流渠江之坪坦河来到源头，翻过大伞山（当地叫科马界）后，有一条临溪河可以直通浔江进而入融江，直达广州，这条通道正处浔江和渠江两江流域交界（也是长江水系和珠江水系分水岭），从大伞山（科马界）往北沿渠江两岸大山走一百多千米就到"镡城"县地，往南不到一百千米就到融安再进入柳州平阔之地。当这条通道进入朝廷官家视野后就被充分利用，进而成了官道，不断有军（兵）民商之人，走往在这条通道上。

只是当史禄寻找来到兴安时，发现了兴安境内的漓江源头和湘江源头可以凿渠连通后，上报朝廷，朝廷才转移全部精力去完成灵渠的开凿，最终让秦始皇完成统一岭南的大业。

我们认为，这个时期，林溪这个地名就应该已经出现了，林溪为什么叫林溪呢，它一定与太史官禄为秦始皇征百越开凿灵渠有关，凿通灵渠后，地方就把这条坪坦河与林溪河的通道依灵渠而称为临溪。侗族文化学者邓敏文曾在侗族文化网络讨论群中表示"临溪"当从"临渠"而来，"溪""通""渠"。临溪原应该叫临渠，史书写作临溪，后改林溪。林溪这个称谓属于汉族称谓，在侗语中没有直接相对应的文化解释。但大伞山却不同，它的侗语叫岑公马，即公马山，有实际内涵。

秦朝以及后面的汉朝为南征百越，两朝不断对南方用兵，直接驱使中原人口南迁，致使百越内部各族，特别是处于百越最北端的汉族瓯骆部落，发生部落内部的人口流动。前面我们说过，秦始皇为征百越，征调大批中原人充当士卒支援，"丁男被甲，丁女转输"，接着把这些兵士，留军戍守，之后又开辟交通、徙民南迁、发展生产，有部分后来就留在了"镡城之岭"并融入瓯骆。这批人首先是"留军戍守"在古镡城周边，就是现在的湖南靖州四乡河流域一带（现定住在四乡河一带的蒙、梁两氏皆秦时戍镡城而来），他们的到来，势必会逼着原瓯骆部落氏族成员往边远的深山迁移，随着年代的更迭，其中有的部落成员就沿着渠江而来到林溪河流域，现在林溪河各村寨就有各姓氏记着他们的祖先是从靖州四乡河迁过来的，他们到来以后，与原来零星散居的"岑塘些""岑衙苗""满当"等原始先民构成林溪河侗寨的最先人群。林溪皇朝寨的侗族历史（故事）讲述家吴道德在 50 年前的"中芬联合考察"活动时，对着中外民族学家说林溪人是古时候"避秦和避汉"而来。

　　秦汉时期是侗族民族内部人口被动流迁的第一个重要时期，特别是汉朝，又是林溪河流域与古夜郎国或僚人发生联系的时期。古代僚人很早就在中国西南地区生存。在汉代建立牂牁郡以前，这里已有若干个部落集团，而以夜郎最为强大。公元 3 至 5 世纪时，僚人编入了封建国家的户籍，并向封建王朝缴纳赋税。公元 5 世纪时，他们已能制造金属的矛和盾、刺鱼工具和铜爨等，并用麻类纤维织成细布。公元 7 世纪以后，僚人的商品交换日益频繁，僚布的质量很好，成为必须上缴给封建王朝的贡品。侗族与僚有密切的关联。当代学者朱俊明在《西瓯骆古今议》一文中指出："古牂牁且兰侯国东南与武陵郡西南、郁林郡极北交接地带的瓯骆，其后裔魏晋时为荆州极西南界的僚人，唐时称东谢蛮，宋时泛称'溪峒夷僚'。侗族出于其间，明邝露《赤雅》明言'侗亦僚类'。"这一观点，把侗族与古牂牁、且兰侯国、郁林郡的瓯骆联系起来，并认为"侗族出于其间"，这也说明了古牂牁夜郎国人中有部分成为侗族的一部分。汉武帝时期，兵发夜郎牂牁江南征百越，黔地而来的清水江和都柳江是一条重要的兵道，兵士的到来，也带来了夜郎文化。留存在三江堡口的夜郎传说就是例证。其竹王传说和三王宫祭祀习俗，在林溪河流域的冠洞村就有遗迹，据村人介绍，冠洞的三王宫是比三江县境内河里南寨的三王宫还早三年从王江口（老堡口）原址请来，请来的缘由是因为冠洞村出现瘟病，而三王神能去灾消难保境安民，所以立庙以祀。因此，在《建置怀远始末记》中有"怀远自汉通夜郎道置郡以来，千余岁矣"的记载。

四、唐宋时期的林溪

唐宋时期，林溪河流域寨民开始从化外生民进入国家版图之中，主要表现为国家（唐宋朝廷）的治理行为（人口流动、藩镇制度）进入并影响了侗族地区，中原人口与原百越地区的人口流动更加频繁，相应的林溪河流域，区域文化特质开始形成。

秦汉以后，中原历代王朝对华南少数民族的统治策略是采取或积极或消极的政策，以怀柔或同化之，但经过魏晋南北朝的混乱到隋唐时代，在贯彻国家体制的理念下开始对其施行羁縻政策，即中央王朝利用"以夷治夷"的方式，将官爵等称号和地位赐给地方民族的首领，并把他们纳入官僚体制的框架之中，以此进行统治。这样即使少数民族内部出现离合、集散等诸多变化，而中央王朝方面仍能采取羁縻政策，以其作为统治其他民族的统治政策，并把他们编入中央王朝的体制之中。这种羁縻制度在唐代形成并被施行，宋元朝得到发展（到明代广泛实行土司制度，使其至臻完善）。

唐宋时期，不断有中原或湘楚人南下迁徙，原因有两点：一是中国历朝历代的国家统治体制和边境治理政策方面，国家采取积极的对策还是消极的对策，很大程度上受边境安定或不安定的影响；二是在以北方民族为中心的周边民族侵入中原王朝，给中原带来巨大压力的时期，"蛮人"社会也会发生重大变化，即他们的迁徙也与中央王朝和以北方民族为主的周边民族所带来的巨大压力有关。从历史发展的重要因素来看，从唐中期的"安史之乱"到唐末"黄巢起义"，以及到五代十国时期群雄割据纷争的时代、北宋仁宗时期侬智高起义的前后，以及北宋"靖康之乱"的混乱时期，都是引起民族迁徙的重要因素。人口的流动促使了民族的融合和新质文化的形成。作为北南楚越文化交通要道的林溪河，迎来了一波又一波外来人口。

2021 年 5 月 3 日上午 11 点左右，我们一行人在林溪皇朝寨古楼里采访 91 岁的吴仁富老人，当问到他们是从哪里迁到皇朝寨时，他说是从林溪"务俉"过来，我们又问之前是从哪里迁来"务俉"的，他说是从"kut jul mangv gaox"（古州里边）搬来的。这里涉及一个关键地名"古州里边"。2021 年 5 月 18 日，在三江县城古宜镇采访从林溪亮寨搬迁到枫木寨的 40 多岁的吴仲辉，当聊到林溪"务俉"时，我问他们是何时从"古州里边"迁到林溪的，他说他年轻时听叔父说，叔公的叔公说是 1 400 年前从古州迁来，当即我与吴仲辉推算了一下，以他20岁年纪往上推算三代（叔父一代，叔父的叔公两代）60年，将近100年左右，以100年加上1 400年，至今已有1 500年上下了，从2021年往前推1 500年，是中国历史上的南北朝时期。

那么，"古州里边"（里古州）在哪里呢？是今贵州榕江县榕江镇。《古州厅志》载："古州有里外之分，自宋至元明，建寨设州设长官司，皆外古州也。而里古州历代具为化外生苗，雍正七年始开辟而版籍之，以隶府属。"自宋至元明直到清朝顺治、康熙年间，朝廷在贵州设州设长官司的只有一个古州，即现今的黎平罗里，那时没有"里古州""外古州"之分。直到清雍正五年（1727）在古州镇设"古州镇总兵"，并建城修筑石城墙成为军事要地后，为方便区别，清朝地方政府把修筑有石城墙的榕江"诸葛营"古州镇称"里古州"，把黎平罗里"古州长官司"称为"外古州"。现在人们说里外古州，是现代人借清朝时的地名指代唐朝前后的地名。

在官方正史中，也多次有提及"古州"这个地名。民国版《三江县志》载："宋至和中，置三口砦，崇宁中，古州蛮纳土于砦，建军，名怀远军，并割溶江、文村、浔江、林溪四堡砦，并隶军。"

"古州"指溶江，其地夏、商、周时为荆梁之地，春秋为楚国之域，战国置毋剑县，属夜郎国境地，秦隶黔中郡，汉属武陵郡，魏晋南北朝时期属荆州武陵郡，隋朝属沅陵郡龙标县，唐属黔州都督府和黔中道，五代十国属楚国诚州，宋真宗二年（999）置古州（与黎平罗里地名"古州"同名），隶广南西路庆远府都匀安抚司；徽宗崇宁四年（1105）属怀远军，寻属平州治所在老堡，以平山这名，辖境相当今广西三江侗族自治县、融安县北部、贵州从江县及榕江、黎平二县部分地区；政和元年（1111）废，七年（1117）复置；南宋绍兴四年（1134）废格州和从州【格州：一是唐置羁縻州，属桂州都督府。治所在三江侗族自治县境，宋以后废；二是北宋四年（1105）置，治所在乐古县（今贵州黎平县南永从乡西部，后改乐古砦），崇宁五年（1106）改为从州】。由此我们可以知道，"古州"是指现贵州黔东南的黎平、榕江、从江和广西柳州的三江（时称怀远）、融水等县交界的云贵高原东西边缘和九万大山交汇地一带地区。唐宋时期这一带就有地方首领在羁縻政策下代理王朝进行治理。但在古时候，交通以水路为主要的长途之通，而林溪因为溶江—浔江—林溪之水径，古代人民从溶江水路而来，才有林溪村吴姓于1 500年前从榕江迁移而来的族群记忆。

无独有偶。作者在程阳村与该村开村始祖阳姓阳某访谈，他也说他们是从大河（指浔江）那边搬迁过来的，这与这片土地的先民迁移路线是相一致的，它不同于林溪现在主流居民所说的湖南、贵州（江西填湖广）来源说，而至于什么时候迁到程阳，阳某说不清楚，只记得祖上传下来说当时他们刚到程阳时，当地早已零星地散居有人家，用他的话说是程阳村附近，这里几户，那里几户，散在程阳村平坝两边。

至迟到南宋，林溪就已经有了"五百林溪"之说，他们聚居在"岑衙苗"和"满当"山上。这五百林溪之人，由原住民与外来户集合而成，原住民就是原始遗址的人，外来之人来自两个方向：一是从北沿沅江—渠江—坪坦而来的南下之人，二是从老堡口沿浔江而上到来之人。这些人的到来，给当地带来先进生产工艺的同时，也给林溪带来了各村人口，带来了姓氏并赐姓给当地人，更给林溪地方带来了溪峒款组织的最初思想意识。

侗学研究者认为，侗族社会经历了漫长的原始母系氏族社会，到了唐宋时期才直接跨过奴隶社会进入封建社会。我们知道，原始母系氏族社会最显著的文化特征是氏族人群"只知其母，不知其父"，族内群婚制统治着氏族的血缘与姻亲观念与行为，而姓氏却是代表着父系的血缘传承关系，是父权的象征。它是秦汉时期中原人南征百越后带来的文化产物，到了唐宋时期，姓氏就完全融入了侗族社会文化中，这也是侗族社会由原始社会向封建社会转变的重要标志。外来中原人赐姓给当地侗族人，具体是什么姓，目前还不清楚，但侗家有话说："三百好姓留给汉，还有六十差姓给我们"的古话，说明当时赐的不是显姓。

现在林溪河流域侗寨以杨、吴为大姓，笔者从《宋史》中查出溪峒蛮与现侗族有关的姓氏，如表2-1所示。

表2-1 《宋史》有关溪峒蛮姓氏

时间	人名	官职、蛮名、地名	备注
太平兴国二年	田汉琼	五溪都团练使	—
太平兴国八年	舒德郛	叙州刺史	—
淳化二年	田汉权	知晃州	—
咸平元年	向通展	古州刺史	以芙蓉、朱砂二器，马十匹、水银千两来献
咸平五年七月	田承宝	山河使、九溪十峒抚谕都监	彦伊子
景德三年	向通汉	五溪都指挥使	向通汉表求追赠父母，从之

时间	人名	官职、蛮名、地名	备注
大中祥符七年	魏进武	辰州溪峒都指挥使	魏进武率山数百人，数寇城砦
天禧十年	向光普	知古州	—
宝元二年	—	辰州猺獠	辰州猺獠三千余人款附
嘉祐五年	杨光倩	邵州蛮	知徽州
熙宁中	杨氏	城州蛮	—
崇宁以来	杨再立	靖州西道	—
绍兴十四年十二月	杨进京	成忠郎充武冈军绥宁县管界都巡检兼溪峒首领	率其族三百人，备黄金、朱砂、方物求入贡
	杨孝友	—	杨进京子
乾道四年	姚明教	靖州界猺人	靖州界猺人姚明教等作乱
乾道十年	杨再兴	武冈	—
乾道七年	杨姓	靖州犵狑	—
乾道十一年	吴自由	沅州生界犵狑副峒官	—
	杨友禄	峒官	—

关于"蛮"的解释，一般认为是指与编户之民不同，是不具有户籍的编外之民，同时，还有指没有归附朝廷，未成为编户的对象而被界定为"蛮人"的，还作为居住在南方汉民族以外的"非汉民族"的泛称。

这时期人们是如何生产生活的呢？宋代，仡佬（发音 gaeml，与今侗族族称相同）族各地区之间的经济发展是不平衡的。居住在湖南辰、沅、靖州一带山区的仡佬族还沿用刀耕火种的生计方式，生产粟米、豆类等，粮食不足则以猎获物补充。而居住在平坝地区的仡佬族多种水稻，单位面积产量高，手工业生产也有了相当程度的发展，掌握了开采朱砂的技术，生产出了各种特色产品，较有名的有精致的银质酒器"银鹚鸠"，用桑树皮织成的"圈布"以及编织有花纹的"不阑带"，缝制"阑斑厚重"的仡佬裙等。这些，都说明当时的社会生产力水平已有了一定的发展。

这一时期，官家开始有对侗族族称的记载，如陆游的《老学庵笔记》载："辰、沅、靖州蛮，有犵狑、有犵獠、有犵榄、有犵狫、有山猺，俗亦土著，外患内黠，皆焚山而耕，所种粟豆而已。食不足则猎野兽，至烧龟蛇啖之。"《溪蛮丛笑》所记溪峒蛮地区蛮俗："犵狫（指侗族）以鬼禁，所居不着地，虽酋长之富，屋宇之多，亦皆去地数尺，以巨木排比，如省民羊栅。杉叶覆屋，名羊楼……巢穴外虽峭崄，中极宽广，且以一处言之。犵狫有'鸟落平'，言飞鸟不能尽也，周数十里，皆腴田，凡平地曰平坦。"这与溪峒蛮居住的五溪地区，人们多以"重岗复岭""深谷峻岭""山溪重复"等词汇来形容之有所不同，倒也成趣。

犵狑作为族称，见于宋代，《宋史·西南溪洞诸蛮》载："乾道七年（1171），卢溪诸蛮以靖康多故，县无守御，犵狑乘隙焚劫，后徙县治于沅陵县之江口。""沅陵之浦口，地平衍膏腴，多水田，顷为傜蛮侵掠，民皆转徙而田野荒秽。""乃以其田给靖州犵狑杨姓者，俾佃作而课其租。""杨氏专其地将二十年，其地当沅、靖二州水陆之冲，一有蛮隙，则为害不细。"

需要提及的是，唐末混乱时期，当时的社会状况，在全国到处都是流寇化的。湖南地区在黄巢起义前后，当地人民纷纷自立，如《宋史》卷四九三《西南溪峒诸蛮上》所记："唐季之乱（黄巢起义），蛮酋分据其地，自署为刺史。晋天福中（936—941），马希范承袭父业，据有湖南，时蛮猖保聚，依山阻江，殆十余万。"当时林溪河所在的湘黔桂交界地区，各村落都组织自卫团，这是当地土豪自立化的普遍现象。

光化三年（900），楚王马殷基本统一湖南全境后，对西南讨伐，最终占据了桂州（治所静江，今桂林）、宜州（今河池一带）、严州（今来宾一带）、柳州、象州（并为静江军）。开平四年（910），辰州蛮酋宋邺、叙州（时叙州境内有在四大蛮酋，一是潘金盛，人称潘大虎，据东南八峒，以飞山峒为中心；二是杨承磊，人称杨神勇，据西南五峒，以锦屏峒为中心；三是昌师益，据东北三峒；四是杨再思，人称杨太公，据西北三峒，以郎溪峒为中心）蛮酋潘金盛寇掠周边，马殷派兵讨伐，擒杀潘金盛。慑于马殷之威，乾化二年（912），宋邺、昌师益率众归降马殷，马殷委宋邺为辰州刺史，昌师益为叙州刺史，这个地区的溪峒诸蛮也都随之归附了楚王国。至此，三江或者临江，于楚王马殷时期，成为楚国的地盘。后周广顺二年（952），马楚政权灭亡。杨再思第七子杨正岩（又作杨正颜），趁马楚动乱之机，率部族向周边扩张，统辖区域逐步从湘西南扩大到今桂北和黔东南地区，包括今湖南的靖州、会同、通道、城步、绥宁等县，贵州的天柱、锦屏、黎平、从江等县，广西的龙胜、三江等县。

这一时期，西南溪峒地区还发生了几件大事，对林溪河文化的形成有着重要的联系。

其一，是唐天祐三年（906），吉州（现江西吉安）刺史赤石洞蛮酋长彭玕，自愿归楚王马殷，之后，就开始有江西吉安人迁入湘西。有历史记载的是约在光化三年至开平年间（900—911），即唐末黄巢起义混乱时期，吉州刺史赤石洞蛮酋长彭瑊，受湘西龙山县一带比较有实力的土著首领吴氏（吴著冲）之邀，前来协助其管理所属。当时当地土著蛮酋纷纷自立割据。盗贼四起，社会严重流寇化，彭瑊到湘西后，以私恩笼络人心，逐渐强盛，至唐末，驱逐了以吴氏为主的土著集团，占据了他的地盘，并使当地人服从其统治而构筑自己的势力范围。这次活动，揭开了江西（吉安）人迁移西南溪峒的序幕。

其二，是苗族开始进入这个地区。据黔东苗族《跋山涉水》的迁徙歌记载，在苗族的第五次大迁徙中，有一支从"就在海边边"的地方，由东向西，逐步回到原三苗部落联盟的住地，经过一段时间，为了"寻找好地方"，又由洞庭湖溯沅江迁移到五溪地区，再沿巫水进入南岭走廊，经越城岭北麓到今广西融水（大苗山），再往北达到今黔东南地区。这支苗人的迁徙方向，大体是由东向西。迁徙时间大约在1200年以前（约从周到宋时期）。

其三，是宋代元丰七年（1084），广西经略安抚司得到朝廷的同意，由于都柳江下游地区林木、土产等资源丰富，于当时隶属于融州的王口寨（后来设置的怀远县）设置博买务，经"通汉蕃互市"。宋代王口寨博买务的设置，促进了山区人群以当地土产换取外来商品，使得杉木（也称"沙木"），其早在宋代就成为山区人群与外地商贩交易的重要产品。

这一时期发生在西南溪峒地区的这几件事，为现在林溪河流域各侗寨人群，解答了何时由江西吉安府迁来，此地到底是先有侗族，还是先有苗族，以及当时人们可以用杉树进行商贸，以换取生计所需手工业用品的问题。

这一时期，林溪的古地名"临溪"开始出现在朝廷官府的正史文籍中。王存《元丰九域志》卷九载怀远地"寨一（指王口寨，今老堡口），元丰七年置。融江，州东北三百里。堡三（指临溪、文村、浔江堡），元丰七年置。临溪，州东北四百九十里。文村，州北三百二十里。浔江，州东北三百六十里"。

五、明清时期的林溪

明清时期，是中原汉文化大举传入岭南山地并记载地方文化的时期，也是我们目前可以通过查阅典籍资料和考古资料，以考证当时西南各溪峒地区发生的各种大事的时期。

明初，大部分现今林溪人的先祖，随着朝廷执行"江西填湖广"政策，开始由江西向西南山地这片地区迁移。

远在北宋时期，江西人口数量就曾居各省之首，经济在南方属于发达地区。及至明代，虽然江西人口数量居全国第二位，但每年所纳税粮却是第一位。但从经济发展总体态势看，当时东南沿江、沿海地区经济已日趋多元化，而地处内地的江西，仍以农业为单一经济结构，因此其发展水平和百姓的生活水准也是每况愈下。到了元朝，江西人便把目光转向省外，寻求发展。外出进行商贾负贩、打工挣钱。元末，湖广地区是红巾军与元朝军队以及朱元璋与陈友谅厮杀拉锯的主要战场，连年的战火和兵燹，人口因居民四散逃荒和大量死亡而急剧减少，湖广地区大部分田园荒芜，庐舍成为废墟。为了尽快恢复社会生机，明初洪武年间朝廷下令从江西抽调人口向湖广地区迁移，并允许执行"插标占地"政策，于是，更多的江西人向西挺进，进入湖广地区，从而助推了"江西填湖广"的移民大浪潮。据葛剑雄、曹树基的《简明中国移民史》计算：1947年湖南人口中，35%左右是元末明初移民的后裔，其中明初移民后裔占24%左右，大多从江西迁人，由此推断在洪武二十六年（1393）湖南人口约为250万，加上13卫2所的7.5万军人及15万家属，共约273万。明初移民占总人口的39%左右，即约106万，其中江西移民占74%左右，则有人口78万。近在隔壁的湘西，洪武年间的161个氏族中，有81个来自江西，占50.3%。

这一时期的移民事件，发生在三江大地上究竟如何呢？《三江县志》有着这样几处记载，可以使我们管窥一二："明兴八年（1375，指明洪武八年）命征蛮将军吴良征五溪蛮，降古州峒二百余所，县裁革，改三江巡检司，十四年（1381，指明洪武十四）复置县于大溶江浔江之汇（古平州地，现今老堡），列四镇（宜良镇、浔江镇、万石镇、丹阳镇，林溪属浔江镇），编户八里，地界与湖、贵、靖、黎诸州接壤，附县仅三厢民二百余家，外数里俱瑶峒环巢，三甲民远处瑶峒外各数十里。成化弘治以来，节被绥黎诸蛮窜入，纠众杀散三甲居民，占据近县一带诸村，并侵入融界，当事畏贼劲兵费，置莫谁何。"

作为渠江与浔江连接通道的林溪，这个时期完成了一件让林溪河流域侗寨文化固定成型的大事：当地土著先民迎来并接纳、融合了一批从江西一路拖家带口经过湖南城步、绥宁、通道、靖州以及贵州黎平等地迁徙而来的移民。

我们在林溪开展田野调查研究时，掌握到的情况信息：大家基本上都说自己的先人是从江西扶老携幼、远途跋涉迁徙而来的，并提到了诸如江西吉安府、太（泰）和县、朱子巷、大槐树等地名。归纳起来，现在林溪人说其先祖从江西而来的，其迁移线路大致有几个方向：一是从永州邵阳方向翻山越岭而来，经过城步、绥宁到林溪，执这种说法的是程阳大寨、东寨、平寨的杨家等。平铺的欧家，说他们是从绥宁东山侗族乡搬迁而来。二是沿渠江经靖州来到罗蒙（通道侗族自治县），再经县溪、金殿、独坡、双江等地而至，如美俗的吴家、冠洞的杨亚家、高秀的上下杨家等。三是沿湘黔古道到黎榕江黔地三县后，再辗转来到三江，如林溪的吴家、冠洞的石家和杨甫家、高友的潘家。四是从龙胜各族自治县的广南平等而来，如林溪河侗寨的所有的陈家。还有从特殊线路而来的，即弄团、茶溪、水团三个行政村的十多个自然屯组，是直接从原属于三江县后划拨给通道县的高步村、高团村搬迁而来（其先祖也来自江西）。

前文我们说过，林溪河流域是先有土著先民居住的，而现在却出现众口中一词都说是从江西太和县而迁来的情况，这又应当如何解释呢？这是因为明朝对江西填湖广后的移民执行了兵丁优惠政策：免除徭役赋税，因此在日后的朝廷官府造册登记时，不管是原住民还是外来，大家都申报为从江西而来。我们现在区别他们的方法是：能清楚地说明迁移线路的，即是江西而来；而说不出迁移线路的，即是当地原住民后人。

由于南北人口流动的频繁，林溪河的交通重要性更加突出地显现出来。当时朝廷和地方官府强化了对这条通道的维护与修建。从怀远县城至北边绥宁交界，沿途共设置修建了十个具有政治意味的称为"铺塘"的烽堠营房，并派兵士驻守。这十个铺塘分别是敲头塘、老堡塘、古宜塘、光辉塘、林溪塘、程阳塘、高步塘、横岭塘、黄土塘、下余塘，每塘官兵二人。乾隆版《柳州府志·驿站》中有记："北去（指从当时怀远县治丹洲北向起始距离）小路一百二十里至干灰（光辉）塘，二十里至城阳（程阳）塘，二十五里至林溪塘，二十五里至高铺（高步）塘，三十里至横岭塘，三十里至黄土塘，五十里至桑江村与湖广绥宁县双江交界。"每个铺塘相当于一个官道驿站，可以供行人食宿歇息。这条古道途经不少村寨，《柳州府志·村圩》载："大营峒：林溪、小团、锦竹、程阳、马安、平铺、贯洞、和尚坪、大田、稿铺、稿团（高团）、稿巴、阳烂、稿受（高秀）、稿有（高友）、平地、平墓、横岭、都天、黄土。"

民国版《三江县志》记录当时的古横县道，自古宜起，北经光辉、程阳、林溪、高步，达横岭乡之黄土村，长九十五里（47.5千米），路宽八九尺，其狭处约三四尺，全路完整。

随着江西籍人口的陆续到来，带来了荆楚文化。首先是农田水利灌溉、耕作技术和物品商贸交易方式，使林溪河流域各侗寨出现了前所未有的生机。其次，楚文化的尚武（林溪历史上多寨有武馆，村民多习武），敬太阳神和雷神（南岳庙、雷子庙、拜太阳节），烧制陶器（瓦、缸、碗、钵），叙事长歌（讲究韵律的琵琶歌）等都在林溪河流域的文化事象中展现出来。同时，亭、塔、阁、楼的宫殿建筑样式和技法也传了过来，这直接致使当地鼓楼、福桥、寨门等公共建筑的革新而名播远近。对此，民国版《三江县志》载："其始祖（此处当指原住民）多居溪洞，亦称峒人，体貌多魁伟，略黑，性勇猛诚朴，较瑶为纯厚，尤富于团结、互助、自治、爱群、建筑、植牧、自足、自强之性能。男子多尚武习国技，在昔各村武馆林立……所居山原均有（分布见前），故生活较优，除种桐茶杂粮外，多种糯米，在林溪五塘及溶江一带，多撑船放木排为生……"并记："按湘西有峒人，本县峒人或自彼处来。"

尤其是随着通道的修建，人流和物流也随之繁忙起来，带动了地方的商贸交易，特别是水路，自古宜溯浔江至石眼口，由此入林溪，上航，到达林溪街，约六十里（30千米），春夏船载可达一千余斤，冬天也可装载七八百斤。至林溪街后，舍舟而陆，翻越科马界（也叫大伞山），二十五里（12.5千米）达横岭乡平坦村，可由平坦河顺流而下，达湖南省通道县属之双江，其船载重量，与古宜至林溪略同，这条水陆通道线很是便利运盐出湘，运米入桂（每年由湖南运入白米约三十万斤，运出白盐约六百万斤），沿途村民收益甚大，林溪圩集自此成为方圆百里重要的山村集市，小商贩往返其间，专在三江县购买盐糠运往湘黔边之绥宁、通道、永从等县境，换购鸡、鸭、苎麻、鸡蛋等物回县（未有大宗疍买，均系零星贩运）。因此，当时"居民皆耕田凿井，日出日入而作息，鲜与外界接触"的林溪，商贸业已经有了较快的发展，"至于商场之分布，以古宜、富禄、林溪三处较为繁盛"。由此可见这条林溪河对当地经济发展的促进作用，林溪因富足而扬名后，后来发生了一件很有意思的事，民国时期官府要改良风俗，出台了《三江县改良风俗实施办法》，其中有一条规定"婚嫁款宾以茶会为主，亦可酌设酒席，但每席不得超过国币三十元"。但考虑到古宜、丹洲、富禄、林溪等处较为繁盛，可以例外超过这个额度（亦不得超过国币 60 元），说明林溪的繁荣程度得到了大家甚至官府的认可。

经济的繁荣带来的是人口的增加，据《三江县志》载，清末，林溪河一带的人口密度数据为：程阳乡，村街 9 个，甲数 89 个，户数 886 户，4605 人；林溪乡，村街 10 个，甲数 81 个，户数 862 户，3932 人；高步乡，村街 8 个，甲数 60 个，户数 522 户，2935 人。这三个与林溪河侗寨有关联的乡，总户数和人口分别已达 2270 户和 11 472 人。这个数据在"面朝黄土背朝天，民生凋敝"的封建经济社会时期，已经是很不错的了。据民国版《三江县志》卷五记载，万历年间出任广西承宣布政使司参议的龚一清，曾写下如此文字："通达道路，以便往来……从板江过江边，出车田、武洛江，四日可到通道县，至靖州，各大峒乡村人烟颇集，每日日间经过十余村，则路一开，则合三省之民聚货贸易，彼往此来，络绎不绝，盖辟草莱为舟车之会，听其自来自往，勿得禁阻，使民瑶交通，积见成习，变彝从夏，此一机也。"

林溪河流域经济的发展，必定带来林溪文化教育的兴盛。明朝末年，林溪河流域侗寨就已经开始重视教育，个别村寨集资开办私塾培养子弟，经过一两代人的努力，终成气候和风习。大家逐渐不满足于识文断字，其中有佼佼者试着去参加官府的科举考试，争取功名。据民国版《三江县志》卷八记载的是乾隆年间以林溪河为中心的平江区阳烂村的龙从云、龙仁潭、龙在沼、龙继光、吴成章、吴盛文、吴成学、吴老田、杨萃旺、杨老五 10 人，"皆侗胞中之杰出者。侗胞在清初，尚无读书应试者，从云等有慨于此，特倡议集资兴学，延聘湖南通道县粟团村宿儒旺正先生来村主讲，于时而村中之耕者、读者、机声、书声，相间作亦"。乾隆四十年（1775），怀远知县邱锡璋、教谕曹文琛、训导刘骧瞿，经请示批准苗侗诸童赴考，乾隆四十二年（1777）仲夏岁试，龙从云以第二人录进县庠。"龙从云入学，侗人破天荒也。从此侗胞科第联翩，皆从云有以启之，而其十人兴学之功，尤足千古。"

自 1775 年高步乡阳烂村龙从云名列胶庠后，当时官府对平江区（指林溪、八江两乡）侗族于弟赴考的，每届于既定名额之外，另外增加录取童生二名，以激励士气，民国版《三江县志》卷二"在昔声教未被之乡，文风亦遂蒸蒸而日上，其族人口甚蕃，以吴杨两姓为最大"。因此，文化之途既盛，地方文明风尚大开，时任怀远知县廖蔚文，特此作了两首七言律诗《宣谕林溪（人多苗侗）》《度大伞山》。诗作如下：

江源直到武陵津，风俗依然见旧秦。

汉代至今几易主，夜郎此地有遗民。

文身椎髻银为饰，缺舌侏离鸟共嗔。

纶绋宣扬知向化，不教鹿豕结成㸚。

——《宣谕林溪（人多苗侗）》

粤穷楚尽隔层崖，隐隐青天历彩霞。

绿树丛中啼鸟度，白云深处野人家。

山连衡岳亭亭月，水接桃源片片花。

此日苗民知格命，车前稽首静无哗。

——《度大伞山》

龙从云之后，林溪河不断有读书子弟参加科举考试并中功名，文献可查的，有高友村的潘沛霖考中岁贡。冠洞村的杨培基、石含清，程阳大寨的杨世贤，林溪亮寨的吴兆祥，林溪村的聂家黄，林溪街的赖启仁等考中廪生，而考中庠生的有吴伯兴（林溪皇朝寨）、吴建贤（美俗村）、王无会（枫木村）、杨世忠（高秀村）等34人。

难能可贵的是，其中有些人志不在仕，考取功名后回家服务村寨。就如冠洞村的杨培基、石含清，两人以其功名学识，成为林溪河流域侗寨有名的寨佬和款首，每逢地方或邻里间有什么争议找到他们，他们都很乐意不取报酬地给乡村或邻里进行调处。他们都秉持着不谋私利的公心进行调解，不偏不倚、公平合理调处，广受林溪河流域侗寨群众的好评。如平岩村马安屯与下游汉族村屯马弯屯、高友村与湖南甘溪乡西壁村的河流权益争议，八江乡（现八江镇）高弄村与马胖村的田段纠纷等。特别是杨培基，在调处八江乡高弄村与马胖村的田段纠纷时，不但不收取双方一分诉银，还自己出钱让双方息争（双方被他的真情所感，主动友好协商解决）。杨培基祖上是从湖南靖州县四乡河一带迁移来的，因为他名气大，四乡河的老家人还曾经专门过来请他回去调处纠纷。现在，他调处过争议的村寨和地方还留有培基山、培基田、培基河或冠洞河、冠洞村的地名，这充分说明了当地群众对他的认可和喜爱。

林溪河既是湘桂交通要道，行商人流不断，又是兵家通道。明清两朝，不计其数的兵经过境林溪河，沿途村寨皆被抢杀掠夺，村民深受其害。在这些兵匪过境中，留下印记或者被官府文献记录在案的，就有数十次之多，其中最有名的是1651年南明永历皇帝朱由榔的过境。因此，现在林溪河侗寨还流传有不少南明永历皇帝经过林溪留下的诸如三百堆的故事传说，以及带有皇朝的地名等（林溪村有皇朝寨，程阳马安屯附近有皇朝坪）。

其他几次大的兵匪过境行动，还有 1648 年，安南侯郝永忠率万余人，由柳州转战湖南靖州，清军追剿过林溪，所过之处，皆被其蹂躏残破。

1654 年正月，义王秦可望（亦作秦王孙可望）领兵万余，由靖州追安西王至柳州，经过林溪，把地方掳掠一空。

1850 年，湖南新宁人李沅发起义，聚众七八百人，从龙胜厅一路转战，沿浔江而下至古宜，又转程阳、林溪、出湖南、入黔边。

1861 年 10 月，太平天国冀王石达开部将彭大顺、朱衣点、余姚等率数万人由广西融县经沙宜入湖南青林界（今青龙界）攻克绥宁，击毙知县吴熊、典史马景恒及吴熊之子吴镳。次年 3 月，太平军余姚部一万多人进入靖州。后又折回通道，经双江越黄土隘，经坪坦过科马界至林溪，星夜混战，余姚兵死无数，地方团练亦死十余名，余军沿江而下。

1863 年，太平军陈李等带兵一万余人，由绥宁出长安堡，下青龙界到斗江，分两支，其中一支上龙胜，出白言，过瓦瑶墟，九月初，由龙胜回文村过程阳、林溪，沿途住三夜，后入贵州高角四寨。

如果只是兵匪过境，不骚扰地方村寨还好，如果侵犯地方，林溪河侗寨人民都会奋起反抗。比如，清咸丰六年（1856），贵州开泰永从苗首戴老寅、龙老盘倡乱，窜入县境，浔、溶、丹阳三区，遍遭蹂躏。侗族人团结一致，与之抗，大小数百战，虽有伤亡，但全境得以安定。咸丰十一年（1861），苗匪二万余众又过境侵掠，林溪河与坪坦河两河侗寨奋起，起款联动，于科马界与其激战，最后击溃该匪部，成为当地历史上十分重要的一次保境、护寨、安民行动。

六、民国至中华人民共和国成立后的林溪

清末至民国时期，现在林溪河流域包括最边远的所有侗族村寨，已然成形。据田野调查，距今聚落形成时间最晚的水团村归盆屯、金寨屯，其村民从祖籍地的高步村、高团村迁来，至今已经五六代人。

民国时期，天下兵荒马乱，匪患突出，民不聊生。为了加强自卫和自治，林溪河流域侗寨作为邻近 13 个款区中的第九小款区，几十个村寨严密组织起来，充分利用款的约束和管理功能，对全款区进行有效的民间管理。传承有序的侗族款制度得到空前大发展。《三江县志》（旧志）：

"民间设立条约甚严，遇有偷盗，不论大小，鸣众集款杀之，不报官司，故民不敢为盗，凡牛羊放草，任其他往，主不寻捕，听其自归，鲜有失者。"

其间，发生了一件与款组织有着关联的大事。辛亥革命头一年，时任怀远知县石家鉴带着亲兵来到程阳，传命村民集中飞山庙训话，因为人多，现场喧哗拥挤，秩序稍乱，亲兵竟鸣枪示威，引发民愤，众人围住现场，用石头反击官兵，打死石家鉴随从一人，石家鉴与亲兵被围庙中。紧要关头下，在村寨款首出面阻拦民众，明以大义后，知县和亲兵才被解围，连夜逃回县城。

对于侗寨款制，官府还是认同的。林溪河流域侗寨的第九款场，民国之前就非常踊跃，主动参加三江"三峒六甲"的联款行动，维护了款的御敌保境，自我管理的威严。当时，浔江河里一带团款已经崛起，后遭黄金亮匪乱的侵扰，三江"三峒六甲"联组九局扩大款。同治二年壬子（1862）进而成林溪、武洛、猛江与河里五百之联合大款，而后林溪河第六款场派有款兵参加联团奔赴溶江会剿匪患。光绪三十年（1903）三江县进而有浔江、溶江两河暨三峒六甲三江（林溪、武洛、猛江）联为超前之大款。光绪三十一、三十二年（1905—1906），李名标、黄飞凤等扰乱三江，林溪河第六款场遵号令起款派款兵参加会剿，挫李、黄匪兵于良口。

侗款在维护地方社会秩序，抵抗外来侵袭方面所能起到的作用，常让统治者叹服，民国版《三江县志》载："此皆荦荦大者，而皆以侗团为最出力，团结亦最固，其在宣统间则有数万众围官吏、戕士绅之款祸，虽酿成固自有因，其民气之蓬勃，于此可见，然亦不可谓非其弊也。惟有大可尚之……当咸丰六年（1856），挫戴老寅等之后，清大吏欲笼罗之，以与太平天国抗，对团众之战死者为之立祠祀，出力者赏功牌，并擢得力人员吴大玉、杨光宗为县丞，吴大鹏、吴大宾、吴万国为外委，皆辞不就。盖其志在卫桑梓，不在博利禄，尤非在拥护清廷，此则款史中之特点也。"

林溪河流域侗寨的信仰，在原住民的传承下，信奉祖母神萨岁和飞山公杨再思，祭祀祖先和大自然神灵，这是林溪河流域侗寨主要精神支柱。另外，林溪河流域侗寨也不排斥外来的道教、佛教，乃至西方的基督教。在民国时期，道教、佛教、基督教等，在林溪河流域都有流传。

林溪河流域的道教，在林溪河流域这个"楚边粤尽"的楚文化边缘地带，严格来说应当属于祖先和英雄神相交融、多神信仰的梅山教系统，特别是在明初洪武年间的江西填湖广的移民运动时，移民们把自身原来的道教信仰（南方的正一派）带来后，林溪河流域的道教发生大规模的演变，梅山教的特点更加明显。其最主要的就是祀多神，亦称多神教，奉元始天尊太上老君为教祖，以清静无为为教旨。道教早在南宋时期就在林溪河流域的传播，较释教输入为早。当时人民信奉甚是虔诚，其支配人生行为的势力，不弱于释教。民国版《三江县志》载："释教，亦称佛教……该教输入本县，约在民国纪元前三百年，清咸同年间，最为盛行，入民国，为道教所挤，势稍衰。"这说明道教或梅山教，在林溪河流域早深入人心，只是道教在林溪河流域民间得以建寺奉祀的，却到光绪末年民国初年，才得到地方家境殷实人家的资助，在枫木村大培山脚修建了一座回龙寺。该寺建成后，吸引方圆百里侗村苗寨之人，前来求神问卦，成为盛景。

基督教于民国十二年（1923）传至林溪河流域。该教因为奉耶稣基督为教祖，以忏悔罪恶、上升天国为教旨，与本地侗族自身信仰和中国各教（道教、佛教）格格不入，在林溪河流域存在不到几年时间就悄然退场。民国版《三江县志》记载基督教："该教输入本县，在民国十二年，初至富禄、林溪，租用民房，各设教堂一所……信奉者尚寥寥。"

1949 年中华人民共和国成立后，林溪河流域侗寨发生了历史性变化。1949 年 12 月，三江县人民政府成立，全县设 6 个区，林溪河流域侗寨属于林江区，该区时辖高步、横岭、林溪、程阳、八江、马胖等 6 个乡；1951 年 4 月，三江行政区划调整，林江区分设第七区和第八区，短暂存在的林江区成为历史，程阳、林溪、高步、横岭划属第八区；1954 年 10 月，湖南省通道侗族自治县成立，国务院把第八区的高步、横岭两乡从广西划属湖南，本来属坪坦河高步乡的高友、高秀两村，因为有山场地界在林溪河流域，且两村群众又心念林溪河，政府就把两村从高步乡划归林溪乡，形成了现在水流湖南、行政归广西的"兄弟杂花"现象。人民公社化时期，林溪河流域侗寨归属林溪人民公社，改革开放"政社分开"后，林溪人民公社改为林溪乡，2013 年改为林溪镇一直沿用至今。

林溪河流域还有一个牙己草苗村。在我国西南湘黔桂三省（区）交界，草苗族群是一个特殊人群群体。通过田野访谈得知，牙己村绝大多数村民是龙姓。据他们反映，他们原来也是汉族，祖上是朝廷由江西派往湖南管理地方的一位官员，其后代有人搬到高步村居住，成为侗族，与现在的高步村龙姓同为一个族人，随着人口的增加，龙姓就分支人口到林溪务衙与吴、杨、石等姓人同住在"五百林溪"的"岑衙苗"和"满当"山上。因为吴姓人口众多又不能同姓结亲，族内发生了一件"十八对青年男女"因相爱不能结婚而集中殉情赴死的惨剧，大家就从"岑衙苗"和"满当"山四散到附近的王相、大田、亮寨、岩寨、皇朝、冠洞等地居住，龙姓就散到现牙己村河对面的一个山冲里居住。后来因为一个地理先生说现在的牙己村山梁是一条青龙，风水很好，他们就再搬到这道山梁来建村立寨。为了纪念他们的迁出地"岑衙苗"，就把村落叫为"衙止村"，意为"岑衙苗"的风水福荫到此地为止，不再外流。久而久之，"衙止村"被写成牙己村。

那么牙己村龙姓侗族人，为何现在变成草苗人了呢？原来是他们搬到"衙止村"后，有后生从独峒的玉马村娶来了一位草苗姑娘，该姑娘勤劳善良，大家都学着她说草苗话，习草苗俗，最后全村竟全变成了草苗。何为草苗呢？草苗当为"揪苗"之误。"揪苗"这个族群与现今湖南靖州县三揪乡一带的二十四寨族群居民有着血脉渊源。

总之，林溪河流域侗寨的文化历史，在中华民族大家庭里，是多元一体民族融合进程的有力例证。

第三章　林溪河流域侗寨自然生态

杨丹妮

一、生态之境：桂湘边界

在中国南部的一片山林谷地间流淌着一条碧波荡漾的清澈溪流——林溪河，这条山涧涓涌而成的溪流流经地正好处在桂湘两省交界的百里侗乡的中心地带。这条林溪河乃珠江流域西江水系浔江河流的重要支流之一，因其河段流经地域主要在广西壮族自治区柳州市三江侗族自治县北部的林溪镇境内而被冠名。这条河发源于三江县林溪镇水团村彭木山，全长 42 千米，年径流量 19 776 万立方米，流经程阳、光辉、文大等地至周坪乡黄排村与八江河汇合，于石眼口汇入古宜河。[①] 由于河水的穿流灌溉和泥沙淤积成相对平坦肥沃的河谷平坝，给人类生存和定居提供了天然便利，于是林溪河沿河两岸成为喜欢逐水而居的侗族人的首选居住地，依凭着山水走势自然形成了相互连接、连绵二三十千米的林溪河流域侗族自然村寨。如果说桂湘百里侗乡是中国南方山水交织而成的一幅美丽侗锦，那么这些在林溪河畔的 60 余个大小不一的侗族自然村寨便宛如镶嵌在侗锦上的一颗颗耀眼明珠，它们或隔河相望，或依水相连，或山河共聚，共同绘就出一幅西南山地民族富有诗意的栖息家园的生态图景，被世人赞誉为"中国和谐社会的原始版本""人类宜居环境的突出典范"。

[①] 三江侗族自治县志编纂委员会:《三江侗族自治县志》，中央民族学院出版社，1992，第 98 页。

（一）地理位置：位于广西三江东北部与湖南通道毗邻之地、长江流域与珠江流域分水岭

林溪河流域侗族村寨的地理坐标大致位于中国南部的广西壮族自治区北部与湖南省湘西南相接的省际交界处，因有一条母亲河——林溪河蜿蜒流经大部分侗族村寨而得名。就自然生态环境而言，林溪河流域侗族村寨的形成皆因河流为伴而得以生息繁衍，林溪河见证了侗寨经历不同历史时期的风雨洗礼。

就行政区划而言，林溪河流域侗族村寨隶属于广西壮族自治区柳州市三江侗族自治县林溪镇。林溪镇总面积 153.11 平方千米，辖平岩、程阳、平铺、冠洞、枫木、合华、林溪、高友、高秀、弄团、美俗、牙己、茶溪、水团 14 个行政村和 1 个林溪社区，65 个自然屯，220 个村民小组，总人口 3.4 万，侗族人民占 95% 以上，是我国南部侗族的重要聚居区和文化发祥地之一。南面、西南面与本县古宜镇、八江乡接壤，东面、北面、西北面与湖南省怀化市通道侗族自治县的陇城镇、坪坦乡、牙屯堡镇毗邻，距湖南省通道侗族自治县县城 36 千米。地处桂湘边界百里侗乡的中心地带的林溪镇借由独特的区位优势逐渐发展成为广西北部重要的少数民族乡镇，是湖南进入广西的交通要道之一。

就经纬度来说，林溪河流域侗族村寨处于东经 108°53′～109°52′，北纬 25°22′～26°2′，境内大部分地区处于低纬度地区。所处地形地貌与三江县其他地区大致相同，属丘陵山区，山地面积占总面积的 70% 以上，地势由北向南倾斜，土壤属红壤性土壤，大部分属丘陵地貌，海拔 500 米以下的丘陵为红壤性土壤，500～850 米为黄红壤性土壤，850 米以上为黄壤性土壤，其成土母质主要是砂岩，页岩风化程度好，土体深厚，中层厚在 40～80 厘米，厚层达 80 厘米以上。境内沉积岩分布极广，丹洲群震旦系分布区，占全县面积的 95% 以上，中生界白垩系在北部程阳呈点状分布，东部与龙胜交界处有少量雪峰期火山喷发岩，河口附近有个别超基性岩体，中部及南部露出少量基性岩，闪长岩及煌斑岩。三江县地处江南古陆南缘，按构造单元属九万大山穹褶带和龙胜褶断带之间，曾经有过多次地壳运动地质构造十分复杂，褶皱断裂非常发育。[①] 林溪河沿河的侗族村寨多建于地势较低的河谷丘陵处，以程阳八寨为河

---

① 中共三江侗族自治县委员会史志研究室：《三江年鉴（2020）》，中国文史出版社，2020，第 46 页。

谷平坝型侗族村寨的典型代表，但镇内下辖的高秀村、高友村两个侗族村寨另属一脉——山地型村寨，因地处山坳间，寨内主要为山坡、丘陵地貌，道路蜿蜒曲折，地势落差较大，海拔相较于沿岸的侗族村寨海拔要略高一些，平均海拔为552米，从纬度来看，距北回归线不过3°，接近热带，由于山崇谷邃，寒气易生，又略具高原气候的特点。

就水系划分来说，林溪河流域侗族村寨恰好位于长江流域（洞庭湖水系沅江段）与珠江流域（西江水系浔江段）分水岭。林溪河是古宜河（浔江）的右侧一级支流，发源于三江侗族自治县林溪镇北部的虎子凹，从发源地自北向南流经水团、茶溪和美俗等村屯，后穿过林溪镇集镇继续向南流经合华、冠洞、平铺、程阳、光辉等，在黄排村附近与其右侧支流八江河汇合后，继续南行约3千米汇入浔江。关于林溪河的走势，民国版《三江县志》也曾记载："源出于县北高步乡之水团村，及林溪山仓门坳各山溪，合而南流，至林溪街口，再纳各山小溪，过林溪大桥而南，入程阳乡境，折而东南，旋复南流入光辉乡境，过文村，至黄排村边，合武洛江，东南流，至石眼口入浔江。"据《国道G209三江林溪（桂湘界）至古宜段公路环境影响报告书（简本）》显示，林溪河流域面积426平方千米，主河道长度51.3千米，流域平均高程405米。林溪河平均流量为13.5立方米/秒，年径总流量为4.26亿立方米，但由于径流年内分配不均匀，年际变化较大。林溪河流域本区段地下水类型主要为松散岩类孔隙水、碎屑类岩类构造裂隙水。松散岩类孔隙水含水组为第四系（Q）松散土体，以河流冲积层为主，次为坡残积岩。河流冲积层分布于林溪河河阶地基及其他小河两岸，坡残积堆积物分布于碎屑岩区。裂隙水赋存于碎屑岩中，含水介质主要为构造裂隙和风化裂隙。地下水除受大气降水补给外，大部分地段与河流呈互补关系，局部有地下水补给。

（二）气候类型：夏凉冬暖的中亚热带山地气候

林溪河流域侗族村寨大多处于太阳辐射较少的区域，境内山地纵横，峰峦叠嶂，河谷遍地，全年温润多雨适宜农业耕作，其大部分侗族村寨的气候类型与三江侗族自治县其他乡镇的类型相似，为中亚热带山地气候，四季分明，夏凉冬暖，雨水充沛，气候宜人。关于县境内的气候，有记载："三江县境以纬度论。距北回归线不过二度，较桂林仅高半度，接近热带，自昔号为炎方，第山崇谷邃，寒气易生，又略似高原之气候。一岁之中，冬季气温降至零下4℃，夏季则高达54℃以上。然春秋二分，仍多扶纩，而晨昏多雾，日暖夜寒，甚至一日之间，寒燠屡易，大有'一雨便寒晴便热，不论春夏与秋冬'之概。雨季，多在春寒，为霖为霪。至九月、十月则严霜铺地入学，十二月迄来岁仲春，率多降雪。"①《三江年鉴（2020）》数据统计显示，林溪镇 2019 年年平均气温 18.9℃，比历年平均值 18.3℃，偏高 0.6℃，年极端最高气温为 38.5℃，出现在 8 月 12 日、8 月 19 日，极端最低气温为 0.6℃，出现在 1 月 1 日。就降水而言，2019 年年总降水量 1 480.8 毫米，比历年平均值 1 557.3 毫米偏少 76.5 毫米。就日照而言，2019 年年总日照数实数 1 358.1 小时，比历年平均值 1 252.9 小时偏多 105.2 小时，一月日照时数 8.6 小时，为历年同期最小值。② 不过地处高山密菁的高友村，四面环山，植物茂盛，森林覆盖率达 75%，气候却与沿河的侗族村寨略有差异，当地流传着"一雨便寒晴便热，不论春夏与秋冬"的说法，清晨多有雾气，日暖夜寒，早晚温差较大。雨季多集中在春冬两季。每至九月，有严霜铺地，到冬寒时节，则偶降瑞雪。

（三）植被资源：桂北绿色生态屏障

林溪河流域侗族村寨植被资源丰富，森林茂密，动植物种类繁多，侗族人祖祖辈辈始终践行着与自然生态和谐共生的理念，近些年紧紧围绕"生态立县、环保优先"的发展战略建设"生态三江"和美丽乡村，是三江侗族自治县乃至广西壮族自治区重要的林业生产基地和珠江上游重要的水源林保护区，生物多样性较好，森林覆盖率高达 77% 以上，分布有大面积的原生型常绿阔叶林，大气环境质量好，地表水体、水环境质量优良，具有巨大的环境容量和很高的生态承载力，是柳州市乃至珠江流域的生态屏障。由于林溪河一带独特的水源资源和植被资源，2014 年三江侗族自治县与江西、湖南、广东、广西等 4 个省（区）33 个县一起申报南岭山地森林及生物多样性生态功能区，并被列入国家主体功能区建设试点。按照全国主体功能区规划，本区属水源涵养型重点生态功能区，主体功能定位是江西、广东、湖南和广西四省（区）重要的水源涵养区，亚热带常绿阔叶林集中分布区和生物多样性保护保存重点区域，人与自然和谐相处的生态文明示范区，对保障我国南岭地区的生态安全

① 广西壮族自治区编辑组：《广西侗族社会历史调查》，广西民族出版社，2009，第 9 页。
② 中共三江侗族自治县委员会史志研究室：《三江年鉴（2020）》，中国文史出版社，2020，第 46 页。

具有无可替代的作用。早在 1982 年，林溪河流域的高秀侗寨就被评为全国生态文明村；2017 年 12 月，林溪镇上榜广西 2017 年度自治区级生态乡镇名单。林溪河流域翠竹绿树紧抱古朴的山寨，阡陌农田在不同的季节衬出山寨不同时期的秀美，东边的小溪和西边的水渠流水潺潺，嘎吱作响的古老水车浇灌出侗乡稻田的穗香米实，山间平坝中的溪流上横跨着几座木石相接的风雨桥，人们住在水边依山而建的吊脚楼上，这些美丽的自然风光与古朴的侗寨结合在一起，构成了一幅具有侗族文化风韵的田园画卷，形成了人与人和睦相处、人与自然和谐共处的原生态环境。

（四）交通廊道：桂北与湘西南的官、兵、民、商、匪多重交织的重要通道

林溪河流域侗族村寨所处的位置较为特殊，由于河流的穿行和山地的走势自然形成了桂北与湘西南省际相通的官、兵、民、商、匪多重交织的重要通道，历史上留下了多条驿站古道（湘桂古道、盐粮古道、古横县道、古黄县路）、焦柳铁路、国道 209 线（湘桂界）等陆路交通线，同时在林溪河沿岸遗留有古宜至林溪的河道水运、渡口码头等水路交通设施，其畅联两省交通廊道的作用至今仍不容小觑。因省界汇合而形成的地理节点也成为重要的桂湘交通枢纽的要冲。从秦南征百越起，渠江—坪坦河—科马界—林溪河—浔江就成为一条重要的通道，这条通道成为国家南北交通要道或兵家必争之地，秦始皇七路大军南征百越，其中一军被堵塞"镡城之岭"三年……这镡城之岭就包括现在的坪坦河和林溪河流域。

三江侗族自治县境内有 74 条大小河流纵横交错，河网密布，县名因榕江、浔江与苗江三条大江绕城而得名。林溪河作为浔江的一条重要支流之一，在未修筑公路之前承担着桂北与湘西南的水路运输的重任。史书记载这条由县城古宜镇到林溪的河段可通行大小民船、放木排，许多船只溯林溪而上高步（湖南省通道侗族自治县乡镇名）过坪坦（湖南省通道侗族自治县乡镇名），可北达湖南，实为入湘的捷径。《三江县志》（民国版）就曾这样记录这条水上运输通道："自古宜溯浔至石眼口，由此入林溪，上航，北达林溪街，约六十里，春夏船载千余斤，冬可七八百斤，至此舍舟而陆，达横岭乡之坪坦村，二十五里，可由坪坦河流顺而下，达湖南省绥宁县属之双江，其船载重量，与古宜至林溪略同。此线如能便利，则运盐出湘，运米出境，其益甚大。"据悉，民国时期的林溪

已经成为三江县东北部重要的商业重镇，县志中记载货物由古宜行船水运至林溪镇后改走陆路，舍舟改陆后再走三江林溪至湖南横岭的山间驿道。由此可见，这条林溪河是三江与湖南通道、绥宁等地商贸往来的重要廊道，三江、融安、柳州等地的客商就通过水路将食盐运到林溪。而那个时候湖南省鄱阳湖—洞庭湖一带盛产大米且水路发达，但没有盐，因两地被大山阻隔，桂北商人就找来林溪沿岸村民将一担担的盐挑到湖南的坪坦、横岭一带去销售，然后又从湖南购买粮食挑回林溪。

林溪与坪坦是湖南、广西两省区货物交易的重要枢纽，水路与陆路结合促成了两省区货物的交易，久而久之，就成为运输粮盐的通道，这便是林溪河一带家喻户晓的盐粮古道。民国版《三江县志》就曾对当时的盐粮等大宗货物交易有清晰的记载，曰："每年由湖南运入白米约 30 万斤，运出白盐约 600 万斤，商业亦甚发达。"至今，林溪镇岩寨屯 80 岁以上的老人对他们年轻时沿着这条盐粮古道肩挑背扛、来回穿行、挑盐换米的艰苦岁月仍难以忘怀。

近两年来，林溪镇停办多年的土王节恢复举办，湘黔桂边界的村寨侗苗瑶汉群众云集林溪村科马界赶赴坡会，场面热闹非凡。与一般坡会不同的是，在鼓楼前的广场上，还摆放着一担担的谷子、米和食盐。节日上一个重要的活动内容就是由村民挑着那一担担的食盐、白米和谷子，带领游客一同走科马界盐粮古道，重温当年运粮盐的艰辛，个别村民戴着头巾，点上旱烟模仿昔日的挑夫。当时依托着这条运输路线，位处水运转陆运的枢纽处的林溪镇逐渐形成货物的中转地，许多船商、货物均在此地集散转运，于是林溪镇渐渐发展成为桂湘商贸往来的重镇，沿林溪河一带的村民也纷纷造船运货，在农闲时段进行撑船补贴家用的营生。历史上还出现过一支在古宜至林溪河段专门从事水路运输的队伍——长洪队，这条水路的商贾往来、水运繁忙的程度可见一斑。三江程阳一带，因田少人多，各族农民除了从事农林业生产以外，还有大批劳动力外出撑船。大部分村民平时以农业为主，农闲时撑船挣钱，以补生活之不足。三江程阳大寨有 200 多户，其中 50 多户兼营撑船，比例相当大。撑船大都在开春前和秋收后的农闲时间进行，农忙时则在家料理农事。撑船户自己都有船，帮别人搞运输时，往往连人带船前往，收运输工费。请运货的人多是古宜镇、长安镇（属融安县）的商人。他们请船工运输大米、布匹、桐油、茶油等，来往于柳江、苗江和榕江等。撑船的人数虽不太多，时间也不很长，但收入可观，如程阳懂寨共有水田 1000 屯，其中

200多屯是用撑船收入买来的。因此，当地流传一句俗语："十屯山田比不上一屯田段田（指村边的水田），十屯田段田比不上一个汉撑船。"可见撑船这项副业在这里具有相当重要的经济意义。[①]

经了解，林溪河流域侗族村寨间早期的陆路通道为古横县道、古黄县路，可与邻省、邻县通达，"自古宜起，北经光辉、程阳、林溪、高步等乡，达横岭乡至黄土村，长九十五里，路宽八九尺，其狭处约三四尺，全路完整，由此出境，通湖南之绥宁、通道……过去交通闭塞，山区运输专靠步行肩挑，人挑五六十斤，每天只能走六七十华里，费时费力。"[②]

三江侗族自治县成立后，修筑了古宜至林溪的公路（31千米），极大地缓解了林溪河一带侗族村民出行之苦，客运汽车的开通和货物运输的便利让侗族村寨连通外界的步伐日趋加快。国道209线三江林溪（桂湘界）至古宜公路工程（简称"林古路"）于2016年1月26日建成通车，项目位于柳州市三江侗族自治县境内，路线总长34.821千米，其中主线长30.337千米，连接线长4.484千米。项目按照国家二级公路技术标准进行改扩建，设计速度40千米/小时，路面宽度8.5米，路面类型为混凝土路面。路线起于三江县林溪镇至湖南通道县坪坦乡旧路桂湘省界处，顺接湖南省规划公路，向南至林溪镇，沿县道631林溪至三江公路，经冠洞、程阳、文村，下穿在建桂林至三江高速公路、跨越浔江，终点位于三江县古宜镇洲坪口附近，顺接国道209（三江至柳州二级公路），并与国道321（三江至桂林二级公路）相交。国道209三江段的建成通车，使得三江林溪等极具民族风情的旅游目的地连入了国道209和国道321等大通道，对促进沿线侗族特色资源开发和三江县经济发展具有重要的意义。[③]

若说广西三江县林溪河流域侗族村寨地理位置有何独特之处，那就是其地跨湘桂两省交界点。林溪河有一个非常特殊的村寨名叫将王屯，地处湖南省通道侗族自治县陇城镇洞雷村、广西壮族自治区三江侗族自治县林溪镇林溪村交界处，横跨湘桂两省区。将王屯党支部书记是湖南籍的，屯主任是广西籍的。屯里有好几户的兄弟姐妹户籍分别属于两个

① 三江侗族自治县志编纂委员会：《三江侗族自治县志》，中央民族学院出版社，1992，第235页。
② 魏任重修、姜玉笙纂：《三江县志》，成文出版社有限公司，1946，第498-499页。
③ 三江侗族自治县志编纂委员会：《三江侗族自治县志》，中央民族学院出版社，1992，第344页。

省（区），一幢幢吊脚楼写着不同省（区）门牌的情况比比皆是，屯里属于湖南的村民有 10 户 43 人，属于广西的村民有 32 户 125 人，被人们戏称"一屯跨两省，故事一箩筐"。彭莫山是广西三江侗族自治县与湖南省通道侗族自治县的界山，在地貌上是湘桂地表水径流的分水岭，1975 年建成的彭莫山隧道，作为焦柳铁路上最长的一座隧道，隧道进口在湖南，自彭莫山进入广西境内，出口在广西，湘桂两省（区）交界线在隧道内 1 381.958 千米处。这条 5.6 千米长的彭莫山隧道，位于广西和湖南的交界处，是中南地区最长的单线隧道。隧道的一端位于柳州三江侗族自治县林溪镇最北部的水团村，另一端则位于湖南省通道侗族自治县牙屯堡镇的地马村。作为中国最隐蔽的一条南北铁路，焦柳线南北所经靠近中国地理上第一、二阶梯间的分水岭，它是中国自古的南北交通、经济古道，更是中国最后一道从沿海到腹地的南北战略防线。从 20 世纪 70 年代陆续建成的南北两段铁路通车以来，其对纵贯南北交通、分区疏散客流、改善全国工业布局起到了战备作用。目前，这条横穿彭莫山腹地的焦柳铁路仍旧是连通湘桂两省（区）侗乡的通道之一。彭莫山隧道进口处设的牙屯堡站点所在的地理位置为湘西南的通道，作为楚越分界曾经的走廊，享有"南楚极地""百越襟喉"之称，是侗族高度聚居的古镇。平行于牙屯堡站的后山——龙山，便是侗乡远近闻名的"大戊梁"歌会的主办地，每年四月春光正好，来自湘、黔、桂三省区的侗族男女青年云集于此，唱山歌，赶坡会，好不热闹。由牙屯堡站自北而下穿越彭莫山隧道就来到了位处广西三江林溪镇辖区内的水团站点，它是焦柳铁路在广西境内开设的第一个站点，也是三江县域八个站点之一，目前承担劳动力和农副产品外输的作用。

二、生态家园：择居溪峒与山地

聚落是人类聚居和生活的场所，是人类适应、利用自然的产物，是人类文明的结晶。与众多人类聚居地一样，侗族村寨是以稻作农业为主要形式的乡村聚落的代表，它不单是房屋建筑的集合体，更是侗族人紧密结合南方山地而形成较为稳定的民族聚落区域，可谓是侗族人的定居之所、生存之地和精神家园。

一部聚落成型演变史，也是一部乡土文明发展史。侗族村寨可以直观地让世人了解到侗族人如何在相对封闭和艰苦的西南山地河谷环境下，在长期的历史进程中不断择居迁徙、生息繁衍而形成相对固定的人类居所的历史过程。侗族人在建造自己的生态家园时一般选址在依山傍水、光照充足、树木参天、溪水长流之处，它是侗族人民长期在人地关系平衡探索中找寻到的一种适合本民族的独特聚落形态和生存智慧结晶，充分体现了侗族"人与自然依存共生"的村寨选址建设理念。在我国沟壑纵横、河网密布的西南山地中，侗族人遵从"以土为本，以水为命，以树为亲"的生态和谐理念，找寻人与山、水、田、林、寨的有机结合点，偏好择居溪峒与山地作为聚居地竖屋建房，建设生态家园。这种村寨聚落形貌不仅是侗族人民传统聚居和生活方式的物质承载，也是千年来侗族人民与自然环境和谐共生的突出例证。它是侗族人民在长期的生产和生活实践中形成的生存智慧的集中体现，是传统农耕文明的宝贵遗产和绿色生态家园的承托之地。

在百里侗乡广泛传唱着一首琵琶歌，形象又贴切地串联起了林溪河流域诸多侗族村寨山水相依、河山共聚的山形地貌与村寨特点。

走进歌堂我来唱首歌，多烦大家过来听一下，
龙爱江水侗人爱欢聚，喜鹊画眉爱山梁，
鸭子爱江鱼爱水，鹅爱草坪蜂爱糖，
歌耶助兴人欢心，大伙欢聚我爱弹，
说到以前侗乡侗寨林溪河，上游水团下马鞍，
程阳八寨侗乡湾，阳寨王相隔水望，
岩寨平寨河对开，懂寨高沙两相望，
高迈坪坦近吉昌，村寨几多隔山梁，
沿江上逢若干村，还有平铺红岗寨，
冠洞坐落热闹地，稻花塘鱼两兴旺，
一路看寨亮堂堂，华夏合善好地方，
山上枫木几多屯，塘阳培山转塘单，
大田林溪同一片，亮寨皇朝是水乡，
风雨桥旁美俗寨，车站远处是难岗，
高立务孔遥相望，水团都亮各一方，
过四翻山寨连寨，高友高秀进湖湘，
抬头仰望山崖寨，俯首下看是双王，
坪坦横岭连平幕，都天黄土靠底盘，
侗寨深情情意意，山水相依心相连，
河山共聚鱼共塘，福来同享难同当。

在文化遗产专家眼里，侗族村寨有着异于一般乡土聚落的特殊的历史、科学和艺术价值，它是在相对封闭和艰苦的西南山地河谷环境下，以"款"文化为核心，以"峒"为基本生存环境单元，形成了以"合款"为基本制度，以"家庭—房族—村寨—款"为社会组织层级，人地动态平衡发展的稻作农耕聚落。聚落经过长期稳定发展，形成了以侗族鼓楼为标志，民居簇团，紧凑围合的村落空间形态，并与周边山水环境共同形成了"山、水、田、林、寨"圈层布局的优美图景。正是基于侗族村寨呈现出来的独特的中国南方少数民族村落文化景观和所具备的突出的世界文化遗产核心价值，侗族村寨符合《保护世界文化和自然遗产公约》关于文化遗产申报的标准，能为一种已消逝的文明或文化传统提供一种独特的特殊的见证；可作为传统的人类居住地或使用地的杰出范例，代表一种或几种文化，尤其在不可逆转之变化的影响下变得易于损坏；可作为一种建筑或建筑群或景观的杰出范例，展示出人类历史上一个或几个主要阶段。2006年，国家文物局把侗族村寨列入《中国世界文化遗产预备名单》，进入国家申报世界文化遗产预备名单后，2012年由贵州省黔东南苗族侗族自治州榕江、从江、黎平三县，湖南省怀化市通道侗族自治县、邵阳市绥宁县和广西柳州市三江侗族自治县六县组团25个侗族村寨的项目，入选《中国世界文化遗产预备名单》。由此可以看出，侗族村寨的形貌生成、发展演变不仅仅是这片土地上的侗族人的专属标签，更昭示着人类文化遗产的共同创造与中国南方稻作农耕文明高度，需要我们站在人类共同遗产的国际视野和宏大格局中去守护它、关注它和建设它。

（一）亲水而居：落寨溪涧平坝处

侗族是个亲水而居的民族。放眼望去，规模较大又建寨历史较久的侗族村寨通常背山面水而建，村寨的建设与布局尊崇青山为靠、绿水环绕的理念。侗族人解释说，在祖公落寨选址时多喜欢在河谷坪坝处安家落户，原因有三：一是因为溪河可灌溉；二是坪坝良田土地可开垦；三是有缓坡可建屋。这样，可满足从事农耕稻作生产的侗族人的生存和生活之需。在侗族人看来，山坡平缓，河岸、溪流两侧大多被坡积物、残积物、洪积物和冲积物覆盖，是宜耕宜牧的良好地带，亦是人们赖以养生之地。林溪河流域星罗棋布的侗族村寨大多属于河谷型侗寨，这便是侗族人亲水而居的典型见证。林溪河流域远近闻名的程阳八寨就坐落于林溪河沿线的坪坝之地，林溪河由北向南从村边绕过，分别由马安寨、平寨、岩寨、平坦、懂寨、程阳大寨、平铺、吉昌等八个自然村寨串联而成，有的村落位于河流一侧，有的夹河而居，村前溪流环绕，村后以丘陵为屏障，山水之间有大片良田，人居村落处于溪河、田地之间，房屋一般平地起建，依靠长长的风雨桥相连。林溪河流域是我国侗族村寨分布最密集、保存最完整、最具民族特色的地区，当地现存文物特别丰富，历史建筑集中成片，保持和延续了侗族人民生产生活的传统格局和历史风貌，其别具特色的建筑风格反映了侗族独特而又丰富的文化传统，具有较高的历史、科学和艺术价值。其中马安、岩寨、平寨、高友、高秀等 5 个传统侗寨因村落景观保存现状较好，文化元素齐全，能充分体现侗民族文化遗产原真性、完整性和独特性等原因与贵州省黔东南苗族侗族自治州榕江县、从江县、黎平县，湖南省怀化市通道侗族自治县、邵阳市绥宁县的 25 个侗族村寨一同入选《中国世界文化遗产预备名单》，开启漫长的侗寨申遗之路。在侗族地区的许多村寨都有溯江而上迁徙落户的族群记忆，林溪镇冠洞村的老人回忆说他们的祖先沿着林溪河一路北上看到河滩边有一处"坪美棕"（意为种植有棕树的坪地）非常适合人类居住，于是就落脚于此，进而慢慢繁衍生息，发展至今天已经成为过千人规模的侗族村寨，村里人仍旧不忘将这处"坪美棕"视为村寨开基之地，年节之余来到此处祭拜，感念祖恩。从这点可以看出侗族人对于在山涧谷地之间能够寻得一处相对宽阔平缓的坪地是多么珍视，所以常常以此择为家园世居地。林溪河边有一个叫皇朝的侗族村寨，据该寨最年长的 90 岁老人吴仁富回忆说，他们吴家祖先是从贵州里古州迁至丹州后转至林溪，原定居"务告牙"（意为高坡，目前还有瓦片残存此地，可见曾落寨建房在此），后因为同姓不能结婚，后有十八男、十八女双双吊死在树上殉情。于是族人决定破姓开亲，请来地理先生堪舆，但村里人无意中得罪了地理先生，说不适合在"务告牙"居住，后地理先生使计谋将山上的一块大石头滚落至山下水中，白色岩石在水中升腾三天三夜落入岩寨的林溪河边，族人认为岩石入水不坏之地应该甚为牢固，后举族迁寨于此。这个民间的口述材料也印证了部分侗族人并非林溪河流域的本土族群，他们先后在不同时期因避难逃荒、屯兵戍军和人口激增等不同原因而迁徙至此，因为进入较晚来到林溪河一带，最初只能选择在高坡处落脚，后来为了改善生产生活条件又逐溪沿河选址落寨，故此，现如今我们看到的林溪河流域的侗族村寨大多是伴河而生的古老聚落，应该说是践行着落寨溪涧平坝处的侗寨选址理念。

（二）山行水处：群山环抱有侗家

除了上述提到的溪河坪坝型侗寨，还有一部分侗族人把家安在群山峰峦之间，这也就是另一种村寨选址类型——高山型侗族村寨。高山型的村寨一般沿着山脉或者山坳口建寨立村。建筑顺着山势地形层层而筑，高低错落的布局在山水丛林间，富有丰富的空间层次变化，弯曲的街巷呈现带状或等高线分布。三江县的山岭连绵，许多村寨地处云贵高原向广西、湖南丘陵地带过渡的山区，林溪镇的高友、高秀等村寨便是高山型侗族村寨的代表。从其村名带"高"字便可以窥见其村寨所处地势。不过即使是高山型村寨，也离不了河水的滋润。例如，高秀侗族村寨地处高山河谷中，四面环山，山谷中央有两条由东南流向西北的河流，一条来自上游的高友村，一条是东面山延展过来的溪流，它们在村头西北面汇合。这两条河流将高秀村民居大致分隔为四组，民居沿河两岸而建，以两条河流之间最为密集。沿着西侧河流的大路是村寨交通的主干道，由该干道引出多条支路，分别向左右的山坡或谷地延伸，构成民居组群之间的通道，也将水田与民居连接起来。这些支路和村中巷道多为青石板铺砌，或宽或窄，依山而上、顺水而铺，穿梭于民居、稻田、水塘之间，连接着鼓楼、风雨桥、寨门等公共建筑。高友村建在四面环山的山谷中，分中寨、崖上和寨脚三个自然寨，寨与寨间以道路相区隔。一条流向坪坦河的小溪由东北向西南穿过，主要道路也沿溪河走向，将村寨分为西北和东南两部分。西北是早期村寨所在的区域，其中的四座鼓楼全都位于该区，该区的核心是中寨，这里房屋最为密集，也是高友村民最早聚居之地，村寨以中寨为核心，逐步向坡上和左右两边延伸。村寨的东北和西南两端的山谷是村寨主要水田所在，在村内民居附近及村外，布满水田和鱼塘。

（三）以峒辖寨：峒民的生存居所

侗族先民常常把自己生存的地方统称为"峒"，所以传统侗族村寨多处在"峒"之中。《中国地名通名集解》中解释"峒"乃山谷深邃；山峰参差不齐。用作自然村落名称，主要分布于广东、广西、台湾等省（区）。从地理学的概念而言，"峒"是典型的封闭小盆地或山间坝子，四周群山环抱，中间有一条河流或山沟流经。从地质成因来看，"峒"是指溶蚀的洼地，四周为石山环绕，中间平坝，四周的石山可以阻挡寒潮的侵袭。林溪河流域的村落所处的"峒"的空间跨度连绵二三十千米。在这个被称为"峒"的地理单元中，有相对封闭的山间盆地，基本的良田耕作区，有利于灌溉的水源溪流以及周边繁盛的山林植被满足生存和防御的基本条件。

若从族群渊源和支系发展来说，侗族属于我国古代瓯越的后裔，同为南方壮侗语民族。有学者研究称魏晋南北朝时期，侗族先民属于史书所称的"僚"，或称"僚浒"。宋代以后，逐渐从"僚"族群中分化而来，并迁移定居于今广西与贵州东南部相邻的山岭之间的溪峒地区，元代则将侗族地区称为"九溪十八洞"。因其大都居住于溪峒之地，故侗族的他称则多以峒、洞或垌开头，如"侗苗""峒（洞）人""峒（洞）家""峒（洞）民"等，至今广西境内的侗族地区，以峒（洞）冠名的村寨仍较为常见，如三江侗族自治县的独峒、冠洞，龙胜各族自治县的蒙洞、固洞等。壮族学者黄家信指出"峒"是一个含义非常丰富的核心概念，它至少包括地理概念、有血缘性的社会组织、县辖下的一级政权组织和与蛮、僮、人连用指称壮族人等四种含义。"峒"是包括壮族在内的壮侗语民族农耕文化的载体，在壮语里，"峒"有大小，只要有几丘水田的地方就可以称之为"峒"。一个村镇、一个州县所在地及其周围的盆地也可以称之为"峒"。

关于侗族人的族称来源，有分析认为其可能与先祖居住在"峒"、溪峒等生态环境大有关系。民国版《三江县志》称："侗人，其始多居溪峒，亦称峒人。"还有一种说法是自明代以来三江县施行以峒辖寨的治理体系，三江县下一级行政区划设为四等：镇—甲—冬—峒，在《三江县志》中提到："本县行政区域，旧划为四：曰镇，曰甲，曰冬，口峒，治设丹阳镇。"三江地区汉族集中于"甲"为行政单位的曹荣甲、程村甲、寨淮甲、古宜甲、古宜八寨、文村甲六地，而侗族聚居于以"峒"为行政单位的大营峒、北果峒、猛团峒、永吉上峒、永吉中峒、永吉下峒等地区。其中大营峒即林溪五塘区域，辖林溪、小团、绵竹、程阳、马安、平铺、贯峒、和尚平、大田、高铺、高团、高芭、阳烂、稿受、稿有、坪坦、平墓、横岭、都天、黄土、绥宁县双江界，即今程阳、林溪、高步、横岭四乡也。[①] 这里提到的大营峒正好就是现今林溪河流域与湖南省通道、绥宁等地交界的这片区域，这些村寨历史上由于行政区划的划分，可能分属于广西、湖南两省的不同管辖之下，但地界相邻、人缘相亲，彼此

① 魏任重修，姜玉笙纂：《三江县志》，成文出版社有限公司，1946，第210-211页。

之间的人员往来和文化交流却不因区划而生分剥离，如今在林溪河流域中心地带的平岩村还留有大营峒迹址可供后人凭吊。由此可知，无论是林溪河流域侗族村寨这片被侗族先祖称之为"峒"的生存地理单元，还是历史上被以峒辖寨的自然村庄、寨子和村落，他们都被深深地镌刻上了"峒地"的文化印记，换言之，峒地既可称为侗族村寨的生存居所，也是峒民守寨的历史缩影。

三、生态底色：饭稻羹鱼的复合生态共同体

林溪河流域侗族村寨地处亚热带常绿阔叶林红壤和黄壤地带，为广西的主要林区和我国杉木、油茶、毛竹等重要农业产品基地，既是桂北重要绿色生态屏障，又是南岭山地森林及生物多样性生态功能区的生态文明示范区，为这片地区涂抹上一层绿色、循环、共生且可持续发展的生态文明底色。在这里，侗族人奉行着与自然和谐共生的生态理念，长期以来依托南岭山地的特殊地质类型世代循环操持着农耕稻作的生计模式，由此形成了饭稻羹鱼的复合生态农业文化遗产，与融水苗族自治县、全州县、靖西市、那坡县一起申报的广西桂西北山地稻鱼复合系统入选第六批中国重要农业文化遗产候选项目名单。从物质形态而言，与很多山地民族一样，侗族村寨依托的生态承载要素主要有其周围所环绕的山、水、田、林、寨等五大资源要素，依山水而生的林溪河侗族村寨"以山为骨架，以水为血脉，以田为肉身，以林为毛发，以寨为聚落"，世代操持着"稻、田、渔、鸭、林"一体的有机循环生计模式，目之所及"峒"内鼓楼高耸、村寨团簇、河流蜿蜒、寨前良田、后山拱卫，山形围合成一幅"山、水、田、林、寨"圈层布局的山水村寨乡土文化景观。

（一）生态承载：山、水、田、林、寨

林溪河流域侗族村寨大抵处于"九山半水半分田"的云贵高原东南边缘处，与同属于西南山地的苗、瑶等其他少数民族比较而言，侗族选择居住与生存的区域海拔相对较低，土地相对肥沃，通常在 300～2000 米的丘陵（低山）范围内定居，民间还有"高山住瑶，半山住苗，侗家住山槽（近水的峒场）"的说法，这正是对同是西南山地民族居住地域分布的精妙总结。侗族人依山就势竖屋立寨，充分利用山势地形形成围合的防御态势，高低错落的小青瓦坡屋面沿着山谷的等高线依次修建，与村边的水系、农田以及山林形成一幅安静祥和的山水田园村居图。林溪

河流域的土地资源复杂多样，又为农、林、牧、副、渔多种经营和全面发展提供了有利条件，仅农用地就有耕地、园地、林地和牧草地。河流溪涧与水井、水塘、渠沟构成了侗族村寨内部动静态相结合的水体结构，更有特色的是，溪水或环寨而流、或穿寨而过，木质廊桥横跨其上。寨前开阔的农田谷浪阵阵，水田、糯稻田、旱田、公田夹杂其间，田连阡陌。山间丛林密布，杉木茶林葱郁繁茂，远近山坳建有凉亭，可供乘凉歇脚，村道旧时多以卵石或青石板铺设。出入关口而设的寨门形状各异，有的如亭阁，有的像堡垒，有的似宅门，门框上方飞檐翘角，框边雕龙画凤，守护着侗族聚落的内外之别，是侗族村寨内部空间自然边界与人文和谐统一体上最重要的显现象征物，发挥防御外敌入侵、防止家禽家畜外出损害庄稼和作为迎宾送客之场所的多重功能。与寨门相连接的还有村寨里的民居、鼓楼、戏台、款坪、萨岁坛、土地祠、飞山宫等传统建筑，村寨后山长势最好的山脉和林区被划为风水山、风水林，用以守村护寨、修正风水。

（二）生态共育：稻、木、茶、渔、竹和特色农业产品

倚赖着山、水、田、林、寨等五大资源要素，林溪河流域侗族村寨实现了对于居民衣食住行等基本生活需求的保障，他们在面对这些自然资源的供给与条件制约下，选择了以水稻种植为主的农业耕作方式，基于对各种作物、植物和动物的利用，以及对所处的中亚热带、南岭湿润气候区土地和自然环境的精深了解，掌握了杉木、茶叶、渔业、竹林和特色农业产品为辅助的多元立体生态共育体系，这些与自然界有关的地方性知识与生计实践构成了侗区人民的自然生态观，也是这个地区奉献给人类的重要又弥足珍贵的文化遗产。

1. 稻中有"道"：籼糯并作的农耕种植

温暖多雨的南岭湿润气候区为种植稻谷提供了得天独厚的自然环境，林溪河流域的稻作谷耕同样经过了从野生稻转变为栽培稻的漫长历程。通过长期的选种栽培，这个区域的侗族群众形成了籼糯并作的稻作农耕模式，主产的稻米传统品种有籼稻和糯稻两大类。中华人民共和国成立之前，林溪河一带的稻田为一年一熟，每年只种一季迟熟中稻稻谷，其间套种小麦、玉米、红薯、芋头、黄豆、棉花等蔬菜植物。民国版《三江县志》也提到全县的大部分地区"稻禾岁仅一造，皆气候然也"。20世纪50年代以后，政府开始引进双季稻，引导群众开发冬种，稻田实行

以双季稻为主的一年两熟，在高秀、高友等相对高纬度的村寨，因气温较低至今仍以单季稻为主。籼稻的适种环境是低纬度、低海拔湿热地区，经过多年实践适合种植品种主要是中晚籼稻、珍珠矮、广选一号等，稻谷脱粒煮熟后，稻米软韧而不粘，劲道足，吃起来比较有嚼头，含有丰富的营养元素，尤其是维生素B族的主要来源，是当地民众日常三餐的主食谷物来源。但是，在侗族人的稻米序列中却将糯稻排在最为重要的位置，民间素来都有侗不离糯的说法。三江以盛产糯稻闻名，素有"糯谷之乡"的美誉。三江县地处桂北山区，山高水寒，气候凉爽，春夏季雨量充沛，七八月份光照较长，对糯稻的孕穗、抽穗、灌浆十分有利，为糯稻穗大、粒多、粒重及良好稻米品质的形成创造了条件。古时，侗族人就积累了一套在软田种植高秆糯稻的栽培管理及其种子繁育的宝贵的传统经验和本土农艺知识系统。侗族的传统糯稻大多为高秆品种，一则是方便稻田高位蓄水，二来满足深水放养鱼苗、鸭、蛙的立体稻渔种养需求。这些高秆糯稻通常需要种植在蓄满水的稻田里，侗语称之为软田（Yav Mas）。这样的软田四季蓄水，一般不用犁田、耙田，只需秋后将禾兜（糯稻秆）踩进泥田里或担农家肥及其他草本类植物浸泡沤烂，这就是来年种植糯稻上好的底肥。侗家人有霜降后将沤烂的禾兜挖翻泡水过冬的习俗，当地俗称"翻冬田"。林溪河流域种植的糯稻品种主要有勾肚糯和白荣糯等优良糯稻品种以及大顺糯、紫糯和黑糯等特色糯稻品种，这些糯稻种植面积大、单产高、出米率高、米质优良、营养丰富，穗长、粒大、味香，蒸煮食用清香味浓、柔软，有"一户煮粥，全村飘香"的美誉。近年来，随着再生稻种植技术的推广以及稻田综合种养试验成果的示范普及，越来越多的村寨开始尝试再生稻的种植，这种再生稻是在一季稻成熟之后，只割下稻株的上三分之二的部位，收取稻穗，留下底部三分之一植株和根系，经施肥和培育后，让其再长出第二季稻子，这是一种丰产优质、节本提质、绿色增效的技术模式，具有省种、省工、省肥、省药、省水、省秧田等特点，是一种资源节约型、高效型的稻作制度，有利于提高稻田的综合生产能力，提高稻田的复种指数，还能减少农户焚烧稻草，利于稻草还田及改善耕地质量，促进耕地用养结合。糯稻对侗族人来说意义非比寻常，当地人已经熟稔地将这种生物资源转换成无处不在的美食乃至民族符号标识，内化到每一个侗族人的心灵深处。侗族妇女用优质大糯米蒸制而成的糯米饭，适口性好，不但入口不粘、清香可口，而且久留不硬、方便携带，是侗族人的上等主食。在糯米饭中加入天然食用染料并晒干做成阴米，再经茶油酥发，这便成为侗族人用以待客的佳品——油茶的主要佐料，而阴米酥发后加上片糖可加工成米花糖。用糯米饭冲碓成的糍粑，是三江县各族人民走亲访友馈赠的佳品。糯米饭还是侗族人腌制酸鱼、酸肉、酸菜等酸品不可缺少的配料。同时，大糯米也是三江县各族人民酿制烧酒、甜酒的上等原料。糯米烧酒香味浓郁，糯米甜酒清甜可口，三江县酒厂采用侗家传统工艺酿制的程阳桥牌菊花糯米蜜酒曾于 20 世纪 80 年代荣获中国酒文化长城杯低度酒金奖和东京饮料与酒国际博览会低度酒金奖。[①] 秋收后收割的糯稻秆还有诸多用处，当地人喜欢将其烧制成灰碱水制作糍粑、汤圆等糯食，或晾晒干燥制作草鞋、草席。糯稻根须由于性凉味甘，清热利湿，活血化瘀，还被入药用于治疗湿热黄疸，消渴，以及跌打损伤等症。

2. 杉木为林：木构技艺营造的首选用材

侗族是个林粮兼做的民族，靠山吃山，三江县范围内种植有杉、榕、松、柏、樟、棕等林木，尤其在林溪河一带的侗区种植面积最大，杉树是实用性较高的人工林木。与很多侗区一样，人们在林溪河一带广植杉木人工纯林和天然次生林，是广西有名的杉木商品基地产区之一。据林业专家考证，杉木是 7 500 万年前遗留的活化石，也是我国的特有种类。它生长于亚热带温暖湿润山区，生长迅速、干型通直圆满、加工容易，木材耐腐、抗白蚁，栽培遍及亚热带十五六个省的山区，其中侗族所聚居的湘桂黔地区正是杉木的主要栽培区域，由于杉木在侗区分布广泛、取用方便，再加上它树形笔直、耐腐坚固的特点，自然就成了擅长木构建筑营造的侗族人的房屋用材首选。杉树作为优质建筑材料，在侗族村民心目中占有非同寻常的地位，自古以来侗族就有着强烈的杉木崇拜的民间信仰。他们认为，杉树被砍伐后还能发出若干嫩芽，继续生长发育，象征着生生不息。这一自然现象十分符合侗族村民的文化心态，实为自然崇拜的一种表现。在当地，修房子、建桥梁、造鼓楼、制家具，乃至打寿木，均以杉木为上乘木料。某些被当作"杉仙"看待的古杉，如同祖先一样受人崇拜。

3. 两茶为计：茶油与茶叶的生计与生意

在林溪河流域乃至整个三江大侗区，有两种"茶"是侗族人片刻都离不开的东西，这两种茶一种是闻名遐迩的茶油（含山茶油、桐子油），

---

① 何金旺、石朝和：《三江县优质糯稻开发利用现状及对策》，《广西农学报》2007 年第 A1 期。

另一种则是近些年来发展迅速的茶叶种植，前者关乎侗家人的日常生计，后者是现今侗族人的收入来源之一，它们共同酿造出了侗族人别有一番风味的茶味人生。

茶油，是油茶籽油的简称，又名山茶油、茶籽油，是从山茶科山茶属油茶物种成熟种子中提取的纯天然高级食用植物油。油茶树与油橄榄、油棕、椰子树并称世界著名的四大木本油料树种。油茶树是中国南方特有的木本油料植物，属山茶科常绿灌木或小乔木，秋冬为开花期，花期二至三个月，自开花到果实成熟长达13个月，茶树的寿命较长，树龄可达200年以上，茶树的果实——茶籽含油量30%左右，榨出的茶油不饱和脂肪酸含量达85%以上，比号称世界油王的橄榄油还高6.5%，茶油不含胆固醇，可抑制和预防冠心病，另外，茶油特有的低碘值使其稳定性较其他食用油更好，不易变质，更好储存。林溪河流域土体肥厚，多为壤土，有机质含量高，海拔处于200~300的山地非常适宜种植茶树，茶树枝条发达，生长茂盛，树冠阔张，林相整齐，产量较高，林溪河流域油茶树的种植历史悠久，侗族人经验丰富，几乎家家户户都种，有些家庭中甚至有上百年的老茶树。《三江县志》记载，油茶树种于山地，早则八年，迟则十年，可收，其籽榨油，为本县出产之大宗。2001年8月，三江县荣获国家林业局授予的"中国油茶之乡"称号。2017年5月，国家质检总局批准对"三江茶油"实施地理标志产品保护。由于油茶整个生长过程无须使用化肥、农药，油茶果生长期从开花到成熟，历经冬、春、夏、秋之雨露，尽吸天然养分、日月精华，营养价值极高，是能够与橄榄油相媲美的高档健康食用油。除了山茶油以外，包括林溪河在内的三江县境内还生长一种同样可以榨油的树叫桐子树，这个桐子树分对年桐、三年桐、千年桐三种。对年桐，对年即有收，结实仅二年；三年桐，三年才有收，结子期三四年，树老则无收，即须砍去，故多与油茶树并植，桐子树砍后，油茶树继之；千年桐，虽可耐久，但结实及油质俱不如三年桐，所以本县俱植三年桐，其自可榨油获桐油，亦为本县出产大宗。[①]桐油树提炼的桐油可供木质房屋、家具的木制品的防腐用油和雨具、船只的防水用油。

在三江县，还有另外一种"茶"备受青睐，就是可以煮食泡饮的茶叶。三江县有着悠久的种茶和饮茶历史，三江茶在唐代已有生产，人工栽培茶树已有2000多年历史，并形成自己独特的饮茶文化，"打油茶"

① 魏任重修，姜玉笙纂：《三江县志》，成文出版社有限公司，1946，第439页。

则是侗族同胞的饮茶。顾名思义，"打油茶"即是将炒制烘晒过后的茶叶（含部分嫩枝条）进行翻炒捣捶，最后加入热水熬制成的茶汤佐以米花、花生、黄豆、葱花等。史料记载，三江本地茶有牙己茶、高露茶、虫屎茶、北照茶、黄土茶等。长久以来，侗族群众都有在自家菜园或山林附近种植茶树的习惯，所产茶叶多用作自家打油茶。侗家人喜欢喝油茶，这是侗寨民众的早餐主要类型，油茶有生津解渴、提神醒脑、解除疲劳等功效。因其味微苦，所以又被称为"侗族咖啡"。凡到三江生活过一段时间的人，都自然地"染上此好"，故侗家喜种植茶树，代代相传。近30年来，林溪河流域的侗族村寨大力发展特色农业，依托"高山出好茶"的自然生态环境引进种植绿茶、红茶并将其作为农民增收致富的重要支柱行业，形成早春以绿茶为主，春后生产红茶等茶类的生产格局。以"上市早、品质高"而大获好评，三江绿茶泡出的茶汤色泽绿亮、香味幽兰、口感清甜；红茶滋味醇厚甘爽，汤色红亮，在国内名优茶评比中屡屡获得大奖，并形成"三江春"等本地自主茶叶品牌。2012年11月22日，国家质检总局批准对"三江茶"实施地理标志产品保护。在林溪一带久负盛名的茶叶应该是从牙己古茶树上培育出来的牙己古茶，因色泽微红，汤色透亮，入口清香，回味悠长。在高秀、高友等地区的侗族村寨仍旧有一部分侗族人掌握着地地道道的侗族特色虫茶制作技艺，这里的侗族人将谷雨前后采集的当地野生苦茶叶，或加化香树叶等稍加蒸煮，去除涩味后，待晒至八成干，堆放在木桶里，隔层均匀地浇上淘米水，再加盖并保持湿润。叶子逐渐自然发酵，腐熟散发出扑鼻的清香气息。清香气可引来化香夜蛾。蛾交尾产卵，两周后孵出幼虫，其屎晾干即为蝶。这种虫茶在我国的生产和饮用有悠久的历史，是我国桂湘黔山区特有的林业昆虫产品，深受东南亚华侨及港澳同胞的青睐，已成为我国出口的名优特种茶。

4.稻渔共生：立体综合种养的生态农业

地处桂北的林溪河流域侗族与很多西南山地民族一样，自古以来多以从事生态农业为生计模式，掌握着一套在农作物间、混、套作和复种多熟的多层次立体利用和种稻养鱼、鸭、蛙、螺等综合种养技术，以此达到对现有的资源充分利用、循环再生、地力改善提升的目的，为侗族地区的可持续发展提供了耕作范式和生态智慧。

林溪河流域最为特色的农业生产就是家家户户在适宜混养鱼类的保水稻田里养鱼，后经过不断地总结传统的"一季稻＋鱼"模式的基础上，创新发展"优质稻 + 再生稻 + 瓜果 + 鱼类（螺类）"的立体综合种养模式，形成田中有稻、水里有鱼、田底有螺、泥中有鳅、坎上有瓜的立体综合种养，实现"一田多用、一季多收、增产增收"的良好效益，尤其在 2015 年整乡推进标准化种稻养鱼后，林溪镇所在的大部分侗族村寨的稻渔共生现代生态农业技术得到更大范围的推广与改良。实现"一水两用、渔粮共赢"的绿色生态发展格局。

林溪河流域及毗邻的湖南坪坦河流域的侗族人一样在种稻养鱼的田间实践中总结出来一系列宝贵的田地与水产的耦合经验。

（1）稻田的配置特点。在农田建设时，村民要在稻田里做一个鱼的"房屋"，是一个深 1～2 米，宽 2 米左右的水坑，侗语称为"汪"。在"汪"上通常还盖上简易茅草屋。在插秧时，要留下专门的"汪道"，好让鱼能游遍整个稻田。"汪"中的深水区可避免阳光和高温，鱼在里面夏可乘凉，冬可保暖，使其全年可以生长。"汪道"可以让鱼四处游动，靠鱼为水稻中耕、增温、增肥。他们还将厕所修建在稻田和鱼塘上方，使人畜粪便自然进入水域，成了水生动植物的养料，水生动植物又可以被鱼采食，再转化为肥料。这就有效地化解了生活废物的污染。稻田养鱼一定要控制好稻田里水位的深浅以及进水量和出水量，因此田坎要夯实、夯厚和加高，以防止盛夏雨季冲垮田坎和秋冬水源缺乏时田坎漏水。为了防止所养之鱼从进水口和出水口跑掉，还必须在稻田的进出水口处设置鱼栅，鱼栅多用细竹编制。

（2）稻种的选择。为适应当地的地形地貌、气候特征、河滨地区水流的涨落等因素，稻谷品种的选育一般都必须具备以下两个特点：一是秆高，高秆品种不仅有利于稻田高位蓄水，适合鱼生长，还使稻种能在山区获得更多的阳光，以获取较高的产量。二是品种要多样性。地形崎岖、田块面积的狭小及水、土、光、热分配不均，规约了当地居民的水稻种植品种要尽可能多样化。林溪河流域目前普遍栽种的糯稻有 30 多个品种，这些糯谷都是高秆谷种，同时又适应了侗族在稻田里常年蓄深水养鱼的要求。可见，糯稻品种多样化要与当地特有的资源环境相适应。因而，实施多品种因地制宜栽种乃是林溪河流域侗族传统农业生态智慧与技能一个侧面的集中体现。

（3）鱼种的选择及喂养。林溪河流域侗族养鱼有鱼塘养鱼和稻田养鱼两种方式。地点不同，饲养的方法也不同，鱼种也有差异。鱼塘养鱼以草鱼为主，兼放鲤鱼和鲢鱼，其他鱼随其自然繁殖。稻田养鱼以鲤鱼为主，鲢鱼和杂鱼为辅。为保证鱼苗的供应，会利用塘、田就地繁殖各种鱼苗的成套技术。由于鱼塘与稻田水、肥结构不一样，光照、水温也有差异。针对这些差异，侗族居民还懂得严格控制鱼苗放养的密度和鱼种的放养比例。这样做可以最大限度地利用饵料和产出肥料，促进稻谷生长。

（4）鱼塘与稻田有机匹配。林溪河流域侗族的鱼塘养鱼和稻田中养鱼因地点不同，其放养鱼种和饲养方法也存在差异，所发挥的作用也不同。从结构来看，鱼塘与河流相通，稻田位于鱼塘下方与鱼塘相通，这样就使得河流、鱼塘、稻田三者之间好像一个连通器，从而为养鱼及稻作生产所需的水源提供了保障。鱼塘和稻田这样匹配可以根据不同的季节对不同的鱼种进行交叉饲养，方便适时取用。例如，在春耕插秧之际，为防止越冬的成鱼破坏秧苗，这时有经验的侗族居民会将这些鱼"赶往"鱼塘，在稻田中再放养鱼苗，而等到稻谷收割完后，又将鱼塘中的成鱼及食草的鱼（如草鱼）"赶往"稻田中，对残存的杂草进行清除，从而避免了来年杂草的生长对禾稻造成影响。除此之外，还方便人们适时对成鱼进行捕捞，以满足日常生活的需要，侗民形象地将这称为"水上畜牧"。鱼塘和稻田的这种匹配还有利于水生动植物的生长（如田螺、蚌壳、广菜、茭白、莲藕）。而通过鱼塘可以将取食这些水生动植物的鱼种（如鲢鱼、草鱼）与这些水生动植物分隔开来，这样一来，既可以避免稻田减产，还可以使生物多样性得以维持，各类生物和谐并存，持续发展。

（5）耕渔制度。稻田之间存在着明显的高度差。为了解决稻田水源问题，侗族采取了架笕，从深山引水入田，和大量使用筒车，从溪河里提水灌溉。由于这类引水设施不为个体家庭所有，因此，在使用和维修方面，多由家族内部共同投工、共同管理。也由于水源灌溉不是由具体家庭所控制，因此在稻田耕作时，必须全寨协调一致，于是就产生了"活路头"，由活路头进行有效管理。在阳烂村按照水资源利用性质又可以分为鱼稻共用田、稻作田和鱼塘三类，在水资源紧缺时，首先要确保鱼稻共用田用水，再灌溉单纯的稻作田，待水资源富足时，再确保鱼塘的用水。而为了解决水资源紧缺的问题，还采取修筑水坝，贮积水资源。在阳烂村，通过人工改造天然河道，使全村的每一片耕地均有水渠灌溉，每一个鱼塘均有流水通过，每一栋住宅都是临居于鱼塘或在河流上方。全村水网有水门准确控制水位，务使进入全村的水资源均在被利用后才流出社区。这种对水资源的利用模式，通过合款的方式，按款约去规范各宗族成员的水资源利用行为，使各寨长期保持和睦相处的格局。这样不仅有效地解决了水资源紧缺所引发的矛盾，还使水资源得到多层次、多渠道的利用。特别是水在流经侗寨时可以充分吸收太阳光，有利于水温的提高而满足稻谷生长的基本需要，克服了稻田因日照不足而引发稻谷产量下降的问题。

由此可见，侗族从村寨布局、农田建设、水利灌溉、谷种选择、田间管理、鱼种选择上都考虑到了自然生态和稻鱼共生农业生态和谐并存，考虑到了稻田养鱼与侗族日常生活的需要（饭稻羹鱼），这是侗族在对生态环境深度认识和把握的基础上，积累起来的智慧与技能的整合。[①]

5. 竹盛民藏：固土防沙与生态富民

竹子在自然条下生长成林，是名副其实的生态资源。侗族人喜欢在屋后或近村的后山处栽种竹子，一来可以绿化山林；二来可以在生活中作为食物和竹编制品的用材来源；三是很早以前，侗族先民就发现了竹子有固土防沙和居家安宅的特殊防护作用。竹林除了给侗寨披上一层青翠清新的外纱，还在调节气候、涵养水源、保持水土、净化空气、减弱噪声、防止风害等方面有突出效果，它与远山的杉木林、风水林一道为林溪河流域侗族村寨筑起了一片绿色生态屏障。

林溪河流域的丘陵山地适宜毛竹、楠竹等竹类生长，兼种如实心竹、斗笠竹、船竹、苦笋竹等。林溪河流域侗族村寨的春季竹笋含有丰富的蛋白质和人体所必需的多种氨基酸、纤维素，可作为菜肴主料或配料。笋干是用上好嫩笋经过传统制作方法加工而成，其味鲜色美、脆香爽口，是营养丰富的佳品。笋干还具有烹调方便，耐贮藏，易保存等特点。竹子是许多竹编制品的主要原材料，经过锯、刮、破、匀、削、编等工序就变成侗族人的饭盒、竹篓、雨帽、竹篮、斗笠、竹笼、竹席、箩筐等，多为日常生产劳动和生活所用，这些竹编制品以竹本色为主，不加彩饰，风格朴实无华，在现代建材家居用品大规模进入侗区之前是民间主要的日常用品。

6. 土特农产：糯食酸食与高山蔬菜

林溪河流域的特色农产品之一当属糯米。侗家一年四季喜食糯米饭，也很讲究做饭方法。一般用甑子蒸，所蒸的糯米饭粒粒似珍珠，柔和而有弹性，气味香浓。盛入用干老白瓜壳做成的特制饭具中进行保鲜，一

① 罗康智：《论侗族稻田养鱼传统的生态价值——以湖南通道阳烂村为例》，《怀化学院学报》2007 年第 4 期。

日三餐随食随取。侗家人上山劳作，往往装上一箩糯米饭和一些酸食。辛勤劳动过后，抓起糯米饭团，和着酸鱼、酸肉或酸菜一同食用，其味美胜过山珍海味。侗族还喜欢用糯米制作各种各样的副食品，如糍粑、汤圆、粽子、糖糕等。糯米还可以制成甜酒，其味香甜如蜜。久负盛名的"重阳酒"就是用优质糯米作主料酿制而成。[①]

人们常说："侗不离酸。"爱酸是侗族人饮食的一大特征。侗乡的酸味品种繁多，有素酸、荤酸、煮酸、腌酸。素酸主要原材料包括青菜、辣椒、萝卜、豆角、黄瓜、莴笋、苦瓜、白菜茎、羊角菜等；荤酸包括用糯米饭、辣椒粉配制的酸猪肉、酸鸭肉、酸鱼；煮酸有酸汤鱼及用侗族特制的酸水煮活鱼、活泥鳅等；腌酸有青菜腌制的老酸菜，用盐、酒、水制成的泡菜，用红辣椒、嫩姜、酒糟制作的糟辣椒，用淘米水、黄瓜、豆豉、南瓜等制作的酸汤菜。侗家的酸味食品美味可口，特别是荤酸，肉色红润，醇香扑鼻，色香味俱全。[②]

在林溪河流域盛产的特殊的土特产不得不提的是高山类蔬菜了，它们在远近十里八乡非常出名，那就是地处高海拔的高秀村出产的高山红薯和高友村种植的大叶韭菜。

高秀村地处湘桂两省区交界处，海拔 600～800 米，处于中亚热带气候区，这里气候温和、雨量充沛、土壤肥沃，非常适宜红薯、韭菜生长。据该村村支书杨仕林介绍，高秀村种植红薯非常讲究，为保证薯种的纯正品质，村民从不引进外来薯种进行杂交，种植时不用化肥，而是施放草木灰和牛粪等农家肥，既可避免红薯长虫，又保证了红薯香、甜、脆、粉等独特口感。这样种出来的红薯不仅产量高，营养价值也极为丰富，富含硒、膳食纤维、胡萝卜素、花青素、维生素等 10 余种微量营养元素，有预防胆固醇高，辅助降血压等食疗功效，是纯天然、无污染的绿色健康食品。2012 年，以"一村一品"为名，高秀村首届红薯文化节一炮走红，村民们以"薯"为媒，通过挖红薯、品红薯、烧（烤）红薯、红薯擂台赛、红薯展销、民族风情表演、百家宴等多彩节目竞舞风情，吸引近万名游客倾情体验，奏响了千年侗寨产业脱贫的欢快序曲。[③]

大叶韭菜遍布三江各乡镇，而高友村因山高林茂、土地湿润肥沃、

① 吴桂贞：《三江民族文化小词典》，广西民族出版社，2007，第 10 页。
② 吴桂贞：《三江民族文化小词典》，广西民族出版社，2007，第 9 页。
③ 火炎：《侗寨舞风情 红薯助脱贫：三江侗族自治县林溪镇高秀村借薯办节促脱贫侧记》，《中国日报网》2016 年 11 月 9 日，http://cnews.chinadaily.com.cn/2016-11/09/content_27320017.htm。

第三章 林溪河流域侗寨自然生态

无污染，其韭菜更为鲜嫩清甜，以香、脆、嫩、甜等特点而受人青睐，被称为三江县"五彩生态菜篮子"中的一道"菜"（另外几道分别是梅林黑猪、独峒黄牛、林溪红薯、禾花鲤鱼等）。高友村的大叶韭菜远近闻名，叶长有 40～50 厘米，甚至有的达 60～70 厘米，叶宽 1～2 厘米，叶质娇嫩、肥厚，味道鲜美。一年四季均有种植，春季生长尤为茂盛，特别是谷雨节前后 15 天的韭菜品质最优。村民们为了向世人推介这一生态美味蔬菜，在政府的大力支持下，自 2006 年开始，高友村开始举办高友韭菜节，一般在谷雨节后择良日在村中举办，寨子里的大街小巷摆满了翠绿的韭菜，四处弥漫着韭菜的清香，行人中不时走过身着韭菜服的"韭菜童"，众多游客可随意选购刚从山上采来的鲜嫩韭菜。整个寨子如一个热闹的韭菜交易大市场。高友村举办韭菜节使更多人来到高友村。

林溪河流域侗族人种植的农作物随季节而变，如春季多种植黄豆、萝卜、生菜、白菜、玉米等，夏季主要种植大白菜、黄瓜、花生等，秋季则种植胡萝卜，而冬季大多种植马铃薯、菜心等。

第四章　林溪河流域侗寨社会结构

孙思串

一、诗意侗乡：人与自然和谐共生

侗族在与自然和谐共生中逐渐有了诗意，"山林（自然）为主，人为客"，依傍自然而栖居。侗族人民在依山傍水的环境中惬意地生活，将自己的日常与自然相贴近，形成自己独特的民族风情。

（一）依山近水：山林（自然）为主，人为客

《起源歌》里记载：

> 姜良姜妹，开亲成夫妻，生下盘古开天，生下马王开地；天上分四方，地下分八角；天上造明月，地下开江河；先造山林，再造人群；先造田地，再造男女；草木共山生，万物从地起。

先有天地、江河、山林，后有人。人类在宇宙、山林树木中应是"共荣共生"的关系，老一辈的人们留下的道理是"山林（自然）为主，人为客"①。人在自然中的位置是与自然和谐共生的，于是"先造山林，再造人群"的观念一直是侗族人民遵守的生态理念，进而不断渗透到侗族社会的肌肤、血脉、文化的深层观念里。

侗族人民自古以来与自然和谐相处，山是主，人是客。大大小小的侗寨就坐落在两山之间的谷地或是溪河两岸较为平坦的小盆地里，这样

---

① 石开忠：《鉴村侗族计划生育的社会机制及方法》，华夏文化艺术出版社，2001，第48页。

的地形多称为"峒"或"垌"，范成大在《桂海虞衡志》中说："羁縻州峒隶邕州左右江者为多……自唐以来内附。分析其种落，大者为州，小者为县，又小者为洞。"至今仍有不少村寨保留着"洞"的名称，如林溪镇的冠洞村。据村中老人所述，在贵州从江有一个村叫"龙图冠"，后来搬到林溪一带的时候仍保留着"冠"这个名称，取名为"冠洞"。冠洞村分为冠大和冠小自然屯，老人们这样说，冠大的地形宛若一艘"船"，两头凸中间凹，人们就住在这艘"船"中，依托这里的山水而居；冠小似"螺蛳"般弯弯绕绕。而在高秀村，村民将他们村寨的形状比作"睡狗"般安详宁和，人们巧妙地将自己所处的山形地势与生活生产物、生物、动物等联系在一起，他们的生存环境与自然息息相关。侗族，意为"用树枝木栅把栖居之所和栖居环境遮掩起来"的民族，所建造的居住地都是运用当地的石头、树木。在林溪河流域，你会看到那山间盆地、四周崇山峻岭环抱，侗族的村寨依山谷和河溪而零星分散。房前屋后都是郁郁葱葱的树木，整体保存着"干栏式"木房建筑，显示出自身与"大地之居"的观念及其对栖居模式的崇尚。侗族村落在长期的历史发展过程中，保持着顺应自然，改造自然的原则，这些建筑直接反映了侗族与自然环境的关系。侗族的建筑材料源于自然、用于自然。侗族地区的深山树木被侗族人们应用到生产生活的各个领域，并且侗族对树木的利用也是与侗族的习俗、礼仪等紧紧地联系在一起，具有丰富的文化内涵。

　　林溪河流域村寨四周山体林立，河流沿山而下，贯村而流。水从高处流来，缓缓柔静，一路轻吟浅唱，绕过山壑，在山脚处徘徊，悠悠流向另一个侗寨，又或者一阵激昂，奔向侗寨。从湖南通道一路到水团、高秀、林溪、冠洞、平铺、程阳等村寨。林溪河两岸一个又一个村寨依河而建，每一个村寨又与周围的山山水水相依相存，形成山、水、林、田、寨一体共生的向心性景观格局，林溪河流域侗寨在这万物辉映中绽放光芒。江河与溪流缠缠绵绵，诉说着侗乡的山水情，倾诉着侗乡的故事。山因水而得势，水因山而起色，人因山水而生存。蜿蜒曲折的林溪河经村前，联结了河流上下游的侗族村落，增加了彼此的联系与情感。随着地势向不同方向奔流的溪流像网般包裹着大大小小的侗寨，维系着人们的情感。

（二）惬意而居：人与景观的相映成趣

　　溪水潺潺，流经山壑河谷之间缓缓向着远方；花红树绿，风景清美秀丽，杉木深林里蝉鸣鸟叫，侗寨上空的云霞漫飞，静谧的侗寨如此动听、迷人。造型独特的静谧的风雨桥悄然地架在河面上，古老的水车在一旁咿咿呀呀地伴奏，将河水供应到稻田里。桥檐上雕刻着鸟，桥墩上蕴含着宇宙乾坤的奥秘。如图4-1、图4-2、图4-3所示。

图4-1　岩寨河流与风雨桥

图4-2　贯穿林溪村的河流与风雨桥

图4-3　程阳桥风雨桥与水车

　　风雨桥不仅供人们的出行以及给人以美的享受，它是拦住侗族村寨财富不外流，更是侗族人魂归故里的象征，蕴含了侗族天地人和的智慧。那一座座鼓楼是侗寨的中心，耸立在村寨，人们的生活围绕着它运行。寨门隔开了外界的一切危险，戏台则是村寨的文化中心。以鼓楼为中心，房屋随着鼓楼向四周扩散，犹如"宇宙的中心"，房屋是它周围的"行星"，侗族人的日常生活就在一个小"宇宙"中运行。

　　林溪河流域的人们惬意地生活在这古老、神秘又富有诗意的侗寨之中，如图4-4所示。高秀村的鼓楼里，阿公们休息、款常（聊天）、打牌；女人馆里，阿萨们话家常；凉亭里，阿公阿萨们每人拿点米、凑些豆、煮点菜在一起共进午餐，偶尔还聚一起打油茶、喝粥，孩子们就在一旁嬉戏打闹，场面欢乐热闹、其乐融融，如图4-5所示。冠洞村的阿公们聚集在风雨桥上乘凉休憩，阿萨们聚在老人活动中心唱歌、下棋、学歌、学唱戏，时不时聚在一起打油茶，如图4-6所示。程阳永济桥上的阿萨们向游客叫卖着他们手中的小饰品，游客络绎不绝，阿萨的热情不减，如图4-7所示。傍晚时分，妇女们采茶归来，仍去地里、田里或菜园子里辛勤劳作，劳作归来的人们在凉亭里暂歇，互相闲聊，有的妇女、小孩到井水旁打水，老人在鼓楼里、凉亭里、巷子里乘凉相聚，小孩在巷子里打闹，在河里戏水，一幅和谐美好的田园生活式的画卷呈现在眼前，人、物、自然和谐相处，交相辉映，人们的脸上挂满灿烂的笑容。如图4-8所示。

图4-4　高秀村风光

图 4-5　冠大屯的阿萨们话家常

图 4-6　林溪村的阿公们在桥上打牌

图 4-7　程阳桥头做针线活的阿萨们

图 4-8　冠小屯乘凉休息的阿公们

（三）尊崇自然："万物有灵"的生命意识

河流、古树都有自己的生命，并且具有神力，保护着侗寨繁衍生息、平安富裕。每个侗寨都有自己的神树以佑村寨。侗寨冠大屯石天能老人给我们讲了这么一个故事：

> 以前嘞，这个村里的人呢都全部都在岑塘寨那下面，就在那河流的拐弯处。现在已经把那里当作墓地了，死人都抬到那里埋葬。以前，那个岑塘寨坪那里名为岑塘寨，那个寨没有这么宽嘞，人很少。以前，公芒（祖公）在岑塘寨那住的时候嘞，有一根葡萄藤，很大的葡萄藤，它绕过整一个村子，可惜后来被一个风水先生把那根葡萄藤给砍断了，那个风水先生心肠坏呐！那根葡萄藤是保寨呀，砍断了，然后就住不得了，总是死人。公芒才想办法来看这一块地，然后找到一口井，所以才搬上冠洞这里来住。以前岑塘寨那一根葡萄藤，根那么大，砍了之后流出来的汁就像血一样，那根葡萄藤的汁一直流，流了七天。那根葡萄藤死了之后，人也住不了了。时而这样，时而那样，总是死人，所以才逃了，那个岑塘寨，拿它做坟地。

在侗族人的观念里，除了葡萄藤，还有大榕树、枫树、杉树、松树等古树都具有生命且有灵魂，滋养着侗族人民，保护着侗族村寨的繁衍生息，一旦神树遭到破坏，人的生存环境也将发生改变，需要重新寻找适于栖居的理想家园。在侗族人的生命意识里，有山、有水、有田的地方是生存的理想之地，水是生命之源，有水的地方便适于生息，这种与生俱来的"山水情结"也是侗族潜藏于民族心灵的自然观。侗族人认为自然界的万物具有神秘的神性，正是这些神性在庇护侗族人以及村寨，因此把河流里的鱼、古树、鸟兽、石头等看作"神灵"的化身。侗族人到山上干活，滚了石子，怕惊扰山神，都会说一句："过一边哦，落石子咯"。受到惊吓，捡起一个小石子放在口袋里揣回家；过深山或带小孩走夜路，摘一种叶子放进口袋带回家；孩子发烧感冒，家里人会去祭拜古树或者石头来祈福孩子的健康，或者到路边种树、做板凳、架桥、拿水瓢放到水井、帮修桥等。可见，侗族人始终将自己与自然紧密联系在一起，自然的生命力与侗族人的生存环境密不可分，他们将自己的生命意识与自然界中动植物的"神性"联系起来。

长期的耕作与劳动，侗族人越加熟悉自然界的动植物。花草树木、飞禽走兽都是侗族建筑、服饰等日常生活中运用到的元素。高秀村的鼓楼檐角有的刻着白色葫芦，有的刻着龙或凤，风雨桥上有祥云、莲花、动物等，程阳岩寨的戏台顶上刻着一枚铜钱，程阳风雨桥上的鸟栩栩如生。如图4-9、图4-10、图4-11、图4-12所示。林溪河流域人们的服饰以蓝靛草染成朴素的蓝、黑、白等淡雅之色，简雅朴素的侗族服饰给人一种素雅和谐之感，这样的服饰风格，充分体现了山清水秀的，自然风光潜移默化地融入侗族人的审美观念之中。正是侗族人与自然界的和谐相处，令他们知道什么是"善"，什么是"美"，什么是"和"，因此更加珍惜自己的生存环境，呵护着大自然中的一切被赋予生命的东西，以歌谣、故事、传说、神话等歌颂自然。侗族人一直处于一种自我满足的状态，宁静的生存环境有形无形地影响着侗族人热情开朗、质朴自信的性格，造就了一代又一代的侗族人的文化性格。

图4-9　高秀村戏台檐角的龙凤与楼顶的葫芦图案

图 4-10　高秀村凉亭檐角上的凤

图 4-11　高秀村风雨桥上的双龙戏珠

图 4-12　岩寨鼓楼檐角上的鸟图案

二、有序侗乡：人与人紧密相依

在百里侗乡的山水文化熏陶中，林溪河流域的侗族形成了自己的风土民情，侗族社会在与人的紧密相依之中慢慢有序发展。邻里邻外的侗乡与其他民族友好往来，侗汉壮苗瑶一家亲，彼此共荣共生。

（一）血缘之亲："然""补拉""斗"

1. 以家庭为核心："然"

家庭是侗族血缘关系的最小单位，侗语称"然"，原指房屋，引申为家。侗族村寨的基础单位以一个家庭为核心来维持日常生活。一夫一妻制的侗族家庭，子女成婚生儿育女后，便从父系家庭中分居，另组新的家庭，传统的侗族家庭分家由原来的一个堂屋分成两个堂屋，一个兄弟一间，挑选日子给新的火塘添柴加火，便象征着成立了新的家庭。随着家庭的富裕，兄弟分家可以另外找地基自建一处房屋。林溪一带的家庭主要是由父母及儿女组成的核心家庭，成员一般在 5 ～ 6 口人，多则十多口人，三四代同堂。一家之内，"卜"（父亲）作为一家之主，负责家庭的收入；"公"（爷爷）负责生产、山地农活以及日常生活事务，对外负起社会责任；"乃"（母亲）"萨"（奶奶）则掌管家中日常起居，纺纱织布、耕作菜园、采茶补贴家用并参与村寨的文娱活动、招待客人等，闲暇时练习广场舞，学弹琵琶，唱琵琶歌，多耶等文娱活动。男女地位较平等，分工呈现"男耕女织"模式。家庭财产主要由儿子继承，"腊"（儿子）主要担负起赡养父母的责任。"娝"（女子）则可继承母亲的银饰、服饰以及姑娘出嫁时的"姑娘田"。例如，冠小屯的王梅英[1] 老人于 2021 年 7 月 9 日在林溪镇冠小老人协会活动中心唱的一首《嘎父母》（父母歌）：

> 父母养我们如藤同根芦笙同队，
> 八月棉花棉苞滋根养棉山养活。
> 星星月亮好相伴，
> 妹妹远嫁来回难。
> 一无山田二无银，
> 传过一路都算走。
> 男孩像布缠在父母身边家里住，
> 女孩像水自流漂过沙滩倒入河。

儿大要管家，女大终嫁人。家庭中的兄弟姐妹本是同根同源，但是女儿长大始终要嫁到别人家，回趟娘家不容易，只有儿子能陪伴父母左右管父母。兄弟姐妹融洽地相处，各司其职，各尽义务，才能维护良好的兄弟情谊，营造和谐的家庭关系。

林溪侗族人的伦理色彩十分浓厚，长辈们以教育自己的孩子为重。男孩从小耳濡目染，跟随父辈从事相关的技艺，因此林溪河流域涌现了一大批优秀人才。程阳村的杨似玉一家继承父辈的建筑技艺，其父杨善

---

① 王梅英，女，76 岁，冠洞歌师。

仁是三江县德高望重的掌墨师之一，杨似玉是国家级非物质文化遗产项目侗族木构建筑营造技艺代表性传承人，其父与其兄弟五人在木构建筑方面都颇有成就，号称"杨家匠"。高秀村文人辈出，杨仕芳是著名的青年小说家，其父是一名小学教师，也是侗族的歌师、款师。侗族人十分重视对儿女的教育，两代之间的施教与受教，既是儿女谋求生存的手段，也是培养亲密感情和实现个体社会化、取得社会承认的方法与途径。子女不仅从言行上尊敬父母，还在心理上对父母产生深深的崇拜感。加之，侗族的习惯法约束着每个人，孝顺父母、尊老爱幼的传统优良美德成为人们心中不变的初衷。

2. 房族为支撑："补拉"

"补拉"在侗族地区是广泛存在的一种基层组织。"补拉"以父系血缘为纽带，将共同聚居或散居的一群人联系在一起，协调行动，遵守一定的规约，具有某种共同的信仰和价值观念。① 在林溪，称房族为"补拉"，父系血缘关系是"补拉"的核心，同一个"补拉"的男性成员大都有或远或近的血缘关系，按血缘远近还可分为大房族与小房族，小房族之间相对亲密，由几个血缘比较近的一些小家庭，它们源自共同的老祖父。以冠洞村为例，该地区仅冠小屯就有 6 个房族，冠大屯 17 个房族。在一些大侗寨里，鼓楼作为"补拉"的一种象征符号。通常，婚丧嫁娶、修建房屋、添丁贺寿等事情都以"补拉"为单位，在自己各自族姓的鼓楼内举办，任何小家庭的喜事，房族所有成员全部来帮忙，大事其他家族必定要参与进来。在林溪亮寨，老人去世，房族的男男女女都过来帮忙，在自己姓氏的鼓楼举办宴席请亲戚朋友，举办丧事，如图 4-13 所示；在岩寨，杨氏在自己的鼓楼举办嫁女回门的喜酒，他们房族的亲戚忙忙碌碌，家族成员除了出人出力之外，还会以主人的身份招待客人，如图 4-14 所示。

① 廖君湘：《侗族传统社会过程与社会生活》，民族出版社，2005，第 33 页。

图4-13　亮寨某房族在鼓楼办丧事

图4-14　岩寨某房族妇女帮忙办回门酒

凡是婚丧嫁娶等大事，只要主人家招呼一声，就能够家家户户出人出力无偿帮忙，最多是在主家享用几餐饭。这种一家有事众人帮忙的习惯，在林溪河流域侗寨是常有的事情。同一"补拉"，成人间同辈分者皆为兄弟姐妹，严禁通婚，且不能进行谈情说爱的活动，禁止在鼓楼和歌堂一起开展各种对歌或行歌坐夜等娱乐活动，他们内部有同姓不婚的说法。而在赡养老人方面，房族内部对年老体弱者、孤寡者、生活困难者，均有相互帮助的义务，否则视为整个房族的耻辱。"补拉"之间从不存在高低贵贱之分，也不存在从属关系，而是平等和睦的良性关系，他们相互联合，和睦共处，若发生矛盾冲突，也会通过和平协商寻找解决争端的途径。

3. 宗族为纽带："斗"

宗族意为具有同一血缘关系且同一"公芒"，我们称小房族为"补拉"，称大房族为"斗"。在这里，"斗"是"补拉"的扩大形式。一个"斗"的人口过多，就分为几个房族（补拉）。一个侗寨往往就包含了若干个"斗"，这些"斗"之间是可以互相通婚的。换句话来说，"斗"是侗族婚姻制度的单位，侗族实行宗族外婚制，同一族内的男女不能通婚。但是"斗"与"斗"之间的侗寨青年男女可以通婚，其社交活动往往是以"斗"为单位的群体社交。一个自然寨由同一个姓氏的几个"斗"组成，也存在几个大姓聚居的"斗"。比如，冠洞的杨、石、吴为大姓。冠洞的石姓为一"斗"，有118户，从贵州潭溪来；而杨姓里又分"卜"与"亚"两种对父亲不同称谓的"斗"，杨"卜"共173户，于十一月初四过节，而杨"亚"则有187户，在壬日过节，这两个"斗"之间也可以通婚；另外有吴姓23户为一"斗"；有陈姓6户为一"斗"。

大房族（斗）有共同祭奉的祖先、共同的祭祀活动、共同遵守的行为规范、族规族约，还有共有的经济活动、公益活动以及同一家族墓地和鼓楼。祠堂、鼓楼为内部主要的认同符号，全宗族成员会进行共祭祖先的活动，包括清明祭扫和重大节日的禁忌等。每当清明节，宗族成员则在自己的祠堂、墓地举行大型集体祭祀活动。在宗族族规里，明确规定族内的主要事务、履行的义务以及行为准则。例如，保护族内的公共财产及财产继承的权利等，尊老爱幼、济贫扶弱的人际道德，遵守长幼秩序，参加公益活动，保护集体荣誉等，维护自己的祠堂、墓地等公共场所。宗族内也会对内部成员的行为进行规范，教育他们为人处世，若有人违犯违规，则由内部亲属执行惩处。若内部成员间有矛盾、冲突或纠纷，则由族内的"宁老"（老人）出面协调，以维持"斗"内甚至"斗"之间关系的稳定与和谐。

（二）地缘之系："团寨""省"

1. 村寨为中心："团寨（Duanc xaih）"[①]

侗族一般称自己所居住的村寨为"团寨"。侗族因居住在一个山间谷地，就有一种"抱成团"的独特感召力。所谓"团"，由众多个房族（补拉）分成"斗"，他们居住在一个侗寨或者侗寨相对集中的几个点，连片居住。从地缘空间上划分为不同的"团"，在许多的"团"中，实际上就是由原来的大房族组成，就是我们所说的"团寨"。侗族人一般都是以族姓结寨，通常一寨一姓，或者是一寨几族多姓。每个村寨少则几十户，多则上百上千户。杨、吴是林溪河流域的大姓，而高秀、高友、冠洞、程阳八寨等村寨为大侗寨。小寨的侗族人将自己所在的自然

---

① 张泽忠、吴鹏毅、胡宝华：《变迁与再地方化——广西三江独峒侗族"团寨"文化模式解析》，民族出版社，2008，第23页。

寨称为"团寨"，包含寨内的所有姓氏，大侗寨的侗族人将同一族姓视为"团寨"。凡是遇到村寨里的大事，"团寨"里的每个人都有责任与义务，像鼓楼、戏台、风雨桥等公共场所竣工庆典和重大节庆活动，"团寨"都会齐心协力，分工合作招待其他村寨来的客人。老人负责组织和领导工作，组织和参加寨内活动；青壮年男性负责打扫村寨卫生、修桥补路、维护村寨安全秩序，组织参加各种娱乐活动，如赛芦笙、多耶等；女孩子负责迎宾送客，而妇女则筹办百家宴、打油茶，还要进行弹琵琶、多耶、纺纱、踩堂等节目表演。一场活动的举办，可以检验"团寨"内部是否团结一致、分工是否明确。此外，修建鼓楼、维修庙宇、维修祠堂、修桥铺路等公益事业的建设也是"团寨"的共同事务。可见，"团寨"象征着整个村寨的脸面，他们共同维护着村寨的荣誉。"团寨"促使成员内部相互扶持、相互依赖，对外凝聚成团，增强民族的凝聚力。

2. 地域为联系："省（Senl）"

在"团寨"之外，侗族人把自己村寨外的地域称为"省"。例如，毗邻的侗族若干个村寨称为"团省"，沿河所有聚居的侗族村寨则称为"省那（Senl nyal）"。侗族人挂在嘴边的"省省寨寨（Senl senl xaih xaih）"是指侗族村与村、寨与寨。就高秀村来说，沿着林溪河一路向上，它与湖南的高步村、桥寨、阳烂村等村寨接壤；沿着林溪河而下，林溪村、冠洞村、平铺村、程阳村等村寨都可互相视为"团省"。像林溪河流域的侗族村寨与苗江河、榕江河等流域的侗寨之间可称为"省那"。随着外出务工和外出读书的侗族队伍越来越强大，人们外出的机会越来越多，看到的世界越来越大。侗族同胞离开家乡，到深圳、广州、北京、上海等地务工、学习，他们离开脚下的故土，就被视为"拜省"，从这个角度来说，其拉近了侗族与外界的距离。在侗族人的观念里，离开了自己的故土，"省"对他们来说是遥远的空间与距离。

3. 社群为联结："月也"、坡会

群体社交活动对于侗族的每个人来说都是日常生活的一部分。自出生起就生活在家庭之中，童年时光与兄弟姐妹、邻居、同龄伙伴在一起嬉戏玩耍，成年之后开始相约走寨、行歌坐夜、赶坡会、集体社交、"月也"来扩大自己的社交圈并寻找人生伴侣，婚恋之后组成自己的家庭，尽自己的力量维持村与村、寨与寨之间的集体往来，促进彼此之间情感交流。

（1）"月也"。"月也"，意为集体游乡做客，是侗族的一种社交习俗。侗族的社交活动很频繁，形式和内容也丰富多彩，每当遇到农闲或佳节，几个地域相近的村与村、寨与寨彼此邀请，互相"月也"，男女老少均可参加集体做客联谊。特别是春节期间是侗家人进行"月也"活动的最佳时间，从初五初六便开始串寨"月也"，通过唱侗戏、赛芦笙、多耶、赛歌等集体娱乐增强彼此往来。在"月也"的活动中，被邀请的客寨都会带着自己的芦笙队、表演队、侗戏班子，敲锣打鼓一同前往主寨做客，互对拦路歌、开路歌。主寨的侗族妇女以稻草结等物在寨门设障碍，唱拦路歌，然后客寨的侗族妇女唱开路歌。对上 3 ~ 5 首，主寨撤下路障，迎客进寨，热情招待。白天多耶、赛芦笙、踩堂、唱歌跳舞，晚上唱戏、对歌并饮酒作乐，欢度佳节。若是维持一天的活动，主寨则挑着自家准备的饭菜来到鼓楼坪摆上百家宴招待客人，宾主共同娱乐；若是连续两三天的活动，主家则各自抢"也"（客人）到自己家吃饭留宿，谁抢的客人多，代表着这户人家越有财富，越荣耀。客寨又另约时间变客为主，主客轮流坐庄，礼尚往来，增进彼此之间的友谊，密切村寨的关系。例如，平铺村到高秀村去"月也"，受到热情款待，而后平铺村邀请高秀村去"还也"，高秀村的文艺队早早就排练各种节目为这次活动做准备，在约定的那一天，他们带着自己的文艺队，村里的长者开着一排车，一行人敲锣打鼓来到平铺村，而平铺村的妇女在寨门拦路等候唱起拦路歌。

主方唱：

（领）哎——阿主你嘞！

（众）闷乃呀嘞，主忌寨呀嘞闷堂庆鱼又忌兴，阿主嘞兵办嘞！主娘金本骂忌主啊党忌寨嘞堂郎多嘎骂忌兴，堂郎多嘎骂忌兴嘞主嘞兵办嘞！

（合）牵啦呜呼！友啦呜呼！

（汉译：今天你们来要忌寨门，今天你们来要忌寨嘞朋友嘞！姑娘来忌寨，唱歌来忌寨嘞朋友嘞！）①

客方则用"耶"来夸赞：

"日乃主骂人一行，补办乃刚些嫩没学嘎。主本亮骂道做对，报孝办灭峃媄为开困，开困开托塞主劳，塞主劳乃呀村太平。

① 2020 年 8 月 15 日，下午于三江侗族自治县林溪镇高秀村与平铺村"月也"拦路仪式现场采录。

（合）呀啰耶呀啰嘿，呀啰耶呀啰嘿！"

（汉译：今日客来人一行，男男女女还没学唱歌，就是喜欢来做对，叫你们俊男美女快开路，开路开门给我们进，给我们进村村太平。）

高秀村对上开路歌，对不上时推推搡搡试图闯杆进寨，欢呼起哄，直至高秀村对上"开门让我们进村村太平"，平铺村才撤下障碍物，放鞭炮迎客。如图4-15所示。厨娘们送上一碗碗油茶，为客人消除路途疲惫，摆上百家宴邀请客人共享晚餐。待百家宴过后，高秀村的文艺队展示自己准备的一个个节目，芦笙、踩堂、侗笛、广场舞、侗歌、多耶、琵琶歌等，老老少少坐在戏台下专注地观看表演，享受着"月也"的热闹。特别是青年男女，更能够从"月也"交往中获得更多的选择情侣的机会，青年们会对姑娘们说"今晚到你家去打油茶吧"进行"行歌坐夜"，有一些年轻人常以"去你家打油茶"来与姑娘说起玩笑。传统的侗族男女在"月也"场合中互相认识并结为伴侣的人数不胜数。而现在的"月也"活动参与者大多是老年人、壮年、妇女，他们互相交流生产经验与娱乐活动，加深近邻之间深层的理解和友谊，推动侗族村寨的和睦相处，友好交往。

图4-15　高秀村与平铺村"月也"拦路

（2）赶坡会。传统的社交活动主要是青年男女参加，他们通过坡会互相结识并成为伴侣，如今，侗族的坡会多是中年男女促进娱乐交流、对歌赛歌的活动场合。农历三月，侗族人相约坡会，相聚于岗良单、林溪、八江等地的中年男女汇聚在此多耶、唱琵琶歌、跳舞，这是侗族同胞友好往来的盛会。如图4-16所示。

图4-16 岗良单坡会"多耶"

2021年4月17日岗良单坡会上，一位林溪的侗族友人杨全兵带领大家唱起了耶歌：

着着业业耶丑唱，坡道平板牙边乃完仲耳嘎嗔荣。
三月上岗天七目，男女郎娘相都如条美亮心肚朋。
台盘当初天乃条骂相金岗良单，侗族联欢纪念肖女又扒龙。
别比日头任月天夜再道记考栽，年年三月天乃又台邓劳要本浓。
多耶多嘎闹拜广，广西湖广甫半奶冈办册隆嘎骂乃通。
接手钧君定同半，任耶难难亡加同。
社会和谐有奴不亮放条所，尼爱K歌多隆重。
呀一伙天夜该离迷抖音，多人若闷更网红。
发上微信更明星，做杭抖音再道笑疼隆。
年干乃赖讨奴做赖再板干，幸福安康交接文化菜共宋。
刚到侗道文化分做努多杭骂多，侗族大歌所河荣。
刚条嘎河赖听伙，道想拜多愁怕弄。
本美嘎周手拜广，散达林溪八江又独洞。
比巴嘎花鞋仑方努度有本，打你噔噔难山弄。
水叮淡弄鸟考三月哈，多嘎玩耍呀真要骂做肖工。
底字郎亡文平小，美耶呆短运呀不钧对亥周道斗观众。

孙思患翻译：

笑笑嘻嘻唱起"耶"，望我们两边朋友耐心听完歌都浓。
三月上岗天起雾，男女郎娘相遇相知心荡漾。
话说当初今天我们相聚岗良单（坡名），侗族联欢纪念肖女和孟龙（人名）。

别比日头与月日夜让我们记心里，年年三月今天又到这里拿来做个热闹。

多耶唱歌更传得广，广西湖广中年男女皆准备一肚子歌拿来这通。

牵手搭臂脚同甩，听"耶"声声怎如此相同。

社会和谐有谁不爱放声唱，年轻人爱K歌多隆重。

还有一些人日夜不离迷抖音，多人会玩成网红。

发上微信成明星，做那抖音给我们笑肚疼。

这年代如此好比谁做好让好友坑，幸福安康交接文化菜共坛。

讲到侗族文化分做很多类来唱，侗族大歌榕江河的调。

说首河歌极好听，我们想唱则怕空。

就这首歌去得广，散到林溪八江和独峒。

琵琶歌不论哪里都有份，歌声阵阵过山崖。

水过深山在这三月哈，唱歌玩耍呀真要来赞美。

我这郎啊文凭低，这首"耶"稍短不成对、不周到呀观众们。

这首耶歌真实记录了当今人们的社交现状，男女老少都喜欢唱歌，上微信群、玩抖音，用各种平台学歌、对歌，分享自己的生活。侗族小伙子、大姑娘不再会成群结队地到坡会去相遇、相识、互相对歌了，情窦初开的侗寨小伙子也很少抱着琵琶去"走寨坐夜"。现在，踊跃参加坡会的男女都是已婚的中年妇女与中年男子，他们乐于展示自己的才艺、弹唱琵琶歌、对歌、赛歌，传播侗族文化，通过坡会互相认识，增强了解，增加侗族热爱文艺的同胞之间的交流互动以及促进侗族地区村寨之间的往来。

（三）寨老自治：寨老、老人协会

1. 寨老

聚集在鼓楼的老人，别看他们只是一群闲聊、打牌的侗寨老人，他们之中的一些老人还有另一重身份——寨老，寨老一般是自然形成或民主推选而产生的。一个家族之中选出自己家族最有权威的老人为寨老。在林溪河流域，只有那些熟悉乡规款约，热心公益事务，有组织能力的人，才能获得地方民众的信任和信赖。侗寨的内部管理通常由族长、寨老例主持，并结合村寨的款约等规则来实现。寨老必须是德高望重、能说会道、精通侗族古歌、办事公正合理的能人，日常生活中，人们亲切地称呼他们为"仁老""宁老",意为见多识广、为人正直的地方长老。他们的主要职权如下：

（1）召集村寨集会。村寨重大事件由寨老召集，全村共同商讨，寨上的大小事务均由他们商议、决定。

（2）协调村寨纠纷。寨老们日常生活中有事理事，大到协调与外部的关系，维护村寨荣誉，小到解决村内家庭矛盾，邻里纷争，如占地建房纠纷，偷牛、偷菜的处罚等生产、生活、婚姻方面都由寨老出面处理。

（3）负责村寨的管理，组织公益事业。村里的鼓楼、风雨桥、凉亭、水井、戏台、道路、防火塘等公共场所，以及村寨的活动、安全、卫生等方面均由寨老管理。这些公共利益的地方，亦由寨老负责组织寨内的人进行修缮事务。

寨老无报酬俸禄，但如若某寨老办事不公，出现假公济私的行为，人们会到鼓楼里给他钉耙以示记过，他的威信也逐渐下降，渐渐失去村民们的信任，寨老资格也就丧失了。自中华人民共和国成立后，基层组织建设的不断加强，导致原来寨老制度和其作用受到了一定的冲击和削弱，但是侗族地区寨老制度仍然在一定程度上发挥作用，寨老们还会在各项重大活动上举行"讲款"仪式，这些仪式让寨老和款首的作用得到短暂性的恢复，以维护当地的安全秩序，规范人们的行为。

2.老人协会

冠洞村冠小社区老人协会是林溪河流域侗寨管理制度较为完善的社区之一。其老人协会活动中心自2013年成立，一直以来深入贯彻十八大、十九大会议精神，实现了老人"老有所依，老有所教，老有所为，老有所乐"的奋斗目标，如图4-17所示。

图4-17　冠小老人协会活动中心

（1）基本情况。冠小社区有148户，其中老人128人。冠小屯老人协会领导小组有9人。其中有1名会长，2名副会长，1名秘书长，其余5人为委员。会长负责全面的工作，一名副会长专门负责处理纠纷，另一名副会长负责后勤工作，秘书长负责财务，委员负责卫生、防火等其他方面事务。领导小组下面还有5个小组，每个小组20余人。重大活动需要领导小组与小组长开会，并由小组长通知全体人参加活动，有时就直接叫守寨人（款军）环寨敲打锣鼓来通知大家。

（2）按章程办事。老人协会按章程制度办事，老人们共同商量协定他们自己的规章制度，每次活动都撰写材料归档，老人协会章程、会议记录、财务记录、活动计划、老人花名册、老人协会会费本、侗歌多耶集材料收集、学习十九大内容、年检报告等材料记录在册。年初有计划，中期有检查，年尾有总结。冠小社区老人协会档案如图4-18所示。

图4-18 冠小老人协会档案

（3）按期举办活动。为了丰富老人的文化生活，经常组织活动。每个月大型活动1～2次，多耶、唱歌、比赛等，小型活动每周都不少于2次。有1个老人文艺队，1个中老年文艺队，经常排练芦笙、多耶、嘎（歌），以备村里举办活动、出去"月也"或者接待领导需要。1个季度安排1次外出旅游，冠小老人协会经常组织外出旅游、比赛，曾获广西壮族自治区老人协会比赛第一名并获得协会成员免费到三亚参加春节联欢活动的机会，老人们还经常自发组织摩托车队到周围省份旅游，打卡多个红色基地。

（4）协助社区工作。在村寨内，他们还经常协助社区开展各项活动。举办百家宴等重大活动，一组去吹芦笙，一组打扫卫生，每一组18人，一直坚持做这些事情的一共有50～60人。此外，他们还协助社区解决各种纠纷，如土地纠纷、家庭纠纷、婚姻纠纷、婆媳矛盾等。

（5）负责防火安全。老人坚持义务守寨，轮流去扫庙、上香，每月都有 2 个人守寨和扫地，其目的是检查卫生、检查防火安全因素。

老人协会是"寨老"制度的现代模式，老人们在完整的制度下寻得自己生活的乐趣与意义。

（四）款约之治：侗款、乡规民约

1. 侗款

"款"是整合侗族社会秩序的民间制度之一，是民间自治和民间自卫的组织。款以家庭和村寨为基础，分为小、中、大款。历史上，林溪在"款"的治理中占据着重要的位置。

小款：林溪有林溪款区，由冠洞、程阳、林溪等一二十个相邻的村寨组成一个小款。《侗款》一书中提到："村脚放人管，村头着人守。村脚黄土，由文传、万传守；村头高友、高秀，由汶传、万付守；中村坪坦、平暮，由十五公、十五父守……讲完丁未林溪、戊子程阳村。村脚马安，村头罗冲，由四公汤、杨公万守；村中冠洞，由石才银守，这些人三同六合。村村有人把守，寨寨有鸡报时；事事有人处理，防备村里出事，四坳上立四桩，四个桩上做四标，年年太平安乐。"[1] 林溪一带的款首，他们三人面对面订一个条约，分别守村头、村中、村尾。其中，冠洞款首石才银管理从林溪河流域侗族到汉族（六甲）地区，他主要分管林溪河流域的侗族地区（不包括六甲）。据石天能老人介绍，林溪款的一二十个村寨款坪在冠洞的"坪美棕"合款，合力对抗外敌、商议土地纠纷。

中款：林溪款与八江款、通道款又组成了一个中款，通道的坪坦、皇都、皇岭以及八江都分别由一个款首来管。这三个小款的款首十分团结，他们遇到事情都跟林溪款首石才银商量。

大款：这些中款地区又与湘黔桂毗邻的侗族地区合成一个大款。《三江县志》中记载有关林溪、武洛（八江一带）、猛江、合里等五百余寨于同治二年（1862）联成大款。据一些老人回忆，民国以前的湘黔桂三省包括通道侗族自治县、龙胜各族自治县、三江县以及黎平和通道接壤的侗族地区共有 13 个大款。而在侗族大歌《从前我们起大款》歌中则唱道："从前我们起大款，（款）头在古州，（款）尾在柳州，古州是盖，柳州是底。"

侗族的款组织按照自小到大的范围来发挥职能，维护侗寨的利益。

① 湖南少数民族古籍办公室：《侗款》，岳麓书社出版社，1988，第 41-42 页。

侗村林溪：林溪河侗寨文化研究

这些小款、中款、大款把整个侗族联系在一起，使侗族内部形成系统而严密的社会组织。侗款通过一些成文或不成文的款规款约对侗族传统社会的各类社会关系、社会生产和社会生活进行规范。它渗透到侗族人的日常生活当中，增强约束力，既有教育的功能，还具有预警的功能。款首作为这个组织中重要的人物，是侗族地区德高望重、能言善道、熟悉本民族历史以及款归款约并且还要具有某种特殊的专长，如歌师、巫师、款词讲述者等。像林溪高秀村红薯节、高友村韭菜节等场合中都先由款首向群众讲述"款约"来规范人们的行为以及教育后人不要忘根，不要忘本，如图4-19所示；在"三月约青，九月约黄"的春耕与秋收季节举行"讲款"，宣传教育和重温款组织，也在讲款中得到巩固和加强；当碰到纠纷的时候，还要通过讲款来对世人进行教育，以及调解矛盾，解决内部纠纷。正是因为这些款约，侗族地区人与人之间和谐相处，曾一度出现"路不拾遗，夜不闭户"的优良社会风气。如今在冠洞村、高秀村等几个寨子都能看到大量的石碑上刻有侗款，它仍然作为一种文化影响着当地人的价值观念和行为方式。高秀村款首组织游行活动如图4-20所示。侗款就是侗族的法律，款约通过款首与侗族人民"立法"，实现侗族社会的内部管理，从族源、族规、社会治安、惩处办法、生产生活以及封山护林等政治、经济、生活、文化方面对侗族人民进行行为规范，维护侗族的社会秩序。

图4-19　高秀村红薯节款首"讲款"

图 4-20 高秀村款首组织游行活动

2. 乡规民约

侗族"款"制度是侗族传统社会最重要的，也是最主要的社会制度，在现代社会的侗族地区它仍持续发挥着功能与作用。像老人协会，乡规民约都是它调试后的表现形式。林溪镇的乡规民约制定是与时俱进的，其乡规民约按照本地的实际情况而制定，从侗款到乡规民约，楼有楼规，桥有桥规，井有井规，路有路规。例如《岩寨桥桥规》，如下文以及图4-21 所示。

岩寨桥桥规

风雨桥是我民族物质文明和精神文明的象征之一，为了保护岩寨桥，使风貌葆千秋寿流传千古，特作如下规定：

（一）岩寨桥是全民财产，家家受益，保护桥梁，人人有责。凡发现损坏或涂污桥梁行为的个个当场批评教育并立即向管委举报；

（二）不经桥管委批准，不允许任何人用任何东西张贴、涂抹、书画涂写桥柱、阑槛、座凳、石碑、横匾等。违者负责其洗刷干净，以保木桥原样；

（三）不允许用任何器具破、打、削、刮、击、敲、踢桥的各部件，诸如撞破桥身、柴刀削凳、棍棒敲击、敲打脚踢等行为，不管有意无意，凡损坏者，按情节轻重，予以罚款严惩；

（四）为了桥的地面经久耐用，严禁装有铁轮的车辆过桥，违者，必须承担一切后果；

（五）严禁小孩在桥上攀爬玩火；

（六）成立岩寨桥管理委员会，管委成员由村党支部、生产队长、老人协会、妇干代表等有关领导组成。

以上规定，自公布之日起执行，望民众切切不可明知故犯。

岩寨桥管委会

除此之外，还有"美丽三江·清洁乡村"、防火安全都是乡规民约渗透到村规民约的具体内容。侗寨的建筑是以木质为主，防火避灾是侗族村寨十分关注的事项。走进林溪河流域的村寨，我们可以看到纵横交错的青石板道路，将寨子分隔成若干片区，再通过宽约1米的主干道将各个片区组合成错落有致的一个整体。日常生活中，这些青石板路连通各家各户，促进邻里和谐来往。一旦有火情发生，主干道担起隔离火情的作用，有利于快速疏散人群。村寨内池塘众多，可蓄水，防火避灾。传统的防火防盗款约刻在石碑上，作为维护村寨安全的日常行为规范。而现在通常在村寨公共场所都能看到本村的民约细则。例如《冠洞村防火安全村规民约》，如下文以及图4-22所示。

冠洞村防火安全村规民约

一、在本寨辖区内发生火警造成他人人身财产损失的，由肇事者依法承担赔偿责任，并支付公开向全体村民赔礼道歉活动的费用200～500元。肇事者为未成年人的，由其父母或监护人承担赔偿责任，并由村委会责令其父母或监护人严加管教。

二、在本寨辖区内发生火灾，按"四个一百五"（150斤米酒、150糯米、150斤猪肉、150斤蔬菜）作为公开向全体村民赔礼道歉活动的费用，并负责进行村寨防火宣传鸣锣喊寨一年。因失火造成他人人身财产损失的，依法交由政府相关部门处理。

三、在本寨辖区耕作区内发生山火的，根据损毁的林木实际数量按以下标准进行赔偿：按杉林每株胸径每公分0.2元，松树每株胸径每公分0.1元，经济林按每株10～30元（包括桐子、果树等其他林木）。过火面积每亩赔偿林木抚育费80元。以上费用应当在核算结束后七天内向相关农户支付完毕。拒不支付的，请本村款师、寨老和村干部出面处理。受损害农户也可以直接依法申请相关部门进行调解或向人民法院提起民事诉讼。

四、破坏村寨内消防设施的，除照价赔偿外，另需支付维修费200～500元。情节严重的，任何人均有权向公安机关报告。

本规定自公布之日起执行。

图4-21 岩寨桥桥规

　　防火安全村规民约对火灾引起的人身安全、山林损失、消防设备损坏等现象的处理方法都进行了明确规定，这份公约张贴在鼓楼等公共场所中，向村民宣传展示，时刻提醒注意防火安全。村规民约由村寨的款师、寨老、村干部共同监督执行，传统的乡规民约由寨老制定，而新的乡规民约主体是村民委员会，寨老、款师协助其工作。新的乡规民约继承了公开赔礼道歉与喊寨的处理方法，在当地村民来看是合情合理的处罚办法，林溪河流域的侗寨每天都有寨老敲锣巡寨，嘱咐村民注意防火安全。此外，有些村寨还在村民议事、道德评议、红白喜事、禁毒禁赌等方面都有具体人员负责，依据乡规民约处理村寨的事务，维护村寨正常的社会生产、生活秩序。让大家共同维持一个有序的社区，建设幸福安全的家园。

图4-22 冠洞村村规民约

（五）侗族同胞的往来

1.侗寨内的人际交往

　　侗族人团结互助，敬老尊老，爱幼护幼，休戚与共。在家中，尊老爱幼是每一个侗族家庭的重要原则，有好吃的老人先品尝，吃饭时，老人先落座，先动筷；公众场合，长者先入位，晚辈先打招呼，主动为长者让位；长者挑担，年少者帮挑，老人进鼓楼，年轻人主动让位。出门在外尊重朋友和他人。这是村规，也是族规。① 在劳动生产方面，不管是农忙或农闲，需要如整理田地、育秧、栽秧、种耕、施肥、植树造林、伐木取材等，均可在村寨内或者邀请邻居、朋友、伙伴来帮忙劳动。侗族的帮工者不仅要自备三餐，甚至还要轮流宴请住家的工匠到自己家中吃饭住宿，他们日常生活中互通有无，村寨内部可以自己互相流通帮忙。互助互济、互通有无是侗族人际关系中主要美德，也是他们群体生活中的一种生存智慧。遇到村寨的公益活动，如修桥、修水井、修庙堂、修沟渠、建鼓楼、栽树、修凉亭、防火等方面需要集体出力，每户派一名或者多名代表参加劳动，相聚为乐。每逢鼓楼、风雨桥、戏台竣工等侗寨重大活动庆典，侗族人会邀请附近交往密切的寨子来"月也"，村民们齐心协力招待，不能怠慢客人。

热情好客是侗族的传统美德。来者是客，是侗族人骨子里认定的高尚的人际处事行为。来到侗乡的客人，不分亲疏，无论是亲友或者是陌生人，也不论男女老少，他们都会真诚相待，热情款待，见面时都会热情打招呼，恭请客人进屋落座、吃饭、住宿。饭前油茶招待，用餐时，以烧酒、酸肉、酸鸭等侗族美食宴请招待。各家也可以变成合拢宴，集体于鼓楼坪宰杀猪羊来招待客人。客人告别时，还再三挽留，依依送别。侗族人的人际关系离不开他们的社区范围，侗寨通常由一个家族或数个家族分片居住，血缘和地缘自然重合。侗族人与人之间就形成了一种相互尊敬、真诚相待、相互合作、和睦相处的一种关系。

2. 侗族村寨之间的交往

侗族人喜爱唱侗戏。经常以"月也"的方式走乡串寨，时而到附近地区的侗寨去"月也"，如八江的各个村寨等，时而到湖南通道的各村寨去唱戏，不收任何费用，共同娱乐，分享彼此的成果。"月也"或其他盛大的活动，都是增进村寨男女青年之间的交往的机会。传统婚恋方式的联姻，范围较为狭窄，如林溪、冠洞、高秀、高友、程阳八寨等只是相邻地域之间通婚，它们很少与其他乡镇的侗族村寨通婚，而其他的寨子亦有自己的通婚群。随着历史的发展，村寨与外界社会的接触越来越广泛，外出打工后或通过网络交往与外地人认识并结婚的也多了起来。跨

① 杨筑慧：《中国侗族》，宁夏人民出版社，2011，第308页。

区域通婚的侗族与侗族通婚也比较普遍，高秀与湖南通道的高步村、阳烂村、桥寨村、皇都村等村寨都有通婚的现象。林溪镇与八江镇毗邻，根据地缘关系也有不少联姻关系，婚姻打破了以往的团寨格局及以往单单林溪镇的各个村寨之间的通婚。另外，林溪的侗族人认为他们与独峒的一些宗系同一个"公芒"（祖公），因此他们彼此之间往来密切。林溪镇主要与湖南通道侗族自治县接壤，居住在林溪河流域的侗族人长期与湖南通道一带的侗族人友好相处，生产上互相学习，经济上互相影响。林溪河流域较周边的其他地区来说交通较为便利，林溪高秀村与湖南通道互通公交车，方便两地的侗族人民跨省交流。通道双江的赶集日，林溪人会到那里赶集；林溪镇时隔4天有一次赶集，也会有通道的人来赶集，互相交换自己生产的各种农副产品和山野之物，一定程度上满足了生产和生活之需。

（六）侗族与其他民族的往来

侗族、苗族、汉族等民族共同居住在林溪河流域，各民族相互交往互动，形成各自有效的生存空间，维持着较为和谐的民族关系。侗族与汉族交融，与苗族交界，形成了"汉族住平地，侗族住平坝，苗族住高山"的局面。民间还有"高山住瑶，半山住苗，侗家住山槽"的谣谚。自古以来，侗族与汉、苗、瑶、壮等民族杂居相处，相互往来交流，互通有无。侗族人追求团结和睦、和谐共生的审美观念，同样也表现在与各民族的相互关系当中。

1.侗汉之间的关系

由于侗族地区接近汉族地区，侗汉两族长期交往。穿汉服，说汉语，吃汉食，习汉俗已成为侗寨的普遍现象。改革开放以来，受过教育的侗族老人逐渐掌握汉语并用汉语记侗音的方式记下侗族的优秀传统文化。侗族也跟汉族一样过节，春节、清明节、中秋节、重阳节等岁时节日。汉语电影进入侗族之后"侗化"成为侗语电影供侗族人民观看，并且有巡回播放。林溪河流域每个侗寨都有机会观看电影，每隔1个月会在鼓楼坪观看电影。而林溪河流域的侗族人长期与"汉人"（六甲人）接触，通晓彼此的语言。六甲人通晓六甲话、桂柳话（西南官话），也听得懂侗话。而林溪当地的人们也通晓侗话、桂柳话、有的听得懂六甲话。例如，周坪乡黄排村的祖先原是侗族，他们与当地汉族女子成婚定居黄排，子孙繁衍，现已发展到几十户，与当地的汉族（六甲人）相处十分融洽。

侗族人把汉家小伙子称为"腊嘎",称汉族来的媳妇为"买嘎"。单是冠洞村就有不少从外乡、外县、外省嫁来媳妇,村民们谈到婚姻嫁娶时,对外地来的媳妇总是赞叹有加。外地来的媳妇对男方父母都喊"爸妈",而本地的姑娘则称男方父母"舅/舅妈"(侗族传统婚嫁以"表姑舅婚"为主)。她们来到了侗寨之后,学习侗族语言,与村民们畅通地交流。例如,高秀村有一名小学女老师是从贵州嫁到这里的,她学习了侗族语言之后与侗族的老人们和谐相处,互相交流沟通,深受侗族老人喜欢,并且老人们认为这外来的媳妇勤快孝顺,也不把她当外乡人。

2.侗苗瑶壮之间的关系

由于历史传统、居住地域等关系,侗族和苗瑶壮族的兄弟彼此杂居或者比邻而居。千百年来,侗族人民与周边其他民族和平友好相处,族际间交往联系密切,历史上也曾发生过小规模的因田地、山林等引起民族斗争的现象,但是总体上保持了民族的独立性,形成了独具个性的民族特色文化。总体上和睦相安,融洽无争。

在历史上,侗族人民与其他民族团结一致,共同反抗民族压迫和剥削,如古代侗族人民大起义都有其他民族参加或声援。每次重大的斗争的胜利都是各民族团结战斗的结果。例如清宣统二至三年(1910—1911),林溪、程阳、八江、马胖、独峒、同乐一带侗族、苗族群众和古宜、光辉、寨准、泗里、斗江一带的汉族、壮族人们,以起"款"的方式,聚众反抗苛捐的斗争,还与天地会拦河发动武装起义,配合同盟会组织的武装力量,占领县城丹州,赶走了清朝官员。[①] 同时,侗族人十分珍惜他们与各民族兄弟的情谊。在侗族人民的心里,各族人民是由同一祖先繁衍出来的同胞兄弟姐妹,在侗族神话《人的由来》中说道:"姜良姜妹兄妹成婚后生下肉团,他们剁成片,撒遍山岭……骨肉各分,肉变成侗家,侗家心善;心变客家(汉人),客家聪明;骨变苗家,住在坡顶。"人类因此开始繁衍,而且还有其他民族。在《侗汉苗瑶本是同源共根长》(琵琶歌)中这样唱:

> 侗汉苗瑶本是同源共根长,
> 好比秧苗共田分几行;
> 通情达理看得宽,
> 元梅愿嫁益阳李家郎。

① 蒙清荣:《三江侗族自治县概况》,民族出版社,2008,第81页。

李哥虽是异乡人，
忠厚老实人善良；
愿和侗家结兄弟，
他与元梅情更长。
人住哪里惯那方，
美满姻缘愿为上；
话未全通心已通，
虽远却近乐洋洋。
母爱女儿一片心，
女念母情常来往；
侗汉苗瑶一家亲，
共个苍天星星亮。①

　　《侗汉苗瑶本是同源共根长》歌词劝说侗族人们与其他民族和睦通婚，认为侗族与汉苗瑶等民族本是同根同源。侗族与苗瑶都有通婚，林溪亮寨有一位媳妇从苗族嫁过来，冠洞村也有瑶族男子过来做上门女婿。侗族民歌以其独特的传播教育功能，将民族平等、和睦相处的观念灌输给了一代又一代的侗族子孙。真实地记载了侗汉苗瑶人民的和睦依存、共山共水、其乐融融的兄弟情谊。用歌曲传唱这种民族兄弟情义，强调对祖先惯例的尊崇，对传统的继承与保持良好的民族兄弟情感的延续。侗族与苗族的友谊更为深厚。现如今很多苗族居住地原是侗地。据高秀村向文芳老人介绍，在侗寨形成之前，林溪一带已经有苗族在此居住了，但随着侗族人不断往林溪一带迁移，苗族人便搬迁至高山居住。而侗族文化对苗族等民族也产生一定影响，或者彼此之间相互影响。林溪牙己村居住着草苗支系，他们的苗语近似于侗话，附近村寨的侗族人能说苗语，苗族人能说侗语。他们仿建鼓楼、风雨桥等木构建筑，也有吹芦笙、打油茶的习俗。侗族人性情温和善良，族内团结互助，族外与其他民族和谐相处，互相交流，关系融洽。侗族人与其他民族长期和睦相处，互相通婚，还会组织各类活动并组织迎宾队接待其他民族同胞，如图4-23、图4-24、图4-25所示。虽然语言上有分别，但生活习俗大致相同，形成"你中有我，我中有你"的友好关系。

① 杨通山，蒙光朝，过伟等：《侗族民歌选》，上海文艺出版社，1980，第48页。

图 4-23　高秀迎宾队接待湖南侗族、汉族同胞

图 4-24　湖南通道侗族民众受邀参加高秀红薯节

图 4-25　岩寨侗语电影海报

三、神秘侗乡：天界—人界—地界

　　侗族人觉得自己并不是孤立存在的，在他们的"隔壁"还有其他"界"的生命存在。天界、人界、地界的神灵与鬼怪是生活在平行时空中的"邻居"，它们可以到人间"做客"，与人和睦相处，互存互让。有

时候，人们把他们当作自己"亲邻"，于是，天上、人间、地下都充满了侗族人的浪漫遐想与希望。当侗族人说起一个个故事，总让人觉得世间的事物稀奇古怪、趣味繁多。山上有梅山；村中有萨坛、杨姓的白马、"愿"以及飞山、南岳；桥头土地；桥尾判官；鬼怪即第一"宝山"，第二"山兄弟"；地界有南堂的"四萨花林"。这些"邻居"们能上天界、进人间、入地界，无所不能，无所不在。

（一）天界：护寨的神仙

侗族人民在对待神灵的态度上，一边带着敬畏之心，一边将他们视为自己的"邻居""朋友"，平等地对话与沟通。

山上有梅山神守，以往侗族人去山上打猎，若是碰到"梅山"在岔路口挡道，就会停止追赶猎物，不再继续打猎。进山里面去砍树，树倒了侗族人都会说："躲开噢公噢。"在山上丢石子或者不小心落石子侗族人也会喊："躲开哦公噢。"孩童到山上去，老人就会说："走快点啰宝（男童）噢"，若走过桥，就说"躲过桥喽"，翻过山坡的时候，就说"躲过山坡喽"。人们有意识地告知山神自己要做的事情、要经过的地方，表示自己无意触犯。

"萨"是侗族村寨的庇护神。当村寨逐渐发展稳定，人们就去接"萨"（婆）来掌管村中子孙繁衍之事，若有小孩在河边意外溺亡，侗族人请"萨"来维护水中的安全，防止再发生溺水之事。侗族人认为她能够沟通神界与人间，帮助孩子健康成长，助人无灾无难。便为她立坛，举村上下举行仪式迎接她到村里，受人们的供奉。她本是地界送子婆婆，又被人们崇尚为仙界之神，有着菩萨般的慈悲之心，维护着天界、人间与地界等"邻居"间的和谐美好关系，更是侗族"与邻为善"的原始观念来源。

杨再思是侗族的英雄神，人们为他建了飞山庙，维护侗族村寨的太平。1961年，高秀村发生了一场大火，村中的老人立刻用腌制的草鱼到村中的飞山庙去祭拜，熊熊大火火烧到飞山庙附近，便刮来一阵大风，将火烧到另一个山头去了。对他们而言，火灾中的幸存与神庙显灵有关，人们始终相信，飞山一直在保护他们的村寨。冠大屯桥头飞山庙如图4-26、图4-27所示。

图4-26　冠大屯桥头飞山庙

图4-27　冠大屯飞山宫

这些神仙各有职责，维护着侗族村寨的和谐安宁。梅山大王管理侗族的山冈，守护着一村一团一家一姓。"萨"是侗族的祖母神，管着侗族人的生育繁衍与生命安全。"萨"作为侗族独有的神灵之一，她位于仙列，祭坛却设在"人界"的侗族村寨中，因此可沟通天界、人界、地界，在侗族人的心中占据重要的位置。飞山是侗族首领杨再思，他护民有功，受人们的爱戴，侗族人一直认为其能够保太平安康。这些神灵都在自己的职位上发挥各自的神力，帮助人们渡过一个个难关。作为侗族的"邻居"，他们无处不在，神与神之间能够和谐相处，神与人也和谐共生。侗族人认为，他们能沟通三界，共同维护侗族村寨的宁静，他们庇护着"天界""人界""地界"以及彼此的和睦相处。

（二）人界：房族的"土地"

"团寨"有共同的神灵存在，而宗族也有自己的"土地"神存在。

例如，杨姓有一种特殊的现象，他们不能称赞别人家的鸡崽、鸭崽、狗崽、牛崽、猪崽等，所有这些牲畜的崽都不能称赞，若他们无意中称赞别人家的鸭崽，"咦——这些鸭崽长真好哦"，这些鸭崽就会一天死一只，最后会全部死掉。称赞别人家的牛，牛就不吃草；称赞猪长得好，猪也不吃淌；称赞狗可爱，狗都不吃食。牛的主人去找到那个夸赞的人说："你要去拿草来给那头牛吃呢，那头牛都不吃草了。"后来，那个人去割了几把草来给那头牛吃，那头牛才得以恢复元气，开始吃草。狗的主人就会喊那个称赞它的人去喂几餐饭，那狗就好了。这个宗族的人以前不让谁欺负他们，他们用这个夸赞当作法宝——"如果你们欺负我们的话，我们就称赞你们的牲畜，使它们全部死掉。"在村寨之里，若处于弱势，人们就会想办法让自己在这个村寨中立足，不受欺负。

吴姓的"愿"神又有所不同。"愿"有两种作用：一是催促生育、繁衍人口，二是管理家中镰刀、锄头、钢钎等器具。比如说，有亲戚来借一些器具但未经主人同意的，他就会一直会去"催问"他们，催促别人快点归还借的东西，而他的催促致使别人身体欠安。如果主人同意借出的东西就不会发生奇怪的事。林溪合华、程阳一带，若有怪病流行、突发灾难等怪异之事，就会祭神"还愿"，全村或者宗族集体举行仪式。现在，人们身体不适都会去医院，以科学的方式来对待这些疾病，已极少有人再举行祭神"还愿"。

宗族的"土地"神守着宗族内的一方土地不受侵犯。他们都是某个宗族在村寨中维护自己安全的神，避免受他人的欺压。这些是人们不愿与人产生矛盾，避免邻里正面冲突而想到的一种办法。这些"土地"神，实际上是为了营造良好的交往关系而存在，既能够与邻里相处和睦，在村里又不会受欺压。岩寨"土地"如图4-28所示，冠大屯"土地"如图4-29所示。

图4-28 岩寨路口"土地"

图 4-29　冠大屯"土地"

（三）亦人亦鬼之怪：宝山与山兄弟

在林溪一带，至今流传着"宝山"与"山兄弟"的故事，他们亦人亦鬼，宝山住在家里，而山兄弟则住在山上。

山兄弟，模样怪异，人面猴身，脚跟朝前，脚趾朝后，人们一点都不能去侵犯他，一旦你侵犯他，他就会对你施障眼法。人到了山里不能侵犯他，也不能伤到他。挖地、挖山就要喊一声"躲开噢公噢"，就怕他在那里，喊他躲开。当人们到山上去扯树藤时，特别是那些粗大的树藤，一定要说"躲开啰公噢"，就怕他会附着在那些粗壮的藤上，或在那藤上做巢并住在那里。

宝山比山兄弟更难对付，大多数村寨都没有这种东西，只有个别侗族人家里有宝山存在。在林溪高秀，人们听说山兄弟带着宝山去玩耍，村里的人到处去找他都找不到，而宝山却知道这些人到处找他故意不出来。可见他的神通广大。若哪一家有宝山的话，只要获得一点点新鲜的东西，就需要祭祀。山上的谷物成熟了、从山上得了几条鱼回来都要祭祀喊他先享用。他还有一种奇怪的功力，当他听别人说到米坛，他所在的主人家的米坛就不会减少；他也不能听到称赞别人的话，若听到别人称赞哪个姑娘漂亮后，他就会去把那个姑娘拉到主人家门后，人们会听见有姑娘在门后哭哭啼啼；若听见别人称赞谁的草鱼鲜美肥大，就会有草鱼在门后或是楼上活蹦乱跳，直到他的主人交代他说："不要拿别人的东西噢，不要把别人的东西拿到家里来哟"之后，家里便没有鱼活蹦乱跳了。

高秀村的吴庚耀还讲了一个关于宝山的故事：[1]

> 高秀有一家，听说以前去湖南种田养活，到一家去住宿，那家里面有宝山，在很久以前那家就已经有宝山了。听说那家人把米糠炒熟撒到山上，又将一块白石放到檀木底下，留着那个老家，准备逃走，逃到县城去住。临走前，他们交代那个宝山说："你要管好我们的那块籼米呐，等那籼米长成或者这块白石它自己动了，你就到县城跟着我们啊。"谁知道那个米糠撒到山上根本长不出，而那块白石呢，让那个住在那里的高秀人拿去扔了，所以那个宝山就跟着他们一起，他们回到广西，那个宝山就跟着来到了广西高秀，现在又听说那家人已经把他送走了，不知道是真是假。那个太麻烦，难以应付，他们就不想要他，就想逃他。

宝山与山兄弟如此俏皮机智，有时活泼可爱，有时耍小脾气，既神秘又平凡，经常在人们身边，他们也都是鲜活的生命，吃着人吃的食物，但又不会伤害人。老人们与孩子提起时经常嘱咐孩子们不要伤害他们，善待这些俏皮的"兄弟们"。他们做了一些让人生气的事，可以嘱咐他们，与他们沟通。他们也会听人们的话，像个孩子般，做错了事就改。他们总是游戏人间，只要平等对待他们，便能和谐相处，相安无事。

（四）地界：鬼魂栖居地

侗族人认为，在地界有一个灵魂栖居的地方叫"花林山寨"，那里住着专管生育的"南堂父母"与"四萨花林"。据说，那"花林山寨"是另一个空间里的侗族村寨，山林环绕、溪河流淌，一片宁静祥和之象。"南堂父母"为投胎转世的阴魂审批，四位送子婆婆"四萨花林"专门撑船渡魂至人间。[2]

每当侗族增添新生儿，吃"三朝酒"那天就喊地理先生来做"南堂"，用竹子、五色花编成花桥，搭四角桌，放一套孩子的衣服，请来"四萨

---

[1] 吴庚耀，男，47岁，侗族，巫师、款师，广西壮族自治区非物质文化遗产项目侗族多耶代表性传承人，原林溪镇高秀村村主任。于2021年8月20日微信回访。

[2] 张泽忠、韦芳：《心灵的开启与去蔽——例说侗民族的处境意识与以邻为善观》，载《贵州民族研究》2005年第3期。

花林"。高秀村歌师吴庚耀根据民间流传的手稿，对该仪式作了较为详细的介绍：

> 过去广西九坛九庙请你四萨花林，上岗四萨花林、下岗四萨花林，来到广西柳州三江林溪高秀一团，□□一姓，保佑儿童快长快大，益长延年。

"四萨花林"为人们送来了新生儿，人们便请来"四萨花林"为新生儿祈福，保佑这个孩童快快长大，无灾无难。"花林山寨"的"鬼魂"与人不仅互相往来，还能通过做"南堂"仪式来互相对话交流，不会通过实质性的物质进行交易互通，而是在心灵上与精神上虔诚地互动。

侗族人民认为，孩子出生时从阴间来到阳间需要经过福桥，人死后又从福桥回到阴间，之后转世投胎经过福桥再做侗寨人，如此循环轮回。若人们舍不得自己的亲人，渴望其能投胎回归，便会在死者的身上画上记号。若此期间有孩子出世并在相同的部位带有记号，人们便认为其投胎转世回来了。鬼魂，有时候是侗族人对亲人的一种念想与期盼。

当孩子发烧生病，人们认为是意外死亡的厉鬼在"闹"孩子。这些厉鬼只能在路口、巷子口这些外面的世界游荡，进不了家门，当他们感到饥饿时，一些运气差的小孩就会被他们缠上。这时，侗族老人就会用一些冷饭，炒一个鸡蛋，到一些路口去扔给这些厉鬼吃，让他们远离自己的孩子。而自然过世的家中"公补"老人是可以进家门享用祭品的。巫师用"拉门"和"关门"来隔开人与鬼、鬼与鬼的世界。人去世后的第七晚，请巫师来拉门。若去世的是老人，就拉一扇门留一扇门，让灵魂回到家中庇护子孙；若去世的是年轻人，则被认为是作恶的厉鬼，主人就会交代地理先生将门全部关上，不给鬼魂进门，不希望鬼魂再回到人间来探望，更不希望鬼魂留恋于人间，将鬼拦在门外，它就能无留恋地离开人界。巫师作为人与鬼魂的传话者，他沟通人界与地界，将鬼魂送回阴间。

侗族人有坦然的生死观，在他们的意识里地界有鬼魂的栖息地，鬼魂可以栖息于浪漫而安详的"花林山寨"。他们也有恐惧的复杂心理，在那看不到的地界还有没进到"花林山寨"的"厉鬼"流离在人间。一来一往，你来我往，彼此对话聊天、互通往来，共同生活在这清雅宁静又富有神秘色彩的侗乡之中。

第五章　林溪河流域侗寨居所时空

黄　洁

一、团寨的空间

林溪河流域侗族人居住的完整团寨空间（danh xaih），包括所依傍的河流和山林、风水山与古树、福桥（风雨桥）、鼓楼和家屋、水塘和田地、凉亭井亭、粮仓、水井、各种神灵庙宇等。概而言之，与侗族人的生活息息相关的大约可以分为河流、山林、田地、水塘等主要的空间。寄托于这些河流山林等空间之上的是生活与信仰的人文空间。以林溪河流域北部的高秀村为例，如图 5-1 所示，村中共有干栏式民居 300 多间，中心鼓楼 1 座，姓氏鼓楼 5 座，老人馆 3 间，戏台 1 座，桥梁 6 座，大小凉亭（包括水井亭）20 多座，飞山庙 2 座，萨堂、雷子庙、南通庙、观音庙各 1 座，土地庙 16 座，这些共同构成村寨整体的人文空间，侗族人围绕它们展开家庭生活、社会交往和精神文化活动。同时，在林溪河的滋养下，这些丰富多元的村寨文化中或多或少保存着崇巫敬日、信仰雷子、南岳等文化，使高秀村成为楚越文化交流的重要空间。接下来将列举主要侗族村寨的若干团寨中的个人空间和公共空间，分析各个空间的特征以梳理其所承载的文化内涵。

图 5-1 高秀团寨空间远景

1. 家屋空间（yanc）

林溪河流域侗族人的住房多是杉木制成的两三层的干阑式的吊脚楼。不像有些地方的侗族村寨偏于一家一栋，这个区域的村寨多聚族而居，同一个房族或同一个家族的房子常常连在一起，廊檐相接，互通你我。比如，高秀村的家屋空间多为三层的吊脚楼。一楼安置石碓，堆放柴草杂物，饲养鸡鸭猪牛等牲畜和设置厕所，二、三楼住人，储藏粮食和安置神龛，设有祭祀祖先的堂屋，料理炊事、宴客待客的场所和供家人休息和聊天的走廊。随着人口的增加，有的家户也增设四楼作为卧室。一层是牛圈、猪圈，由一条单独的楼梯上到二层，二层是宽敞的长廊，中间设堂屋，安有祖先神位和土地，是一家人祭祀、待客的主要场所。两至三代同住一屋的家户，多以堂屋左边为尊，设有老人卧室，家中兄弟各居两边。堂屋背后设火塘间，为血亲家庭成员聚宴、炊烤、取暖的空间，也是粮仓所在。火塘是家屋的心脏，家庭内部成员，特别是青年男女间沟通感情，寨与寨之间"月也"、主客打油茶、唱歌谈心，都是在火塘间交流的。除此之外，家庭成员间听讲故事、传唱抒情歌谣、叙事长诗等也在火塘间里进行交流传播。火塘间是家屋的心脏，主要用于家庭内部成员，特别是青年男女间沟通感情，寨与寨之间"月也"主客打油茶、唱歌谈心。除此之外，家庭成员间听讲故事、传唱抒情歌谣、叙事长诗等也在火塘间里进行交流传播。[①] 寨改后，不少家庭将一层建成砖房，仍圈养牲畜，但置烧热水间、厕所或设为厨房和粮仓，一层以上保留木房，作起居室。为了防火，多在一、二层之间留一块水泥地安灶建厨房，并采用移动式火塘。高秀村家屋如图 5-2、图 5-3、图 5-4 所示。

---

① 过伟：《侗族民间叙事文学》，广西人民出版社，1993，第 99—101 页。

图 5-2　高秀村侗族人的家屋（上坡上的）

图 5-3　高秀村侗族人的家屋（平地上的）

图 5-4　新旧交接的家屋风景

家屋中，一般在堂屋正壁木板墙上安置本补拉的祖先神龛，正对着走廊，左右两侧为卧室，内侧为火塘间或厨房和仓库。通常是贴一张红纸于其上，在中间写"天地君亲师之神位"，左右两边分别写"左昭""右穆"。当地一部分杨家认为自己是杨家将或飞山公杨再思的后代，在家中设置神龛时，会在祖先牌位中间写"祭敕封家奉飞山都主威远侯王神位"，左边写"左昭"（"金花小姨"）、"金炉不断千年火"，右边写"右穆"（"银花小妹"）、"本杨氏历代门中宗祖三代仙灵""玉盏长明万年灯"，以此祭祀本家三代以内的祖先神灵，即三代家仙。位于其下的，是本家的瑞庆夫人、兴隆土地、进宝郎君、招财童子等神位，也是书于红纸之上。上下神坛中间以木制的神台为分界隔开，上面摆放香坛、油灯。近年全寨响应林溪镇寨改政策，改防火线搬迁和灶改后，有些家屋不设神龛，只在家中的新式火塘或煮饭的灶边祭祀祖先。他们相信祖先自立神位时就在堂屋正殿，不会离开，所以当主人搬新家时，要请仙师招呼他们一起到新家去，凡逢年过节或家有喜事，都得准备祭品先敬奉他们。

火塘（侗音"萨贝"）具有延续香火、传宗接代的意义，是侗族人家屋至为重要的元素，其被当作家庭的象征。家屋中的火塘约三四尺见方，上面放一个带三条脚的圆圈铁架，既可放锅做饭或烤红薯，又可悬挂吊炕而晾糯米、熏肉等。全家围火塘而坐，有各自的座位次序，祖父母坐火塘上方正面，父母和儿子坐在火塘左右两侧，媳妇或女儿坐火塘下方，她们在这个位置方便动手添置柴火，但也是受烟熏较多的地方。分工上，妇女管火塘间，男性管堂屋。妇女多在厨房中持火钳，管理火塘、煮饭做饭，男性在堂屋吃烟烤火、接待客人。迎亲那天，新娘一到屋首先要在火塘边打油茶，每来一位客人就送一碗，以获得房族亲友的承认。待家中所有兄弟成婚后分家时，要请有福气的老人家持火钳从共用的火塘中分点柴火去新屋点第一把火，意味着另起炉灶。小孩刚出生或生病时，也要请仙师来家中烧香祭拜火塘或念诵法水，小孩三朝时第一次洗澡和办"南堂"也在火塘边进行。

第二层火塘间的两侧和第三层楼上是卧室，是家人休息的地方。有些三代同堂的家庭，在二楼设置粮仓，放稻米等。当然比较宽敞的房屋，为了设置防火线，将一楼改为砖房后，厨房和粮仓也移至一楼。但休息的房间一般设置在二楼、三楼或四楼。二楼和三楼最靠近楼梯附近的卧室一般留给家中的老人，后面留一两间在亲戚或客人来访的时候当临时休息的房间。兄弟还没有分家的家庭，则共用一个祖先神龛、堂屋和长廊，以堂屋为界限，分别在两侧安置各自的火塘间，安排各自进行日常的炊饮、烤火取暖、会客和休息的房间。

2.鼓楼空间（liangc tings）

不同村寨之间存在若干小的差异，他们的鼓楼（侗音"凉亭"）多为四角或六角形的杉木阁楼，由木框架、重檐和宝顶组成，宝顶上多塑葫芦。鼓楼中央矗立四根巨柱，并依相对高度等距分层挑出屋檐，形成层檐。檐层喜单数，5、7、9、11、13层不等，代表了本补拉或房族的旺盛和高升。很多村寨的鼓楼都是底部为四方形，上部为八层的塔阁式结构，楼顶为歇山式或钻尖式，取义四平八稳。当然也有比较标新立异的，底四上六、建成阁楼，如高秀对河吴氏片区的鼓楼。楼顶多贯铁锅瓦罐抹灰形成的葫芦串，按照高友木工师傅的说法，这与大洪水时代侗族人的祖先姜良姜妹在葫芦中得救的传说有不可分割的渊源。无论全寨还是房族的鼓楼，一律在正中设有火塘，并有四把长椅围绕火塘而置，这是各补拉处理内部事务、聚会议事、夏天歇凉、冬天烤火的地方。如图 5-5 所示。

图 5-5　高秀村对河吴氏房族鼓楼

20 世纪 80 年代以前，鼓楼前方的石坪则为补拉间吹芦笙月也的场所。过去为发展人口，鼓楼间实行通婚，到夜鼓楼间吹芦笙做也，在屋里织布纺纱的姑娘们都拿油灯出来照小伙，罢了去姑娘家坐，吃宵夜唱歌，借此恋爱结婚。现因结亲和分家引致的家户搬迁打通了寨中固有联系，减弱了各亲属聚落片区的血缘属性，鼓楼也逐渐成为各居住片区的活动中心。全寨又有中心鼓楼和戏台，鼓楼外面有开阔的平地或空地，他们称"鼓楼坪"，这是举办文艺活动接待客人的重要场所。鼓楼坪附近往往设有村落的祭坛，村中最重要的祭祀仪式都在这里进行，也是集体祀神的场所。例如，程阳设置的是萨岁祖母祭坛等。

　　林溪河流域侗寨的鼓楼有些最早建于清中期，大多具有较为长的历史。例如，始建于清代康熙年间的冠小鼓楼。其为全木结构，由四根大杉木柱组成核心架构，直达楼顶。外层以若干小柱和飞檐穿孔枋横穿直套建成，楼高 15 米。逢年过节，侗寨里的男女老少欢聚一堂，吹笙、多耶、唱歌、演戏、迎宾、送客，喜气洋洋。冠大和冠小有各自团寨的鼓楼，是村民议事的公共场所。而高友和高秀村的鼓楼，则多分不同房族而建，形成高度各异、样式各有千秋的鼓楼群。此外，有些村寨，如高秀村，至今仍保留了古老的只有一层的"卡房"或集会场所，现在多作为女性老人馆使用，这种建筑多是歇山顶的木结构，形似鼓楼，很多女性老人和妇女喜欢到这里喝茶聊天、绣花，或者学唱侗歌，其乐融融。如图 5-6、图 5-7、图 5-8 所示。

图 5-6　高秀村的女性老人馆

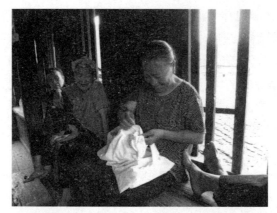

图 5-7　高秀女老人馆中的日常生活

图 5-8　高秀鼓楼中的日常生活

3.桥梁空间（jiuc）

　　寨头寨尾的福桥为团寨人居空间的界限。生活在林溪河流域的侗族人几乎都有在河旁的小溪或河流上建造风雨桥的习惯。桥梁大都建在离村寨不远的溪河上，风雨桥多为杉木组合式木桥，有桥台、长廊、桥墩、砖瓦屋顶及亭阁，不仅便于通行，消除了山路上的某些危险元素，还往往被当作村寨的出入口，成为进入村中的关隘，守护村落中的人居安全。根据所处河流的大小，大多数的村寨风雨桥所处河流较为狭窄，桥的规格从四五米到十几米不等。但有些村寨的风雨桥很壮观。例如，现在远近闻名的建在程阳八寨的马安寨边的程阳永济桥（当地人也称为马安桥），由八寨共同捐资建造于1916年，全长76米，宽3.7米，两侧有100多根木柱支撑其覆瓦的桥顶，桥上有五座多层的亭阁点缀其间，贯穿河面。但不论大小，桥上一律会设置神龛，祭祀关公、土地神等神灵。

　　在高秀、高友等村附近的侗寨认为，桥承载了侗族人的灵魂往来于阴阳世界的功能。贵州地区的苗族、广西的壮族和侗族等民族存在"沿桥而来的生灵"的信仰，他们相信婴儿或其灵魂进入母亲体内或来到这个世界之前，必须经过一座或多座构成彼岸世界与此岸世界之分界与沟通的"桥"，可以说这是一座生命降临之桥，人们使用模拟的或象征性的行为及事物，来显现乃至实际搭建这种据信可使生命降临的桥梁，进而表达和满足他们渴望后嗣的心愿。[①] 在当地侗族人的观念中，他们相信存在阴间和阳间，阴间有四萨的花林殿，也有人死后灵魂投胎之前所滞留的鬼界，阳间则是现世个体生命展开的人间俗界。幼儿的灵魂从四萨花灵那儿降生到人间，都要走过东南西北 12 座桥，这些沟通阴间和阳间的桥就是每个人的命桥。连接阴间与阳世的 12 座命桥，分别有 12 个桥王父母，灵魂由阴间到阳世，或由阳世到阴间，都要涉生命之桥而过，路上可能会得到很多神灵的帮扶，当然也可能遇到邪恶之灵的损害。这些状况会影响每一个过桥而来的生命降临到阳世之后的种种境遇。因此，自出生时起，走过的、属于自己的这些桥，就与自身的命运和健康息息相关。今世阳间的难处（包括疾病、不孕、不幸或不顺、遭遇灾难等），都能通过在适当的方位上架一座桥来进行沟通，加以弥补。

生命之桥与当地侗族人的灵魂观念有关。就自身而言，与人来到世间走过的四方 12 座桥相应，他们相信人有 12 个灵魂，即"十二度关"。人在世时，所有的灵魂毫无损伤便身体安康，如损失其中三个，人便会生病甚至死去。平常遇到大树神、绊到石头、落入水中，受祖灵、恶灵纠缠，遇到山魈和不干净的东西，或拿了不属于自己的物品如占用公物，都会损失灵魂而致病或遭遇不幸，需请恩拿过阴、问路抓鬼以找回灵魂。有时为让幼儿健康成长而拜祭石头、大树为干爹干妈。而人死后，灵魂一个在坟墓，一个在家中神龛，一个去投胎。这些信仰已融入他们的日常生活。

他们对这种意义加以具象化，反映于桥梁在村寨布局上的风水价值。福桥的选址与寨中人的兴旺有很大关联，因此他们常在寨头寨尾修建福桥于河水之上，以锁住村寨的福气和财气不外流。例如，高秀村东面的退河桥，南面的双文桥和北面的丁哨桥，皆位于高秀河之上，这是为了守住村寨的财气。而东面的双冷桥，则面向东北面的山坳，以抵挡外来的"不净之物"，都具有风水的意义。其中，寨尾丁哨桥上设有关公和土地神，配有两亩桥田，由寨老安排专人（村中贫户）司耕种、每日祭祀，

① 周星：《境界与象征：桥和民俗》，上海，上海文艺出版社，1998，第 9—10 页。

并于每年五月十三关公磨刀节，用前一年的收成设宴招待全村老人。体现了团寨内部的一种相互扶助的生存智慧。程阳岩寨风雨桥如图5-9、图5-10所示；高秀村寨脚风雨桥和桥上的神位如图5-11、图5-12所示。

图 5-9　程阳岩寨的风雨桥 1

图 5-10　程阳岩寨的风雨桥 2

图 5-11　高秀村寨脚风雨桥

图 5-12　高秀村寨脚风雨桥上神位

4.神灵空间（douc saic）

林溪河流域侗族村寨整体空间中最重要的是神灵空间，这是由生活在这个区域的侗族人长期以来的生活史和贯穿个人一生的生命过程的信仰所支撑和维系的人文空间。虽然各个村寨中拥有的神灵略有不同，但一般而言，团寨空间中所祀之神，以土地神为多。当地又叫土地庙或小神土地，神坛多由木板制成或用石板、砖瓦垒砌而成，形成不到一米高的带屋檐式的庙宇，但不设神像。一般安在家门附近，或设在鼓楼脚下、桥梁边、石板路和通道旁。同区居住的十数户人家在家门附近共置一个土地，以后专祀这一个。同时，全寨也有东西南北中各门各方的土地、桥头的土地，及各补拉的土地（位于鼓楼附近）和全村的土地。虔诚的人家除了家中及家门附近的土地，也会兼顾祭拜寨上多个土地。在村民看来，土地神保家安寨、佑人平安，平时每月初一十五、逢年过节，祭拜寨上庙宇和家中祖先时，都到土地庙前去烧香鸣炮。高秀村各片区土地神位如图 5-13 所示。

图 5-13　高秀村各片区土地神位（从左往右依次对应下杨、谢、吴、对河吴片区）

此外，林溪河流域侗族村寨所祀之神，多为飞山庙、雷子庙、南岳庙等，有些村寨还有五通庙、观音庙，分别祭祀飞山公杨再思、雷神、南岳大帝、五通神和观音等。福桥上则祀关公大帝等，各有所司，为全村共同祭祀的神灵。这些神灵大多来源于汉族文化和信仰，体现了汉文化与侗文化的交流与相互影响。

当地侗族传统信仰观念认为，万物皆有关神灵魂。太阳是太阳神，打雷是雷神擂鼓，刮风是风伯作祟，下雨是雨师作法。侗族人认为雷神代表天神的意志，代天神行使职责，司管五谷丰歉、行云播雨，主宰人间祸福以及裁判是非善恶等，故对雷神极其敬畏，构成了巫文化的一部分。林溪河流域侗族村寨普遍建有雷子庙或雷祖庙，祭祀雷神，并存在关于雷公或雷神的传说和信仰。民间也流传有"天上的雷公大，地上的舅公大"之说。在南部侗族方言区，侗族人共同拥有的创世神话中有关于雷神的记载。认为，萨玛或萨丙（也称为龟婆）是侗族人的大祖母。孵蛋而生松尚、松恩，俩人相配而繁衍了侗族的祖先姜良姜妹。后来雷神上天发洪水，人类几乎灭绝，只剩下姜良姜妹两人，为了繁衍人类，兄妹成婚，从而有了侗族。所以现在的侗族人也要敬畏雷神。也有民间文本，讲述父母对于儿女恩重如山，儿女应当知恩报恩，任何虐待或怠慢老人的行为都是不对的，都应当受到谴责。例如，"莫要枕边说长短。撮夫怠老小心有雷神。……孝顺父母人尊敬，怠慢父母乡村人众议纷纷"。侗族人在祭祀村落诸神时，也将雷神列入其中，与萨神一同位于前面较为显著的位置。特别是遇到天旱天灾，须在村中鼓楼前面大坪设坛祭祀雷神等村中列位神灵，以祈求风调雨顺、天地人和。所以，当地侗族人也存在一些与此相关的禁忌，如被雷劈中的杉木不被使用，被雷击死之人往往看作穷凶极恶之辈，认为他们遭天罚，连亲友也不去悼念和同情。

侗族人不像汉族建祖庙供奉祖先牌位，他们在飞山宫或飞山庙里祭祀历代祖先。林溪河流域多数侗族村寨除了有本村的飞山宫，与祭祀南岳大帝和雷神的南岳宫、雷王宫等庙宇相并列，还有个别信奉杨再思的房族补拉建有本族的飞山宫，在其中安置历代祖先的牌位，并设置杨再思飞山土主威远侯王的牌位。在高秀村，除了全村的飞山庙以外，谢家也单独建有飞山庙。高秀谢家的飞山祠被当作他们房族的家祠，位于他们居住片区的鼓楼旁，原是歇山式木墙瓦顶结构，后为防火一楼改为水泥墙。祠中筑有两米长半米宽的神龛，供奉祖先神位，中间写"本祭家奉飞山土主威远侯王之位"，左边为"两班文武""神德恩扶家祠旺"，右边为"十二朝官""祖公福庇子孙贤"。下方供奉兴隆土地、进宝神君和招财童子之神位，并有对联写道："保一方清泰，佑四季平安。"龛上长年供奉有六个香坛和两盏油灯。凡村中谢姓家中操办红白喜事，三朝、结婚、进新屋等，都先到祠中祭祖，再拜家仙，逢年过节也到祠中祭祀。通常由家翁或长子前往，以鱼、鸡、猪肉三牲及果糖等为祭品。高友侗寨全村有飞山宫以外，吴氏也另外有本族的飞山庙。高友村飞山宫如图5-14所示。

林溪河流域几乎每个侗寨都设有萨坛以祭萨。与村中所设置的祖母坛相通，为初生小儿所办"南堂"之礼，所祀之神为"萨"（侗音，意为"奶奶"）。他们认为"萨"是从建村立寨时起就有的祖母神，是先人从外面的萨岁山请过来的。萨共有四位，分别为"萨娃""萨星""萨岁"和"萨细"（皆为汉字记侗音），合称"四萨花灵"，专管人间生育和人的平安，类似于汉族的送子观音，当地侗族人相信，现在的人都是她们送来的。萨坛多为石子砌成的石堆，上面插红伞或种植常青树。有些地方因为火灾而只设临时的神坛，但无论形式如何，所祀之萨都被认为是当地至高无上的神灵。例如，高秀村中萨堂位于寨中心，据传原为石头垒成，上面插一把红伞，灾后改为水泥砖瓦砌成的神坛。村民认为，住在村里只有萨是侗族的神，飞山、南岳都是汉族的。萨与侗族妇女一样，爱穿花裙子打红伞。为此他们举证："国民党时期改装，不许少数民族妇女穿裙子，看到穿得太短就挑你不是，我们的奶奶就不在侗家待了啵。等到又恢复传统服饰了，拜托香消去把她请回来，她才继续在这安寨管人的。"高秀高友等林溪河上游侗寨的萨，与贵州从江、黎平等地流传的保护侗族人民的英雄祖神已有很大差别，更贴近于他们日常生活经验而融入他们的生命仪式中，尤其是生育，实现了向现实的转换。萨的演变反映了侗族信仰的原始宗教在历史上实现了自我的转换，成了一种积极发展的民俗心理，于长期自给自足的生活中，反映了侗族文化的整体发展。[①] 另外，当地侗族人认为，人都是四萨从花林殿通过桥送到人间的。人一出生便办南堂以酬谢花灵，并祈求小儿从此受花灵护卫，成长过程中都能逢凶化吉。而一旦遇难，小儿的灵魂有所损伤，则需由仙师过阴，到花园中看是出了什么问题，解决办法多是驱鬼。不仅每年送火必须祭萨，小儿出生时也要祭萨。全村在每年六月六后举办芦笙节时，到鼓楼坪中集合前要先去萨堂前吹奏一曲。无论办什么事都要先祭萨，体现了萨在寨中的地位。高秀村为新生儿办南堂祭萨如图5-15所示。

① 黄才贵:《女神与泛神：侗族"萨玛"文化研究》，贵州人民出版社，2006，第300-301页。

图 5-14　高友村的飞山宫

图 5-15　三朝在家中为新生儿办南堂祭萨（高秀村）

　　此外，当地侗族人还信仰火神或火殃鬼，或捣乱村寨安全的"堆萨"。团寨发大火多为火神或"堆萨"作祟所致，或称火殃掉进村中。故一般在秋冬时节，特别是冬月年末天气较为干燥、易发生火灾之时，由地理先生主持对全寨进行敬祭火神，防病防灾。若村寨发生火灾或火警，则需要马上举行送火殃的仪式，驱鬼镇邪，保佑村寨平安。这时候，家中也要进行谢土引龙的仪式，以驱逐恶邪，祈求家人平安。

　　5. 河流空间（nya1）

　　民国版《三江县志·民族》中写道："大营洞即林溪坪坦两小河流域之地、梅寨等处，侗居十之八九。"广西的林溪河和湖南的坪坦河流域被称为"大营洞"。这两条河流位于一条山脉相隔的两侧，形成了各自的山间盆地和居住空间。另外，县志还记载了这两个河流流域在明清两代的商业发展中发挥了重要作用。比如，《三江县志·舆地·山川》中记载："自林溪街以下通道，春夏载重可千载余斤，冬可七八百斤，涨涸期与前同。"又如，《三江县志·产业·实业·水利》"林溪为本县湖南通商要道，每年由湖南运入白米约三十万斤，运出白盐约六百万斤，商业亦甚发达，若能加以市政之整理，商场繁盛当可拭目而待"。还有《三江县志·交通·水道》"自古宜溯浔至石眼口，由此入林溪，上航，北达林溪街，约六十里，春夏船载千余斤，冬可七八百斤，至此舍舟而陆，达横岭乡之平坦村，二十五里，可由平坦河顺流而下，达湖南省绥宁县属之双江，其船载重量，与古宜至林溪略同，此线如能便利，则运盐出湘，运米入境，其益甚大"。大致描绘了当时大营洞河运之发达。也构成了林溪河沿岸侗族村寨的河流空间。林溪镇早期形成的围绕木材和湘米等土特产交易的市场网络、周边五省商会，以及汉族移民的进入和定居、发展，都是依托当时发达的河运。同时，也正是因为坪坦河和林溪河两个主要流域，成为楚越文化交流走道的空间，滋养了当地对于雷子、南岳等神灵的信仰，以及崇巫等典型的楚文化。

从高友村发源而来的高秀河自南往西北穿过高秀村寨，经林溪与湖南甘溪、陇城交界的科马界山，流往毗邻的湖南省通道县坪坦乡阳烂、高步、高团等地，汇入长江流进洞庭湖。科马界山上有条旧时商贩便道连接林溪与高步，1949年以前，湖南的米、杉木、牛皮和棉花等土特产，通过坪坦河运到这里，再走便道经高秀运到林溪，由林溪走水路运到古宜和柳州、桂林，乃至广东、福建，以换取作为生活用品的盐和糖等。以往高秀侗族人外出，经商、走亲访友，或逢二七去通道县坪坦乡赶圩，都是通过这条便道前往。直至20世纪60年代初，村里还时常有人靠肩挑土特产到桂林去卖。20世纪60年代经济困难，附近侗族人忙于搞生产也不能搞副业，商贩才少了，但现在仍是当地农民行走和湘桂交界侗族人来往的重要便道。

广西北部和湖南西南部交界的侗族地区早期的商品交易和城镇经济，也正是依托河流空间发展形成的。早在清末民初，林溪河和附近的科马界就曾成为重要的物资交流的空间之一。据说，林溪最先和外界不通，后来水陆都通了，广东的盐可以从这里运到洞庭湖，洞庭湖的米可以从这里运到广东，这里慢慢地成为交通要道。后来广东、广西、贵州、湖南、江西的商客都到这里做生意。但后来纠纷比较多，三江人砸坏店铺、民族之间械斗的事情时有发生。后来各寨长老，各族头人，客商代表开会，商量决定在农历 10 月 26 日成立五省会馆，从此林溪安定繁荣。为了继承传统，五省会馆的长老头人决定，在每年 10 月 26 日，放 5 发花炮，代表五省五族的团结一致。当时，每个村寨 26 人组成一个抢花炮队伍，参与抢炮。放炮仪式上，头人讲款，说明抢炮条规，芦笙舞狮，好不热闹。[1] 尽管后来随着公路的开通和贸易的衰落，不少商客渐渐搬离这个早期商业移民小镇，但当地至今仍继续着抢花炮的传统。

如今，林溪河流域的侗寨与河流仍有不可分割的关系，程阳、高友、高秀等村落都有河流穿过团寨主体空间，河流成为村寨不可分割的一部分。冠洞村则是由公路和宽阔的河流分成了冠大和冠小两个自然村寨。两个村屯的周围都是翠林环绕，溪水长流，空气清新，冠小更是通过一座风雨桥直达鼓楼坪，团寨与河流空间相辅相成。马安地处林溪河河道曲折迂回处的左岸。因常年河水冲击、泥沙淤积而成山间坝子。坝子东面靠山，一片形如"马鞍"的平坦之地从山脚下伸出，马安寨就建在这个坝子上。如图 5-16 所示。全寨如坐落曲水三面合围的半岛上，与周围的山林形成辐射状，鼓楼立于中心，团状式民居聚集于其中，层层展开。平寨的村民住宅旁的溪流、水塘和泉水，构成了平寨的用水系统。山林与河流环绕林溪镇如图 5-17 所示。

图 5-16　程阳马安寨三面环水形如马鞍

① 肖启中、杨均特：《努志潭：三江村寨传说》，南宁广西民族出版社，2002，第 145 页。

峒村林溪：林溪河侗寨文化研究

图 5-17　山林与河流环绕的林溪镇全景

6. 山林空间（jenc）

　　林溪河流域最重要的山道当属科马界。如今，林溪为了纪念这条古道，于每年的 4 月中旬，大约是农历谷雨前两三天，在位于林溪村附近的科马界一个叫"土王坡"的山坡上举办"土王节"或称"土皇节"，林溪镇一带年轻的侗族男女盛装游行，进行村落祭祀仪式，并宴请客人，以挑夫演示尤具特色。

　　在林溪河畔依山傍水而建立的村寨，体现着侗族人改造山林空间的智慧。例如，地处高山河谷中的高秀侗寨，四面环山，山谷中央有来自上游高友和湖南坪坦而来的溪流，它们在村头的西北面汇合。这两条河流将高秀村民居大致分隔为四组，民居沿河两岸而建，两条河流之间最为密集。村中主干道沿着西侧河流展开，由多条支路延伸向两侧的山坡和山谷，正是这些由青石板或石块铺砌而成的村中支路和巷道，形成了民居之间的通道。这些依山而上、顺水而铺的石板路，将稻田与水塘、鼓楼、风雨桥、寨门等公共建筑连接了起来。又如，岩寨是三面环山，东南面为林溪河，地势北高南低。来自西南面的小溪从山间穿过，在寨北折转向东南，穿寨而过江入林溪河。小溪将寨子分东西两区，溪东两水之间的三角地带为寨子的东区，是岩寨初始团寨的范围。东区在林溪河边建有老鼓楼，鼓楼建在硬石块垒砌的陡坎上，为三间悬山顶两端带披檐的殿堂式，中间加重檐歇山顶形成三檐模样，从鼓楼沿河南下，不远处的河边码头旁有青石砌成的"萨坛"，坛外还有数棵古老的风水树。寨子背面的山峰名为"衔萨"，即萨坛峰之意，被认为是村寨的"风水山"。岩寨寨内 5 条石板古道，组成村寨的交通主干道，街巷小径狭窄，或用石板铺成，或用卵石砌就，通往各家各户。寨子的外部溪流和内部小溪、水塘和水井构成了完善的供水系统，其中 4 口建有井亭的古井是村民饮水的水源。再如，林溪河北岸的平寨位于两座山之间的平川，伸向林溪河的山岭构成了其南端的屏障，另一侧耸立的小山丘则将平寨与大寨分隔开来，形成哑铃状，小溪从东西向流过汇入林溪河，房屋于小溪以北山坡一带，与林溪河汇合处集中展开，是村寨先民最早落寨的地方，也构成了寨子主体和核心聚居区。

山林空间重要的是风水林和树木。林溪河沿岸许多侗族村寨都保留了落寨以来的古树和风水树。例如，平寨寨北小山是平寨的风水山，山旁有一株参天的古树，是村民眼中的风水树，保护着村寨的平安。还有位于村寨附近的山林和墓地、水塘、水井等空间，都被认为是关于"风水"之地，不许村民随便乱挖乱动，以免为团寨带来灾难。另外，林溪河居住的侗族人喜欢树，他们用杉木来建造干栏式房屋，树枝也是他们需要的天然柴火。栽种几十年以上的大树可用来做房族鼓楼的柱子、板凳，修补桥梁，建造乘凉的凉亭井亭、河边休憩的场所等公共设施，完善侗族人的日常生活的公共空间。而且他们人生也与树干有着密切的亲缘关系。可以说当地侗族人的一生，从劳动生产到生活习俗，大多与树木有不解之缘。例如，高秀的侗族人在小孩子出生的时候，父母就会为他们种下一排杉树，杉树长成可用于建筑的大树恰好需要 18 年的时间，等小孩成年，这些树木正好可以用来给孩子结婚建造新房使用。侗族人流行土葬，当地还有一个习俗，就是过了不惑之年就先为自己准备棺木和寿衣。因为他们认为死亡是迟早的事，所以要提早做好准备。当地传统做法是只要家中有小儿出生，就先种好一棵杉木，等到其 40 岁，杉树长到适合做棺木尺寸时，家中男性选吉时吉日请木匠师傅来为自己和老伴各做一副棺材，上好漆后存放在自己房屋底层较为干燥的地方，多停放于寨中一楼的粮仓。现如今侗族人家中种植的杉木较多，只要年份合适便在自己种植的山林间选择一棵长得比较粗大、品质优良的树，用以制作棺木的杉树，不能是被雷劈过的，也不能是两条尾的或分叉的，等到自己五六十岁以后，将杉树砍下，选一个吉日，请村中的木匠师傅提前为自己和老伴各打造一副棺材。这样可以做到未雨绸缪、有备无患，也体现了当地侗族人乐观的心态。

高秀侗族人习惯在去世之前为自己和爱人准备好一副好棺材和齐整的寿衣。2012 年农历是闰年，有十三个月，这年被认为年长能涨寿，村里大部分 40 岁以上老人都请木匠师傅来做棺木，仅七月就做了十几副棺木。村中女性老人也开始为老伴购置寿袍，以及为自己缝制寿衣。男性的寿衣类似于古代汉装长袍，女性的寿衣与当地侗族妇女的冬衣样式无异，两层叠合，在一端有带子系起，只是在系的方向上有区别，在世时，系在右边；等到去世时，则系在左边。

7. 水塘空间（aem1）

生活在林溪河流域的侗族人与生活在这里的其他少数民族一样，以种植水稻为主要的生计方式。除此之外，有些侗寨还维持着养殖和狩猎的传统习惯。其中，养鱼是较为普遍的方式，几乎各个村寨都设置水塘养鱼。例如，马安寨内除了由林溪河提供灌溉水源外，还有从山上下来的泉水。泉水在山脚下汇成一方方水塘，水塘用于养鱼，也用作消防。从山上流淌下来的泉水和3口古老石井构成了村民主要的饮用水来源。岩寨则由外部溪流、内部小溪、水塘和水井是完善的供水系统，其中4口建有井亭的古井是村民主要的饮用水来源。平案村水塘如图5-18、图5-19所示。

图5-18　房屋前养鱼的水塘（平案村）

图5-19　井亭和水田旁养鱼的水塘（平案村）

村中的水塘，往往位于山冲之间，侗族人擅长因地制宜，他们构建的水塘，通常位于存在地势高低落差之处，利用地势的落差，使山上的水直接流往山下汇流成池塘，有时候池塘直接与流过村落的河流或小溪相联通，形成一个持续不断的活水循环系统，使得水塘终年有水。依靠山冲层层分布的水塘，也是一个立体性的自然生态供水系统与生态保护机制，有些水塘附近也有天然的净水，水塘也参与了水资源的积累、沉淀和过滤，维持了山中生活的自然生态。村民们在水塘中养鲤鱼和草鱼，这些鱼用于日常饮食。到过年过节的时候，也可以捕捞鲤鱼和草鱼，招待家人和宴请客人。养鱼的时候，他们往往会在水塘中央搭一个方形的竹架，称为"鱼窝"，这样夏天天气过于炎热或者气候不好的强风天，以及有鸭子等进入鱼塘的时候，鱼群可以躲藏在竹架下。逢年过节，除了鱼以外，还可以捕获到田螺或泥鳅。

现今，在侗族村寨中，房屋与房屋之间也会设置水塘，除了养一些鱼外，这也是一道天然的防火线，使家屋之间保有安全的消防距离，也能作为消防蓄水，以备遭遇火灾火警时使用。在较为干旱的年月，还可以将水塘中蓄积的水用于秧田耕种农作。

据说，出于防盗、防火、防鼠的目的，高秀、高友等较为古老的侗寨的粮仓多数是建在水塘上，将8根木桩或石柱打入水塘，只留一尺多露出水面，然后在其上铺上整齐的木板，再在上面建小阁楼，小阁楼里放刚刚收割的稻谷，整体空间分配恰到好处，体现了当地侗族人因地制宜的智慧。

8. 田地空间（yav）

田地不仅是当地侗族人用于生产生计的空间，也是过去青年男女谈情说爱的重要场所。过去林溪河流域不少侗族村寨存在种公地或"月堆华"的习俗，有点类似于附近苗族等少数民族的上坡赶圩的谈恋爱方式，与围绕田地的生产活动紧密联系。比如，在高秀，每年正月的戊日，本寨青年男女不用劳动，四五个人相约去坡上的田地（公地）挑棉籽。互生感情以后，待三月种棉花时节，小伙就和他同伴到林溪街上请师傅编一对竹篮，送给他心仪的姑娘用来种棉花。姑娘收下竹篮后，将准备的一包糯米饭和腌肉腌鱼，与小伙子一起吃。到办婚礼接新娘时，就用小伙子送的这对竹篮装新娘的新侗衣挑到男方家。因侗族习惯在结婚时，由新娘母亲为女儿制作十多套新侗衣，在接新娘时只带这些衣服到男方家而没有嫁妆。现如今当地种棉花自制侗衣的人家少了，这种习俗也逐渐淡了。

此外，林溪河流域侗寨均有稻田养鱼的习惯。当地居民顺应山势地形变化开垦梯田。当地侗族人喜欢吃糯米，用糯米做成的粑粑（清明节、小儿生日、过年过节、结婚宴的常备食物）、黑糯米饭（四月八祭牛节的食物）、黄米饭（三月三开始插秧时吃的食物）、糯米粽（端午节）、打油茶、糯米酒等各种食材，这些都成为逢年过节必备。

每年谷雨前后，团寨里会请先生选择吉日，开始播种育苗，并在每年放水插秧之后，把鱼苗放入稻田中。主要是放鲤鱼（如较为适应山中较为寒冷环境的禾花鲤），也有放草鱼（越冬的草鱼品种）的，但后者一般放到水塘中养大。当然，鱼苗不能放太多，一般一亩稻田可以放20至30尾鱼苗，太多会影响秧苗的生长。等到秋收季节稻谷金黄的时候，鱼苗也已经长成大鱼。到时候，一面收割稻谷，一面放水捕捞成鱼。有时，亲朋好友相邀，回家吃晚餐之前，下午在田边烧起篝火，把刚捕捉到的鱼去鳞洗净，用树枝或竹竿穿起来，放在篝火上炙烤，在田边烧烤野炊。有些地方也会在稻田中放鸭子，为了避免秧苗被鸭子吃食，需等到农历的三月下旬至四月上旬之间，秧苗已经长成时，再放入小鸭。田中之鱼和鸭觅食时，搅动水田、松动田泥、搅糊泥土，为水稻根系的生长提供氧气，促进了水稻的生长。而田中之鱼和鸭还会吃掉水稻田中的杂草或害虫，鱼和鸭的排泄物更为稻田施加了有机的肥料，形成多元的生命能量循环和稻鱼鸭共生的自然生态环境。而且，等到六月六新米节的时候，鸭子和鲤鱼正好长得肥美，可以捕捞回来，作为招待客人的食材。而夏末秋初，稻田里养成的鲤鱼，也可以用来做酸菜鱼、腌鱼等特色食材。高秀村水田如图5-20所示。

图5-20　环绕于村落主体建筑之外的水田空间（高秀村）

9.楚越文化村落空间

侗族神话中有关于"射太阳"的神话传说，反映了他们对太阳崇拜的来源。相传雷公因为曾经被世人所捉，所以逃回天上后为了报复人类，舀天河之水倾洒，致使洪水滔天，然而却未能淹死四兄弟，于是天王便放出12个太阳，以晒干洪水。太阳昼夜照射，洪水慢慢被晒干了，草木也被晒枯了，大地晒裂了。姜良、姜妹酷热难忍，便从葫芦中出来。姜良遂砍来桑木做弓，矢竹做箭，顺着"天梯"向上攀援，挽弓射日。他连射十箭，射落了十个太阳。姜妹见状，赶忙阻止："莫射了，留一个照哥哥犁田，留一个照妹妹纺纱。"姜良听后收弓插箭，一个太阳被留在了天上，另一个小太阳则被吓得躲在厥荙叶下，昼不敢出，只在夜晚才偷偷露面，有时还只露半边脸，那就是今天的月亮。①

　　除了"射太阳"外，侗族也流传着"救太阳"的神话传说。相传，凶神商朱惧怕太阳，于是他用一根大铁棍将太阳从金钩上打落，天地间变得一片黑暗，人们过着暗无天日的生活。"广"和"闷"兄妹俩同众人想方设法救太阳。"广"带领众人摸黑砍来又直又高的杉木，用33天造成了一架999拃长的天梯；"闷"带领女人摸黑去扯葛麻藤，理成麻丝，用33天搓成了一根999拃长的麻绳。"广"手拿绳的一端，沿天梯到天上寻金钩，"闷"持绳的另一端在地上找太阳，他们约定，找到太阳和金钩后摇铃提示。"广"从东找到西，从南找到北，最后在天宇的正中找到金钩；"闷"拉着长绳，翻山越岭，涉江过河，终于在肯亚山找到了太阳。"闷"用长绳拴住太阳，摇动铜铃，并高兴地笑起来，商朱闻听，循声而来将"闷"吃掉了，"广"听到铃声，拉动长绳将太阳挂在金钩上。霎时阳光普照大地，商朱因惧怕太阳而无法动弹，被众人打死，从此人们安居乐业。②

　　除了神话传说外，也因为他们所生活的山林地区雾瘴弥漫，各种自然灾害频繁滋生，旱灾、水灾、虫灾、兽灾不断出现，这些都与太阳有着密切的关系，所以他们祭拜太阳。因为太阳滋生万物生灵，所以侗族也存在关于太阳的禁忌，如不可以用手指太阳，更忌讳在日晕时用手戳指太阳，否则手指就会烂掉。

　　地处长江流域与珠江流域分水岭上的林溪河流域侗族村寨，正处于百越文化与湘楚文化交融汇聚之处，而保留了较多楚越村落文化特色。除了前面提到，这些侗寨普遍信仰雷神、南岳等神灵，还体现为对太阳

① 《中国各民族宗教与神话大词典》编审委员会：《中国各民族宗教与神话大词典》，学苑出版社，1993，第111页

② 《中国各民族宗教与神话大词典》编审委员会：《中国各民族宗教与神话大词典》，学苑出版社，1993，第111页。

峒村林溪：林溪河侗寨文化研究

的崇拜。比如，高友村的村民、高秀村的上杨房族都世代流传有祭拜太阳的习俗。高秀村上杨家大年初一要朝向东方敬奉茶水以敬太阳，而高友村民将他们祭拜太阳的日子称作"太阳节"。高友的先民主要从湖南和广西两个方向迁徙而来，之所以"拜太阳"，是因为村民认为其他神都有节日来拜，而为自身带来光明和美好的太阳，也要有一个属于祈拜它的日子。正如他们的耶歌所唱的："人来光明唱古今，一是太阴二太阳。今日聚集来纪念，鱼肉祭品献到堂。蜡烛香纸办齐备，先生摆案又开场。地广天高日在顶，乾坤分化卦阴阳……土地山林万物生，枯木逢春四季旺。阳光照耀收成丰，雨水田耕润田塘。敬供太阳思谢恩，五谷丰登养地方。人财两旺我发旺，阳间世上太平洋。"

高友村对太阳的祭祀，主要是由全村男性老人身穿寿衣集中在庙里设祭台举行，整个仪式过程也比较简单。先从香主家请来太阳神牌位，祭公有主祭、道公三至四人，献上米、糖果、黄豆、酒水等祭品，念经文请神，继而念诵太阳经，说明此次祭祀的目的，最后送神，请上煮熟的猪头，摆在飞山公杨再思神像前，众人围着神像讲侗款，述说民族历史以及各种村寨管理规约。祭祀完成后，全村男女老少就集中在村寨鼓楼坪上进行演唱侗戏、多耶等文艺活动，娱人且娱神。根据村民口述，高友村的拜太阳，是立村以来（几百年以前）就传下来的，每年的农历十一月十九这天，村里的老人就按自愿原则，捐钱统一购置三牲作为祭品，然后每人从家里拿出米酒等，集中到村上的庙里（飞山宫），进行祭拜太阳活动。1949年前的祭品，是由村里的耕种"会太阳"公道田的香主统一奉献。"会太阳"公道田大约两亩，包给村里的香主耕种，香主是由村上那些信教拜庙的人家来担当，有时是几年只有一户，有时是一年一户。1949年后，"会太阳"公道田归公家所有。这种对于太阳的崇拜和相关信仰的遗留，诠释着这片土地上的侗族人的村落文化空间中保存着其他侗族地区所没有的楚越文化的特色。

10.团寨空间的当下变迁

林溪河流域多数侗寨傍河而居，过去的传统格局大多依托河流和周边的山林，筑有一道两米高的石墙，构成依山傍水的聚落，并在各山路通口留四个寨门，每天入夜后有专人关门守夜，以防老虎、土匪、强盗、官兵来犯。例如，岩寨东西两侧以溪河为湟濠，北面靠山处原有防卫的寨墙，现只有两座寨门尚存。高秀全寨由城墙包围，每晚寨门紧闭，并在东西南北四方鼓楼和补拉之间互助合作，轮流守夜，共同防火防盗。

这样相对封闭的天然屏障，随着长期以来火灾和其他各种灾难，有不少空间已经受到了破坏。其中破坏力最强的是火灾。例如，高秀村就曾于1961年冬天遭遇一场灭顶寨火，全村200多间民居中160多间被烧毁，鼓楼和神庙也受到严重破坏，其后村民用两年时间对村寨进行重建。1978年为响应林溪乡政策，对村中设防火线，为加宽房屋间距而进行民居搬迁，打破了团寨原有的居住格局。随后，2008年三江县寨改工程（房改、电改、灶改、水改、厕改等"五改"）实施后，村民在山顶修建蓄水池、鼓楼旁、家门附近挖掘消防水池，民居中多取消火塘，而在一、二层之间留一块水泥地安灶建厨房，鼓楼的火塘也改为水泥地。各家各户通电灯、电话，用自来水，村落格局和村民的生活方式不断更新。近年来，对火的防范与治理的相关政策，极大地影响了当下侗族人共同居住的村落空间——传统的木构干栏式建筑群，以及家户相连、聚族而居的生活世界发生了改变。不过，总体而言，随着现代化的推进和有关农村改革政策的实施，过去相对封闭的团寨空间逐渐面向外界开放了。

二、团寨的时间

1. 村寨的一天

林溪河流域的侗族村寨因处在同一条河流，加上周边群山形成的天然屏障和阻隔，形成了相对封闭而彼此较为接近的居住生活条件和传统生活习惯。下面以高秀村为例，记录村寨村民一天的活动。笔者根据对高秀村吴国元和杨代英两位老人、寨老吴家能的跟踪调查，及对其他数位老人的观察和采访，听他们描述作为高秀常住民的侗族老人一天的村中生活，观察他们在家庭、社区中的生活节奏。

普通阿公的村中生活：热天每天天亮鸡鸣了（约6点）就起床，带上镰刀走几里路去田里干活，上午10点回家，喂牛吃草，帮阿萨洗衣服做点家务、带孙子（女）或休息，约11点吃完早饭，没事就到附近的鼓楼去，和其他老人打牌、款场（聊天）、看电视。下午三点左右回家吃晌午饭后又去鼓楼，卧长椅上打盹或款场。到天黑后约7点多回家吃夜饭，之后在家看电视，晚上一般不出来。夜晚10点左右关灯睡觉。八九月白天都在山上忙，到晚上才回家休息。冷天每天六七点起床，不用去田里就在家休息，吃罢早饭，白天上山采茶籽、摘茶叶，夜饭后，一起在鼓楼里烤火玩点，夜里12点回家休息。爱好文艺的阿公，有时也弹琵琶、唱侗歌、演侗戏，娱乐大家。

寨老的村中生活：平时农耕作息与普通阿公的生活无差，区别在公共事务上。寨老要协助村两委管理民间的事务，包括对各鼓楼老人的服务（开电视、搞卫生、提供饮水和烧柴火），喊寨、防火安全和水池清理，道路、河道等公共空间的维护，民间纠纷的处理，乐捐、为也、文艺交流的安排等。只要寨上需要，就出面处理和组织。因为都是农民，几个寨老谁有空谁去处理。

普通阿萨的村中生活：热天每天6点之前起床，到一层喂鸡喂猪，爬坡去菜园种菜，9点多采摘菜回来，在家做家务、带孙子（女）或绣花。想出去的时候到附近的老人馆或小卖部，找其他妇女玩。七月收了蓝靛就开始染侗布，给全家人各做一两件侗衣，为媳妇或女儿制百褶裙，有时也缝制寿衣。八九月农忙时，阿萨也是主力，白天在山上忙，回来晒谷子、榨茶油，晚上休息。晚饭后染布做家务，待儿孙、老伴都睡下了才关灯休息。冷天也差不多。爱好文艺的阿萨，饭后常相约在歌师家或老人馆，唱多耶学嘎，教歌学歌。村寨之间举办为也交流时，经常演练作玩到凌晨后才回家休息。

从村中不同身份和性别的常住民一天的日常生活看来，"去鼓楼"（侗音"拜凉亭"）是当地侗族人最频繁的生活事件，"闲/忙"是他们对去不去鼓楼的准则，很多老人表示他们只是不用干活路时和闲时去鼓楼，有事忙、活路多、做家务或带小孩时不去或少去。他们倾向于以身体体验和生理作息的感知，如"冷/热"（侗音"泞/赖"）、"闲/忙"（侗音"闷/哎喂"）的经验，来划分自己的生活世界。在这种体验中，与"闲"相对应的是外出、作玩、休息、聊天等娱乐活动，代表集体自由的休闲生活，与"忙"相对应的是上坡干活路、辛苦、闷、累，代表个人艰苦的劳作生活。"去鼓楼"意味着开玩笑、交流消息、商议事情和娱乐活动。鼓楼的休闲议事成为高秀侗族老人缓解生活劳累的一种方式，呈现了当地侗族人对自然界和个体生命的直观体验。

2. 村寨的一年

在林溪河流域各个团寨中，侗族人一年的时间是按耕种忙闲对应的农历时序安排的。他们根据身体感受将一年分为热天和冷天。热天从农历五月至九月，冷天从十月至次年四月。又按农事活路多少分忙月和闲月。忙月从正月结束后开始，二、三月妇女种棉花、蓝靛和蔬菜，男的耙田，四月到六月男的管田看水，女的管菜园，七八月放田抓鱼、收谷子，九月到十二月忙着铲茶山、种菜、种红花草，腊月末至正月为闲

第五章　林溪河流域侗寨居所时空

月。农耕生产活动间歇之际，往往也是节庆和举办喜事的重要时间，使他们获得劳作之外的生理和心理的补偿。一年里，二月耕田插禾前，清明举家扫墓挂亲、会餐，三月谷雨节捞虾米打油茶，到农活相对少的热天，节俗安排也多，四月八吃黑米过敬牛节①，五月初五端午节扫秽、包粽粑、家庭团聚，五月十三关公磨刀日全寨拜关公、会餐，六月全寨尝新节，七月半祭拜家神、送野鬼，冷天收谷子后，八月半拜月、家庭团聚，中秋后开始铲茶山、种菜，节日少，等十二月田事告竣，尤其从腊月廿七杀年猪开始到新一轮农耕之前，则是一年最重要的节期——春节。除了与劳作相应的调节补偿，也有与自然秩序相应的驱邪净化仪式，适应村民对有序生产生活的心理需求，如在端午祀神后在家屋中进行清扫污邪，用艾叶洗澡，挂蒿草于家屋房门上方，春节时辞旧迎新，各家打扫屋子、全村扫寨。以高秀村为例，团寨中一年的节日与活动如表5-1所示。

表5-1 高秀村团寨一年的节日与活动

月份	劳作	具体时间	节日	活动
十二月	铲茶山、种菜、种红花草	腊月廿七	春节	杀年猪、祭神、请客、结婚等
		除夕		打糍粑、祭祖、团圆饭
一月	田事告竣，休息、休闲	正月初一		打油茶、拜年、祭神、文艺活动
		正月初二		给未满周岁小儿送糍粑过生日、外出拜年、送新娘等
		正月初二至十五		集体为也、唱戏、百家宴等
		正月十五	元宵节	祭神、为也、全寨文艺活动
二月	男的插秧、耕田，女的种棉花、蓝靛和蔬菜	二月二	二月二	打油茶、为也
三月		清明节气	清明节	举家扫墓挂亲、补拉会餐
		谷雨节气	谷雨节	打油茶、捞虾米

① 全村以四月八为牛节，因为耕牛三月耙田很辛苦，就让它在四月歇一早。杨家则吃黑糯米饭纪念杨家将。

月份	劳作	具体时间	节日	活动
四月	男的管田看水，女的管菜园	四月八	全寨敬牛节 杨姓敬祖节	过节、吃黑米
五月		五月五	端午节	扫秽、包粽粑、家庭团聚
		五月十三	关公磨刀日	全寨拜关公、会餐
六月		六月第一个卯日	吴家姓氏节 全寨新米节	吴家祭祀、尝新 全寨请客
		六月六	杨亚姓氏节	"杨亚"祭祖、会餐
七月	放水抓鱼、收谷子	七月半	鬼节	祭拜家神、送野鬼
八月		八月半	中秋节	拜月、团聚
九月	铲茶山、种菜、种红花草	九月九	敬老节	敬老宴、老人协会慰问村中老人
十月		十月初六	杨家冬节	吃鱼、祭祖（现已不过）
		十月十二	石家姓氏节	祭祀、宴客
十一月		十一月十九	杨姓太阳节	拜太阳、敬老宴
十二月		十二月廿九	谢家姓氏节	祭祀

除了这些全寨共度的农事节日，一年之中，也有属于各房族补拉内部单独过的节，即姓氏节，一般与祖先崇拜有关。例如，高秀村吴家的传统是在六月份过新米节。每年六月稻禾刚抽穗结苞时"抢新"，祭祖以祈求糯谷丰产，他们一共有两支姓吴的房族，一支在六月六抢先尝新，另一支在巳日尝新。当天早饭后，吴姓家户都去田里剪三到六根稻禾回来，放在餐桌上。待中午饭前，杀一只鸡或鸭来煮，并用鸡汤或鸭汤和稻禾来熬粥，与鸡或鸭、鱼、水果等祭品及剩下的稻禾一起放在神龛上祭拜家仙。祭祀时，喊家中小孩到祖先神位前，说声："哎，又一年了。"礼毕，家人分享敬过祖先的鸡粥表示尝新。稻禾拜完后，一般拿来烧了喂牛吃。而节日期间，是亲朋好友相互走动的重要时机。杨家则自认为是杨家将的后代，产生了许多与纪念杨家将相关的节日，如杨氏后代为了纪念杨文广被关在天牢时为狱卒所害，杨八姐施妙计送黑米饭，终于使他吃黑饭后有力气从牢里打出来的事件，而在每年四月八吃黑糯米过节。有一些杨家人过去有冬节的习惯，多在每年十月。过节时，人们去田里抓新鲜的鱼，叫"吃冬"。当地还有一种说法，初四吃冬的是杨四

郎的后代，初一是大郎，初三是三郎，按辈分，哪家的后代就到那日吃。有一些从湖南独土坡乡迁移过来的杨氏，除每年清明节回祖先故地集体挂青外，在每年六月六包粽粑集体祭祖，祈求全族人幸福安康，人畜兴旺，五谷丰登。

又如高秀村中，谢家为纪念祖先逃难，每年要比全寨提前一天祭祖过节。他们在农历的腊月廿九一早就打粑粑，准备一担箩筐，一根长板凳，摘几片树叶来放些粑粑和猪肉，烧香烧酒祭拜祖先，用树叶盛放表示随时准备逃难没有碗。过完腊月廿九之后，才与全寨一起在大年三十过除夕和年节。石家在每年的十月十二，纪念祖宗来到高秀定居，各家各户要杀鸡、烧鱼祭拜祖先，并邀请寨中的亲戚朋友到家里吃饭。为纪念向家入寨最早，村中有一些特殊的传统。例如，每到过年前，各家都把舂米的碓封起来，村民们也不到河边去洗衣服或洗头，等过了元宵之后，首先由向家的人到河边开河，即去洗头、洗衣服，其他姓才可以到河边洗。且到了六月份各家各户开始浸泡蓝靛染布时，也一定要向家先染，其他姓才开始染。

除了共同的一些传统节日以外，林溪河流域的侗寨还有一些当地特有的节日习俗。具体而言，如程阳八寨在正月期间集体送新年，进行侗族婚俗活动，在十一月进行侗年节（冬节）。高友村在四月进行韭菜节，如图 5-21 所示；高秀村在十月办红薯节，如图 5-22 所示；林溪镇在十月二十六进行花炮节（抢花炮）。节日期间，除了祭祀活动和文艺演出，村民们常设百家宴，邀请客人聚集到寨中一起欢度。

图 5-21　高友村四月韭菜节，齐聚鼓楼坪前祭祀神灵

图 5-22　高秀村十月红薯节，在鼓楼坪中载歌载舞

　　其他侗寨也多有在十二月中到正月前后举办婚礼、吃回门酒的习惯。例如，在高秀、高友，青年男女结亲、举办婚礼一般在每年年节前后，从腊月廿六开始到正月。婚礼的过程，包括接新娘、回门前在新郎姐妹家（没有姐妹的就到父亲的姐妹即姑姑家）吃"转丁"或"转酒"，还有在新郎兄弟家或父亲的兄弟叔伯家吃"将偶凳"，到正月初送新娘回门，在娘家或舅舅家办"舅勒恩"酒等，相当烦琐和热闹。作为新娘为夫家所在补拉集团接纳的仪式过程，婚礼由不同的人员主持和参与、礼物交换等行为反映了亲属身份的差序，包含着诸多象征意义。但林溪河流域的侗族婚礼婚俗，以程阳八寨的"偷亲"和"送新娘回门"尤具特色。新人登记结婚后，新郎还不能把新娘接回自己家。要等到除夕之夜，悄悄地迎娶新娘进门，并燃放鞭炮以庆贺。程阳八寨集中在除夕夜接新娘、正月初三回门，所以从正月初一至初七相当壮观。新娘来到夫家，做的第一件事情就是大年初一，从婆家出门到村旁的水井挑水（称为"挑新水"），标志着新娘从今往后承当起这个家庭的责任，正式成为夫家及所在村寨的一员。大年初二举办婚宴，宴请新郎家的亲戚朋友，初三送新娘"回门"，即送新娘回娘家，在新娘娘家宴请舅舅等娘家亲戚。送新娘回娘家时，新郎不得随行，由其兄弟姐妹和亲朋好友，挑着彩礼抬着半片猪肉，提着鸡、鸭等，挑着为新娘准备的布匹、衣物，以及侗族特有的酸鱼、酸肉、酸鸭等。带彩礼的队伍越长，所带的猪肉三牲越大越多，越显得新郎的家业兴旺。伴娘多为新娘的朋友或新郎寨上年轻的姑娘。在送亲的队伍中，新娘走在最后，手抓一块侗布。有时候新娘家比较远，走上大半天甚至一整天山路的都有。所以现在有时请面包车或卡

车代步，送回门队伍。途中，送新娘回门队伍往往借故绕道，行走于人群密集之处，所到之处皆燃放爆竹，以显示新郎殷实的家底。新娘被送到娘家，伴娘不得进新娘家门，要立即返回新郎家。娘家人随即为每位客人端上一碗加了糖的清香甜油茶，称为"喜茶"。高秀村、岩寨送新娘如图5-23、图5-24所示。

图 5-23　"将偶凳"送新娘（高秀村）

图 5-24　送新娘回门（程阳岩寨）

　　林溪河的侗族人每到谷雨节，会到溪水江河里捞小虾，在家里打油茶，宴请客人。这个时候的油茶，作为时蔬的韭菜是主要佐料之一。而林溪河流域的侗寨，高友村家家户户在谷雨前后举办韭菜节、打油茶，味道独特。谷雨节村民摆开"百家宴"，又伴以侗族大歌、侗戏表演等丰富的民间文娱活动，因此声名远播。到傍晚，青年男女结伴到田里溪边捞虾捕鱼，夜幕降临，姑娘们趁着夜色到心仪的男青年家的菜地里"偷韭菜"，男青年结伴到姑娘家里打油茶，行歌坐夜。高秀秋收之时进行的红薯节则是新兴的节日，不过除了传统祭祀、文艺汇演和打油茶的活动，也加入了抓泥鳅、挖红薯等原生态体验，吸引了远近的游客。

3. 侗族人的一生（迎生送死）

居住在林溪河流域的侗族人，从出生开始，就伴随着各种各样的生命仪式。当地侗族人一生中，生育被看得至为重要。因为当地有不落夫家的习俗，女子生下第一个小孩意味着真正意义被接纳为夫家的一员，所以从妇女怀孕到小孩出生成长的儿童时期，家人都非常谨慎，相当重视出生的仪式。比如，在高秀，婴儿出生，先向外婆报喜，隔天，外婆就准备甜酒、土鸡、土鸡蛋送去女儿家。婴儿母亲开始坐月子，到满月前只能吃这些，其他都不能吃。三朝是在婴儿出生三到九天内办的庆贺仪式。一般出生第三天时，在家中也要摆个四方桌，四方各摆一把凳子和一个碗供奉四萨花灵，由房族中精干的老妇人用鸡蛋煮过的水为婴儿洗第一次澡，并把蛋黄给婴儿吃，请房族的人来家里打油茶，称为"欧耶喜"（小办酒）。之后在婴儿出生的 15 天内选单数的日子正式办酒宴请亲朋好友，多数在第五天或第七天，称为"欧耶捞"（正式办酒）。清早办酒前，婴儿外婆先到女婿家搞"南堂"，祭祀四萨花灵，并为婴儿念咒语和出门法水、绑花苗在大树上以驱邪，感谢花灵送子，为婴儿祈求神人共同护卫挡灾。婴儿外婆家在办酒（头胎）当天把陪嫁送来，亲戚每家都要挑一生一熟各一挑的糯米去，房亲则送几斤生米，席间有一项仪式是外公或舅父为婴儿取名字。之后择日，女儿回娘家办酒宴请男方房族的妇女和外家亲戚，女婿照例要送一坛"舅勒恩"酒。外婆家也要择日请女婿所在补拉的男性到家中吃"顺夏酒"，并将外婆手为婴儿做的背带和帽子送给他们带回给女儿[1]。

等到男孩满 30 天，女孩满 28 天时，用外婆送的背带背婴儿回娘家，称为"楞酿"或"出月"，即摆满月酒。婴儿的母亲由补拉的十几个妇女陪同一起去外婆家[2]。队伍由伯娘前面带领，她肩挑新娘夫家送给外婆家的礼物，有一担红糯米饭，一条酸草鱼，一只鸡，一块猪肉和一坛"舅勒恩"酒。到了外婆家，先由外公或舅父祭拜家中祖先神龛，除了"舅勒恩"酒，外婆并不收下其他礼物，只拿出两把红糯饭，又放两把自家的白糯饭，作为礼节上的交换。酒宴开席后，先喂婴儿吃鱼，炒的煮的都可，坐月子期间，婴儿和母亲一样，只吃鸡肉鸡蛋，不能吃其他东西，但从这之后就表示以后随便什么都能吃。饭后，妇女每人都带一包甜糯

---

[1] 高秀侗族人的背带和背带盖全用红得发黑的侗布制成，帽子做工精细，上有珠片绣花，图案精美，以前由妇女手工缝制，现在都是买现成的。

[2] 侗族传统孕妇不准背婴儿，也不能与婴儿同行，一般会要求孕妇先走。

米粑、瓜子花生和糖果回去。① 回去时，在背带盖上放一个鲜红辣椒和一根穿了红线的银针，以此防鬼怪袭击，保佑一路平安。当地人认为红辣椒象征婴儿长大后厉害，针线作武器象征婴儿日后不怕痛痒、不怕鬼。到外婆家，祭祀祖先后设宴款待。回时，背婴儿的母亲或奶奶右手抓一把材（几根松树或杉木枝条）回来，表示带财，随行的人除接受主家的红包外，也会打包一点饭菜回家。此后，等到婴儿满一百天时，办"北妹"，即百日酒，请房亲来家中打油茶。另外，在高秀，婴儿满周岁之前度过的第一个年节的正月初二，亲戚朋友还要给孩子送生日的大年粑和白糖，并在婴儿家中鸣炮、打油茶、办酒庆生，称"顺信"。主家一般从客人送来的大小糍粑中，象征性收下两三个小的。每到春节的大年初二，村中上一年出生的小孩便同时过生日，亲戚朋友来往欢聚生日，好不热闹。等到婴儿满周岁时，主家又请房亲到家中吃粑粑、打油茶过生日（现在买蛋糕的也有），称"登宁"。

林溪河流域的侗族人的丧葬仪式，包括洗尸更衣、做法念经、守灵送葬等，由寨上的仙师主持。家中法事为期三天，在堂屋挂祭帐，写"恩重如山"等，多是亲戚送来，仙师在其中敲锣打鼓，念诵经文，超度亡灵。这时，孝子穿白布上衣，腰间绑白布，戴孝的房亲中若老年人比死者年长的则在头上包一条头帕，年轻的则在腰间绑一条白布，三代往后的小孩则在腰间白布上绑点红布称"挂红"，表示后代绵延为喜。为了使死者顺利抵达阴间的"高胜衙安"而利于子孙后代，仙师还要在死者嘴里放碎银，在棺木中放置棉花或侗布、木炭、纸钱，下葬时在穴坑中要验鸡，撒上米粒或五色线和朱砂等。办丧时，多由房族做主，办酒宴请亲戚来，并且不能够得罪他们。亲戚来就看房族做得好不好，尤其是舅父，如发现做得不好还会当场骂。近年因青年多外出打工，遇到办丧，房族人少时，亲戚也主动来帮忙。

仪式参与和礼物交换在亲戚和房族之间大不相同。亲戚如舅父、老表在礼节上比房族重视。当岳父母去世时，女婿要送大礼并代表亲戚操办白事酒宴。传统而言，岳母去世时，要到她娘家（妻子的外婆家）办酒，因为她从那里来，也表示看重外婆家；岳父去世时，则在女婿家办酒，因为女婿是半个儿子，故由女婿主持。单身汉或因家境贫寒没有亲戚做主的，死后不能葬入补拉的祖坟或其中心位置。为岳父岳母办丧的

---

① 当地侗族人只有在结婚酒和满月酒时打包，主要是糖果、瓜子等，一般也会打包带走酒桌上的饭菜。

白事酒宴，房族和亲戚都会去，通常要花几千元钱。现在有的直接封红包给岳父岳母家，金额视个人能力几百上千元皆可，但为了面子上万元的也有。

送葬时，棺木停放在坪上，按仙师看好的时辰进行，房族作为孝子，跪在头的方向祭拜，亲戚跪在脚的方向祭拜。祭拜礼毕才将棺木抬上坡。送上坡时，由老表那帮亲戚抬棺木，房族的不抬，他们在队伍前方跪拜，一路都要跪，以表示辛苦他们了。送棺时，要哭丧。青年男女结成夫妇后，仿照称呼舅舅和姑妈的方法喊家公家婆和岳父岳母为"勒恩"和"舅""巴"和"悟"，而不称"甫"（爸）、"奶"（妈）。等老人去世哭丧时才喊，且哭丧时边哭边讲他们的好话，多是讲他们在世时的善行。

此外，选择墓地也讲求风水，与汉人的"左青龙右白虎"相同。高秀四面环山，侗族人以西北面山为白虎，东南面山为青龙，以此为坐标，前山为朱雀后山为玄武。至于落葬地点的选择，对于非正常死亡的人，如意外摔死、落水、吊死、被杀、早逝、小孩夭折等，都不能入祖坟，而在山脚下另找地方安葬；死于村外的人，尸体不能抬入村，只能在寨外。对死灵的区分处理，与他们对灵魂不灭和再生的信仰，及建立在血缘基础上的对祖先和后代现世之间的利益沟通的观念密切关联。

林溪河流域侗族村寨中生活的侗族人一生中，从出生到死亡的诸多仪式，不论是办三朝、满月、结婚、进新屋等办酒，都与"补拉"（房族）和"然得"（外婆家）这两大亲属集团有许多关联，尤其个体生命礼仪中包含诸多具有"过渡"意义的环节，如出生礼中婴儿的认亲、婚礼中女性身份的转换、葬礼中女婿的地位，都包含着不同集团对其身份的认同与实践。两大集团围绕仪式的互动，也在进行着人情资源的交换。

在当地侗族人看来，"补拉"因血缘联系而是自己人，而在相处时又近又远，"然得"之间因无血缘联系所以是外家人，而在相处时更要在意。一般而言，补拉是细水长流，然得则要经常来往，但通常三代以内的亲戚相对近些，三代以外就离得很远，基本不来往了，表现为两大亲属集团间不同的地位。因重视外婆家而与舅父老表之间经常来往，无论逢年过节、红白喜事，都要请亲戚来家中聚餐。每年春节的辞旧迎新，侗族人按惯例都要在过年前杀一头猪，标志着正式进入节日的准备和仪式庆祝活动。杀猪当天，同家屋的兄弟之间各请各的亲友来帮忙，并分猪肉给他们，属于家庭与亲戚、外婆家的头一次聚会，之后一年不论何种礼俗都常来常往。而对补拉房族的兄弟则不同，平时各自张罗招待自己的亲戚，只有当哪个兄弟家有喜事或出现困难时，才共同商议和相互帮忙。

林溪河流域的侗族人家庭成员的人生礼仪和婚丧嫁娶等红白喜事，一般都以"补拉"为单位进行，族内所有的成员都参与其中，有钱出钱，有力出力。村落范围内的通婚使不同姓氏联系起来，更使相关的人生礼仪如诞生、婚嫁、丧葬等礼俗及其他人情资源的往来成为村落性集体参与的仪式与活动。高秀侗族人的血亲组织由各家庭单位组成，家庭单位之间通过婚姻关系联系起来，换言之，其村落共同体也是由家庭组成的，村落内部的人际关系也呈现为以家庭为基本单位的交际网络，具体表现为人生相关的红白喜事和其中的礼仪习俗。而在不同的补拉之间，以缔结婚姻关系与举行婚礼仪式为勾连，村民按照血缘亲疏展开礼仪性交换行为，并由此凝结成更为复杂的亲缘关系，这也使得婚礼的意义超出了新婚夫妇的家庭而成为共同体内部不同亲属集团之间的交往，构成了村落社会的关系网络。可以说，当地侗族人的一生正是在这样的关系网络中交织而成的。

4. "前世—今生—来世"的时间（灵魂转世观念）

在林溪河流域的侗族团寨中，经常听到有关灵魂转世或再生人的传说。当地的侗族人相信，人死了以后都会去投胎。而有些人可能已经忘记了前一辈子的事情，而少数人可以记得很清楚。比如，笔者在高秀村里听到很多关于再生人的传说，如在村中经营小卖部的杨能显的外甥女吴婷敏（他姐夫的女儿）现在嫁到石家，以前是从高友来投胎的，说她原先是高友的一个男青年，到这里投胎成为女的。她四五岁的时候，有一次来亲戚家喝酒，一见到一个高友的陌生女人就钻进她的怀抱里喊"妈妈"，人家都觉得奇怪。她前世的妈就问，你怎么认得我。她就跟高友那个女人说，妈妈有一个男孩在初中的时候死了，我就是这个男孩这个名字，她还说谁是他的朋友，在高友家里的事都讲得出来。她前辈子的事都记得，她就告诉前世的妈妈，我的东西放在哪里，妈的东西放在哪里，都说得很清楚的，所以她前世的妈妈就相信她是自己小孩转世。现在她嫁人生子了，还经常回高友前世的家去，每年都去探亲，看望她前辈子的爸爸妈妈。而且，她现在生小孩，高友的几个哥哥，他的爸妈都来看她，还维持原来的联系。

在冠洞村大家广泛传说的是关于 SZ（1997 年生）的故事。他是冠小的木匠师傅杨老二投胎过来的，杨老二是个很聪明的人，现在 SZ 很聪明被认为跟他前世有关。SZ两岁的时候，经常跟别人讲，说哪栋房子是他造的，还对着杨老二的老婆说是"我老婆"，还能认出儿子和女儿。小时候他奶奶带他去杨家，SZ指着一间房子说是他放工具的地方，别人一打开门，工具整整齐齐地放在那儿。SZ小时候在路边玩，杨老二的女儿正好骑自行车经过，逗他叫他上车。他口气很大："你知道我是谁么，敢跟我这样说话，我是你的父亲！"现在杨老二的儿子还喊他爸爸，两家过年过节都有来往。杨老二的儿子还给他钱花。

　　据说，这些再生人之所以还能记得前世的事情，是因为他们在阴间过奈何桥去投胎之前没有喝浑河水（也有的人说是孟婆汤），通常都是在小时候还保留前世的记忆。如果想要让他们忘记前世的事情，就烧红鲤鱼给小孩子吃。高秀村的老人经常跟笔者讲，人有三个灵魂，有一个去投胎，一个在他的屋里，就是坐神台，一个在坟墓里头。当然，并不是所有的人都是人投胎来的，而有些人可能是其他动物转世而来的。比如，有一个高友的村民，他前世是猪，投胎转世成为人。听说他转世到原来饲养他的人家里。出生之后，他还记得前辈子，他的爸爸去喂猪时候，总是拿那个木板打他。他就跟他爸爸说，以前阿爸经常打我。当然，也有的投胎到很远的地方。吴显光是从桂林投胎来到村中成为侗族人的。他现在是柳州法院的处级干部。他小时候讲，他是从桂林那里，跟他爸一起来到这里投胎的，所以现在他还有以前的思想和文化功底，也很聪明。高秀还有一个村民，以前画画得很好，投胎后，他通过自学就考入了北京艺术学院，然后又到兰州去工作，最后调到广州。这是因为他还记得前一世是如何画画的，现在又去学校深造就更加好了。

　　以上这些只是收集到的凤毛麟角的口述，关于村寨中再生人的传说应该还有很多，极具神秘感。不过，总的而言，灵魂转世的时间，依托于当地侗族人关于再生的观念和信仰，这些不可思议无形之中连接着他们前世、今生与来世的时间。侗族人愿意相信，故去的亲人们能够以某种方式重新回到自己身边。如果相信转世轮回，那么死亡就变得不那么可怕，而是可以接受的事情。更重要的是提醒世人因果循环、善恶有报，要通过积累足够多的福德，以求来世仍能为好人。这可能也在一定程度上受到了佛教福田思想的影响。"福田"指人们为将来的福报所做的事，就好像细心耕耘、播田撒种可以收获一般。也就是善恶有报的因果原则，鼓励人们应当广施善行、积累福德。

　　据1958年《广西侗族社会历史调查》，"由于受佛教思想的影响，侗族认为人死后会到另一个世界：贫与富，幸福与痛苦的境界。死后这一遭遇，人们认为是由于生前行善与作恶的报应。故劝人们在生时多办善事、好事，不偷不盗，修桥铺路，不奸不邪，以便死入阴间达到极乐世界。"[1]日本学者兼重努曾调查过三江县林溪镇冠洞村侗族人的功德观念与积德行为，认为其是受到（大乘）佛教果报思想的影响和集体实践。正如生活在林溪河流域的许多侗族人相信，"上天有眼，神灵有耳；居心不良，必招祸殃；行为不轨，寿命不长"。这些关于前世、今生、来世的信仰，和关于投胎转世、再生为人的看法，也影响和催化了他们在现世积累功德、自种福田，热衷于公益事业，以获得来世的好运和幸福的行动。

高秀村民自古以来就有修阴功的信仰与行为。村民告诉笔者，他们的"好功德"与为去阴间的"高胜衙安"（侗族人传说中老人去世后可能前往的理想中的极乐世界）的愿望有关，但并不见得是宗教层面的终极目的，而是为了今世命理的"合神"调解和来世"好的命理"的祈愿。连当地最具有地方性知识的地理先生"恩拿"和鬼师仙师"香消"也很难说出他们所谓的极乐世界里的安乐。从当地侗族人与疾病有关的知识，和他们关于"人"的观念及其身体表征系统中可以获得解释。具体而言，当地侗族人认为今世的命理是既定的，是前世带来的，命理不好影响个人的健康和运气，健康受损或运气不好的时候，有效的调解办法是"合神"，意思是与神鬼讲和、消灾解难，其途径就是要做好事。

三、团寨时空交织的场域

其实前文提到的诸多时间和空间存在很多交叉。例如，节日不单单是团寨的时间，也是团寨中时空交织的场域。而个人的生命仪式不仅仅是侗族人的一生的时间，也串联着一个接一个的社会空间的过渡仪礼。特别是出生和结婚的时间，伴随着"补拉"的社会关系网络和"然得"的社会关系网络两者间的空间过渡。而死亡和祭祀的时间，伴随着今生和来世之间、现世生活之人和已逝先人或祖先之间、阴间和阳间之间，诸多空间关系的交流和沟通。所以，可以说整个林溪河流域侗族人所生活的团寨，就是一个时空交织的场域。而值得一提的是，串联起团寨与每个普通个人的时间和空间的重要的场域之一，是日行善事、做功德。

基于前文提到的关于前世今生和来世的信仰，做功德、乐捐，也是

侗村林溪：林溪河侗寨文化研究

[1] 广西壮族自治区编辑组：《广西侗族社会历史调查》，广西民族出版社，1987，第152页。

侗族人团寨时空交织的重要的场域。林溪河流域的侗族村寨中，不仅流传着很多关于再生转世的故事传说，居住在这个区域的侗族人普遍有好功德，几乎人人与人为善，对于公益事业人人亲力亲为，乐善好施。前文提到的团寨的诸多空间，往往随处可见侗族人乐善好施、勤做功德的景象。例如，走在林溪河流域各个侗寨中，经常可以看到，村中的鼓楼或凉亭内，通常设有水池或木桶，盛凉水给行人解渴；福桥的桥头桥尾或凉亭内，柱子上常悬挂有草鞋，为行远路的人提供方便，特别是冬天上山路滑的时候，也可以使用；山道小路的岔口处，设立"指路碑"（虽然这通常是家中小孩身体不适而做的好事），使过往的行人不至于迷路。村民们经常自发地修建和维护通往外地的桥梁、田间道路、戏台等公共设施。这些都记录在有关公共设施的梁上木板或者侧旁的石碑、张贴在板上的红纸上，从而形成一种良好的社会风气。

　　全村团寨鼓楼的乐捐，包括鼓楼修建及全寨公共活动，这由团寨所有侗族人齐心协力共同完成。比如，高秀的中心鼓楼，2007—2008年重建时，由老人协会组织，首士向文芳、吴家能、杨昌生先在中寨、西区、南区进行乐捐，再到外面单位、村寨去化缘。因向外发布新闻，当时所受款项，除本村及周边友好村寨的捐款，还有湖南、贵州等全国各地的善士，甚至有来自韩国国立博物馆、湘桂黔三省侗歌协会等单位的捐赠。一般边施工边乐捐，并做好捐工捐资的记录，待竣工后整理。刻列功德碑时，乐捐十元以上用石板刻，十元以下用木板写，最终留下了六米多长的石板。村中芦笙队或文艺队外出参加文艺交流或比赛，经费多由个人乐捐，支付包车和吃饭的费用。架桥修路、修建凉亭等因属于修建公共设施，而往往由村中各补拉与周边多个村寨互助完成。从连接高友、高秀两村的泰吉桥的修缮碑记《功德无量》中所列的捐款名单看来，主要是田地在附近的高秀村中第一、第二生产队，即上杨与向、石三个补拉的成员，寨上其他补拉、马哨屯、万盆、高友、岑冲、岑冈也都参与乐捐。而位于高秀、林溪和湖南高步坪坦的分岔路口，修建的凉亭因涉及两省交界数十个村寨的共同乐捐，功德名录呈现于悬挂在亭檐的功德榜上。

　　鼓楼、桥、道路属于全村的公共空间，相对而言，对补拉或房族鼓楼的维护，各生产队相关的设施，则属于生活区内部各补拉成员自觉的行为。近年来，为了保障村里老年人的生活，各团寨的青年共同出资为各补拉鼓楼配置了电视、电灯、收音机、扫把、饮水桶等设备，并自发乐捐每月电费。有时村里哪家盖房子剩下木头，也会削光滑了拿来给老人作枕头。冷天烤火，每人来鼓楼时都带一些柴火来火塘共用。夏天纳凉，各鼓楼由住民捐助一只水桶和若干喝水的杯子，住在附近经过的妇人或来得早的老人家，都会主动挑一担井水来补充，供乘凉老人饮用。修田埂、与生产有关的项目由各鼓楼所在生产小组负责乐捐，经费收支照例每月每年公布于鼓楼。一旦有事，一家老小包括在外务工的年轻人都出资出力，形成了村里的乐捐习俗。高秀村第一小组修田埂的路如图5-25、图5-26所示；高秀村西门鼓楼乐捐记录如图5-27所示。

图5-25　高秀村第一小组修田埂的路

图5-26　修田埂的路

图5-27　乐捐的记录（高秀村西门鼓楼）

如前文所述，当地许多侗族人相信每个人都有自己的命根，命理、年岁、运气是前世功德修来的。人的成长和疾病，都与个人的关煞、八字有关，若受其影响，经常运气不好，容易遇到四面八方的鬼魅、不干净的东西，或家中祖灵都会生病，表现为身上又冷又热没好受。一般而言，孩童从出生至16岁成年之前最易生病惹灾；大人少点，只在一些年岁（"男怕三五七，女怕二四六"）要特别注意；等到人老了，虽没什么毛病，但也要时时小心，以免死得难受。妇女到适育年龄仍迟迟不能怀孕生子也是命理的问题。所以他们多数在小孩出生后，先请恩拿（地理先生）看关煞，尤其是体弱多病、有问题的婴儿。同时，为了影响和改变不幸的状况，恩拿依据八字帮人改命或补命，即"合神"调解。除了驱鬼和拜寄，主要方法是做好事积功德。多是在田埂、山间或平地上的溪流沟道上"办桥"，在山坳或山路边"安定凳"，在道路三岔路口"设分路碑"，为鼓楼或风雨桥填一块砖瓦或木板，多具有象征性意义。身体不好、不易长大成人的要办桥；命根比父母大的要拜寄大树或一对多子多福的父母为干爹干娘；还有些没有姓氏的，则要拜一块大石头为母。最常见的行为就是架桥，村中侗族人基本上儿时都有过架桥的经历，一般由家里阿萨趁天未亮时按香消所指方位去办，过程不能让人看见，这样小孩才长得快，身体好。[①] 走在林溪河流域及周边的山道，往往能够看到侗族人们为了积功德所做的努力，或是安在树下的供赶山路者乘凉休息的一张张木凳子，如图5-28所示；或是设在三岔路口的一块块分路碑，如图5-29所示；或是搭在石桥旁边、山沟边上的一根根杉木桥，如图5-30所示。这些所做所为既合神消灾解难，积累功德，以求今世平安而来世可以投胎做好人，也与人方便，利于公益。可以说，侗族人民在日常公共空间中做的功德实践也是这种观念的延伸。

---

① 采访对象：杨昌平，男，侗族，1943年出生，三江县林溪镇高秀村鬼师。该说法也得到杨代英、杨桂兰、杨艳菊、吴修銮、谢水娇等妇女的佐证。

图 5-28　安定凳

图 5-29　设分路碑

图 5-30　办桥

第六章　林溪河流域侗寨生计方式

潘璐洁

生计作为人的生活手段，是一种建立在能力、资产和活动基础上的谋生方式。在传统的侗族村寨里，自古以来就是人人耕有其田，村落无巨富、无赤贫，族人在属于自己的那一份田地里，过着丰衣足食的日子，他们日出而作、日落而息，特别是在风景秀丽的林溪河流域的侗族村寨，那里可借用陶渊明的《桃花源记》里的名句来表达笔者的赞美之情："土地平旷，屋舍俨然，有良田美池桑竹之属。阡陌交通，鸡犬相闻。其中往来种作，男女衣着，悉如外人。黄发垂髫，并怡然自乐。"真可谓是"一方水土养一方人"，在长期的生产生活实践中，林溪河流域的侗族村寨结合当地的自然生态和人文环境，塑造了独特的生计生产方式。林溪河流域因地处南岭丘陵山地地带，地形多样，土壤肥沃，水源充足，气候温暖湿润，得天独厚的自然环境和别具特色的侗族文化特质形成了以农耕为主的小农经济和多种作物共同经营的山区经济。随着现代化进程不断发展和城镇化的推进，当地人的生活也受到潜移默化的影响，同时伴随着茶叶、杉树等产品的出口、推广，和外出务工的潮流，当地传统的生计方式也从单一走向多元。

一、传统的侗族村寨生计方式

（一）和谐共生："稻鱼鸭共生"的生态模式

在侗族村民的传统理念中，人类是大自然中的一份子。大自然是主，人是大自然的客，客随主便，客人依靠主人提供食物。人类仰仗大自然提供的其他生物为食才能得以生存。因而在他们的观念中，人类对于生物资源的利用与索求必须有所节制。首先必须要做到的就是控制自己的欲望，而不能使人欲无限膨胀。侗族传统文化对于生物资源的利用，向来都坚持均衡消费和多样化消费的原则。也正是因为人与自然的关系长期保持和谐，故而林溪河流域的生物多样性水平长盛不衰，"稻鱼鸭共生"这一传统的生计方式就是维持流域的生态系统长期健康发展的最大成果。

1. 水稻种植

侗族是我国较早种植水稻的民族，水稻种植历史悠久，素有"水稻民族"之美称。林溪镇虽地处高山河谷，四面环山，但每一山谷中央几乎都有河流穿过，如高友村，一条流向坪坦河的小溪由东北向西南穿过，村寨的主要道路沿溪流走向，将村寨分为西北和东南两部分。再如高秀村的山谷中央有两条由东南流向西北的河流，其中一条溪流就来自上游的高友村，另一条则是东面山上流下来的溪流，它们在村头的西北面汇合。这两条河流将高秀村民居大致分隔为四组，民居沿河两岸而建，以两河流之间最为密集。沿着西侧河流的大路是村寨交通的主干道，再由该干道引出多条支路，分别向左右的山坡或谷地延伸，构成民居组群之间的通道，也将水田与民居连接起来，在民居之间有大片大片的稻田。而由主干道分支出来的支路和村中巷道多以青石板铺砌，或宽或窄，依山而上，顺水而铺，穿梭于民居、稻田、水塘之间，连接着鼓楼、风雨桥、寨门等公共建筑，自成一方趣味。

水稻作为林溪河流域侗族人民世代种植的农作物，其重要地位自然不言而喻。大自然赋予了这里得天独厚的自然条件，肥沃的土壤，穿插而过的溪流，适宜的气候。在这里，侗族人民积极开垦良田、兴修水利，将水稻种植的优势最大化。林溪镇的水稻种植主要以糯稻、籼稻和杂交水稻为主。从民国开始，特别是20世纪六七十年代，受政治性的推广，三江县各地陆续引进了早熟、抗瘟、高产的各种籼稻和杂交水稻，[①] 但其中糯稻还是最为广泛种植的品种，当地人几乎都种植糯稻，究其原因，还是当地山多田少所造成的局限。为克服这一局限，他们发挥聪明才智，充分利用每一寸可以利用的土地种植糯稻。糯稻也就成为当地村寨人民在长期的生产生活实践中选择的最佳的种植作物，在一定程度上也可以说这是一种因地制宜的结果。一方面由于侗族人民喜食糯米，以糯米为

① 三江侗族自治县志编纂委员会：《三江侗族自治县志》，中央民族学院出版社，1992，第274-275页。

日常主食，糯米几乎是餐桌上不可或缺的食物。在当地，糯米对比于其他稻类的用途也更大，除了作为日常主食外，糯米还是招待亲朋好友、礼物往来、祭祀等必不可少的东西，如有客人来访时，必然要煮上一锅香喷喷的糯米饭来招待客人以示主人家对其的尊敬。另一方面糯稻的品种多样且适应性强、能耐寒耐阴，能够适应不同的地形、气温、日照等环境，适宜山区的生长环境；更重要的一点是糯稻秆高，适合于稻田养鱼，有利于提高稻田利用率，以缓解人土之间较为紧张的关系，这也是"稻鱼鸭共生"这一独特的生计方式的最初由来。

2. 田中养鱼

中华民族自古以来就是充满智慧的民族，在长期的生产生活实践中，世世代代的林溪河流域侗族人民利用有限的自然资源，把传统的河中养鱼的生计经验引申到山岭之中，将稻作和养鱼结合在一起，形成"禾中养鱼"的生态生计方式。在这里所形成的"稻鱼鸭"共生的生计系统，并不是单一的农耕，而是多产业复合经营的人与自然和谐共生的生计方式。河流穿村寨而过，多雨的气候也为稻田养鱼提供了必要的条件。在侗寨村民的心里，鱼在当地的文化体系中也是非常重要的，酸鱼、酸肉、酸鸭并称"侗家三宝"，不论是逢年过节，还是婚丧嫁娶、祭祀等活动都离不开鱼。据侗寨里的老人说，"田中养鱼一直都是这边的传统，在田里养一些鱼，等到收稻谷的时候能吃上，如果养得多了也可以到街上卖，赚点零用钱，在物物交换的时期，鱼发挥了重要的作用，通过鱼的交易，换取盐、衣物等生活用品，满足日常生活需要，一般在农历二、三月份的时候放养鱼，到农历八、九月份的时候就可以捕捞了。草鱼和鲤鱼是主要的放养鱼苗，有些鱼苗是买回来的，如果技术够高的话也可以自家直接培育。田里的害虫和杂草都是鱼的饲料，鱼粪又能做糯稻的肥料，双重的效果，何乐而不为呢？"此外，除了在稻田里养鱼，村民们也在田里放牧家鸭，鱼和鸭在田里互相依存又相互制约，在这个过程中，人与稻鱼鸭之间始终保持着适当的距离，村民们不仅没有干预稻鱼鸭的生长，甚至连常规的稻作农业中必不可少的薅秧环节也全由鱼鸭代劳，不得不说这是侗族人民的一大智慧。当然，稻田并不是全年都适合鱼的生长的，故侗寨村民还会依据河流走向开凿鱼塘，以备不时之需。比如，在春耕插秧之际，为防止越冬的成鱼破坏稻苗，这时有经验的侗族村民将这些鱼"赶往"鱼塘，等到稻谷收割完毕后，又将鱼塘中的成鱼"赶往"稻田中，对残存的杂草进行清除，从而避免了来年杂草的生长对禾稻产生影响。除此之外，还方便人们适时对成鱼进行捕捞，以满足日常生活的需要，侗族人形象地将这称为"水上畜牧"①。

稻鱼鸭和谐共生这一独特的生计方式，是侗族人民传承了数百年的多项目复合谋生艺术。在一个个相对独立而又狭窄的生存空间里，侗族人民用这一生计方式既实现了耕地产出的最大化，又最大限度地保护了森林和坡地草场，同时具有较高的防虫功效和抗御水稻病害的能力，也被誉为"是一整套韵律回旋的谋生术"②。"稻鱼鸭共生"系统不仅成功防范了生物风险，提高了自然适应能力，还增加了村寨村民的经济收入。在整个林溪河流域，山生长林，林滋生水，水供养田，田孕育寨，寨运于河，河润雾雨，雨润山林，环环相扣，循环往复。"稻鱼鸭"和谐共生的生计模式应运而生，我们也可以在侗族人民的智慧结晶里看到这种生计模式的资源高效利用潜力，从中获得更多的思考与借鉴。

（二）心灵手巧：手工能者的巧夺天工

衣食住行是人的基本需要和追求，林溪镇的村民们凭着祖祖辈辈的言传身教以及生产生活经验，在满足自身基本日常需求的同时，将侗衣、首饰、编织品等手工产品制作得宛如一件件精美的艺术品。在科技不是很发达的年代，一代代侗族人民用双手制造了许多独属于他们自己民族的艺术品。他们用勤劳的双手解决了基本的生活需求，在自给自足的同时增加了收益以补贴家用。

1. 服饰

民族服饰是民族物质文化与精神文化相结合的产物，它可以反映一个国家的历史、文化、经济、宗教、美学、工艺、风俗等。对于一个民族的文化来说，服饰是十分重要的组成部分。虽说随着时代的发展，民族大融合成为大势所趋，现如今三江侗族自治县的侗族人民的日常衣着和汉族已经大致相同，但由于林溪河流域相较来说还是比较闭塞的地区，所以当地大部分侗民的服饰文化依旧保留了相对完整的传统状态。侗衣亦被誉为"穿在身上的史书"，在逢年过节、婚葬习俗等特定场合，人们依旧离不开这些民族服饰。

林溪河流域的侗族女性穿的侗衣主要分为日常休闲装与节日庆典服

----

① 罗康智：《论侗族稻田养鱼传统的生态价值——以湖南通道阳烂村为例》，《怀化学院学报》2007年第4期。

② 罗康隆：《侗族传统生计方式与生态安全的文化阐释》，《思想战线》2009年第2期。

装两大类。她们的日常休闲服大多是短小精致的，主要穿无领大襟衣，下着较为宽松的长裤、褶裙，衣襟和袖口绣有各式条纹，黑、蓝、青、紫、白等为服饰的主要色调，一些老年妇女还保留盘发髻、包头巾的习惯，便于平日里劳作。在侗族女性的服饰中，节日服饰占有重要地位，因为节日服饰尤其能体现侗族妇女服饰的华丽、庄严和多样化等特征，在各类节庆中，她们的穿着十分讲究，样式多样，同时会佩戴各种银制首饰。节庆里的服装大致有以下几个主要特征：头饰戴在头的中间，然后在发髻上别一枚发夹。衣服是夹克，这件夹克大多是长的，没有衣领，开胸。在夹克里面，绣着肚皮口袋。同时，臀部通常被覆盖。侗族女性的肚皮口袋通常是由东埠刺绣制成，肚皮口袋的顶部有一些单独的刺绣作为装饰，而肚皮口袋的下部是菱形的形式。① 在林溪镇，除了可以在集市上买到日常穿的服饰外，还有村里的女性可以自己纺纱织侗布，侗布的纺织程序尤其复杂，有轧棉、纺纱、染布、打布、刺绣等众多程序。在侗寨中，许多纺织过程中所需的原料如棉花、蓝靛（用于染色）等都有种植，缝制衣物所需的陡机、扎棉机等机器也都有保留。传统的女性服饰最主要的原料是棉花。在采棉后，要先将棉花纺织成棉纱、棉线和棉布，然后染棉布。染色工艺是制作传统侗族服饰的最烦琐的一项任务。染布方法是先将从山林中采集的蓝靛染料植物打成浆状，然后在浆缸中漂白和染色机织棉布。纺织者会根据自己的设计调整浆的颜色和浓度，经过反复上浆染色，棉布可染蓝色、暗红色等。之后，将染好的侗布放置在阳光下晾晒，除了确保侗布颜色能长期保持外，晾晒也可将蓝靛等染料植物的味道散去。侗族服装的生产需要花费大量的时间、成本和具备较高技能，传统的节日服装更是需要大量复杂的手工才能完成。这些工艺品中最耗费精力的主要是刺绣和贴花。对于制作侗衣的手工业者来说，纯手工制作一件侗衣，少则需要一两个月，而如果制作一整套衣服则可能会花费好几个月的时间。除了时间成本，还需要花费很多金钱。相比于复杂的女性服饰，男性的服装则显得简单多了。平日里，男性主要穿着简单、便捷的现代服饰；劳作时，在腰间用竹筒套着佩刀，方便干活。在节庆等较为重要的时候，男性才会穿传统的侗族服饰。男性的侗族服饰是上衣直领、对襟、布扣，袖子较短，裤子为筒式长裤，绑脚裹头并插上长尾羽毛，衣服整体颜色为黑色、蓝色、青色等。随着时代

---

① 金枝：《三江侗族女性服饰应用的对比分析——以盛装与便装为例》，《工业设计》2018年第11期。

的发展，侗族服饰非但没有被遗失在茫茫的历史长河中，反而得到了越来越多年轻的侗族人民的喜爱。村寨里的一些妇女依旧继续纯手工制作侗族服饰，拿到市场上销售。甚至村寨里的一些有经济头脑的人在县里办起了服装厂，专门出租或销售华美复杂的侗族服饰。

2. 油茶

民以食为天，在林溪河流域侗寨，朴实的侗族人民一日三餐，饮食规律。侗族人早饭喜欢用茶水泡饭，配简单的炒菜。较之早饭，中餐和晚餐便显得丰盛一些，较为常见的美食有糯米、酸鱼、酸鸭、酸肉、牛羊瘪等。按照村民的说法，侗族人的餐桌是"食不离糯、酒不离席、无鱼不成宴、无酸宴不欢"。在饭前必先打油茶，喝油茶既是侗家日常必不可少的主饮，也是用来祭祀、招待亲朋好友和客人的必需品，侗话常说"香喷喷的油茶清明泡，侗家的朋友走天下""有客到我家，不敬清茶敬油茶"。在林溪镇的寨民家中，也许可以一天不吃饭，但一时都离不开油茶。油茶的制作过程十分细致、颇为讲究，但对于茶叶的选取并没有那么严格。在林溪镇，几乎家家户户都会种植茶树，近的在自家的园子里就有种植，远点的，到山上去采摘野生茶叶。打油茶所选择的茶叶并不要求是最嫩的，反而是在茶树新梢长至一芽六七叶时采摘会比较好。将采回的鲜叶用铁锅杀青，之后将其晾晒干，再放进上大下小木制的圆形蒸桶内。放一层干禾草再放一层茶叶，依次排列放满，之后盖上有气眼的木盖，最顶上压上适当重量的石头，加温将茶饼蒸好。等到茶饼全部成型，再把各层茶饼取出来，将茶饼一个个串在一起挂在屋梁上晾干。在晾晒的过程中要注意防止烟火异味，更要注意不能雨淋，否则成形的茶饼会带有不正常的气味。在林溪镇的集贸市场上，茶饼随处可见。用于泡油茶的材料多种多样，最常见的是阴米花，即将糯米蒸熟晒干后，做成阴米并用油将其爆成米花。少量阴米放入锅中，用茶油炒焦，然后拌入一些蒸饼土茶炒糊，加水、盐制成茶汤。茶汤盛碗后放入之前备好的阴米花、花生米、红薯、熟糯米等，按照个人的喜好也可以加入香菜、虾米、韭菜、姜丝、葱花等，不可不说是"万物皆可泡油茶"，只要你喜欢就什么都可以放进去一同食用。在侗寨，有时候老人会时不时相聚在一起，这家出阴米花，那家出花生，再来一些蒸熟的糯米等油茶所需的材料，邻里乡间，其乐融融，聚在凉亭里共享油茶之乐。也正是因为油茶材料十分丰富，所以一般在吃的时候用瓷碗更为适宜。客人来时，油茶至少要喝三碗，正所谓"茶行三遍"，又称"三遍不见外"①。客人在吃第一碗油茶时只放阴米花，此时不添加其他的材料，而且也不拿筷子，此时有品茶的意思。之后的两碗油茶，主人会根据客人的需要加阴米花、花生米、糯米等佐料，此时有将油菜作为餐饮让客人吃饱喝足的意思。三碗油茶，一苦二香三回味。如果客人很喜欢也可以多吃一点表示对主人家招待的尊重与喜爱，这也是对主人家茶技的最高赞赏。油茶不仅仅是当地侗族人民最喜爱的传统食物和款待贵宾的上乘佳品，而且也是不忘传统的体现。品尝一碗热腾腾的油茶使侗族人回忆先辈们过去所经历的艰苦岁月，因此应更加珍惜今日来之不易的幸福日子，永远保持吃苦耐劳、互相帮助、互敬互爱的美好传统。也正是因为油茶在侗族人民的日常生活中必不可少，同时随着三江出好茶的名气远播，越来越多的外来人对三江茶叶产生兴趣并尝试，当地对于茶叶的需求量非常大，村民们除了在田地、菜园、屋后等一切可利用的土地上种茶树外，也尽力开垦大片可用于种植茶叶的山地，在满足自身需求的同时，积极开拓外部市场，对外销售。在林溪镇，有些村民在村里开办茶厂，如今还开拓网络销售渠道，收益十分可观。

3. 建筑

林溪河流域侗寨的民居建筑大多为传统的干栏式房屋，大多数的屋子有两层半或三层半，民居房屋的最底层用来饲养牲畜，如牛、鸡、鸭等；第二层用于人居住；第三层则用于存放谷物等。房屋空间的划分大致按照这样的使用功能分隔，楼梯在建筑侧面的一边设计和营造。干栏式建筑二层的中心部分一般是堂屋和火塘间，为整个建筑内部空间内的双空间核心部分；地面式建筑的火塘设计在地面一层堂屋的后面，且高于堂屋的地面高度。② 侗族人民所居住的房屋结构十分复杂，需要娴熟的工艺技术，由此不少的村民自小就跟着匠人学习，并以建筑为业。一般的建筑队伍由鬼师、掌墨师、木匠、泥匠、瓦匠、画匠、搬运工、水电工等组成，一支建筑队伍的成员并不是固定的，人数的多少根据工程大小而定。除了本地的村民私人住宅和当地的公共建筑外，建筑工程队有时候还会去到周边的村寨、乡镇去建设。在侗族人民的建筑所需的材料里，杉树是不可缺少的材料。侗族地区素有"杉海油湖"之称，据清朝

---

① 陈照年:《趣谈民族茶风情》,《茶叶科学技术》, 2001 年第 1 期。
② 周巍:《侗族传统木构建筑的保护与创新研究——以广西三江高定侗寨为例》,《教育教学论坛》2018 年第 5 期。

爱必达《黔南识略》记载，侗族地区"山多载土，树宜杉。土人云，种杉之地，必预种粟及包谷一两年，以松土性，欲其易植也"。优越的气候条件和土质资源十分适宜杉树和油茶树的生长。侗族人民靠山吃山，凭借着每年的精心打理，杉木也是林溪镇寨民主要的经济来源之一。"以树养人"是当地人最为基本和重要的生存手段。直至现在，林溪镇几乎每家每户都有林地，虽说杉木的生长周期较长，在对山林的管理中，当地人会根据山地的情况，将其划分成区域，采用合理的轮歇制度，进行砍伐和种植，从而保证林业的可持续性。同时，为了使土地资源得到充分的利用，实行多种经营，平衡杉木生长周期和日常生活的矛盾。过去的"侗款"更是以条文的形式规定了对山林的管理与使用，如封山育林、禁止滥砍、禁止偷木等。过去还会使用"树标"来显示这片山林已有主人，别人就不会再去砍伐。为了保持这种生计的长久性，村民们很注重山地资源的合理利用，使得这种传统生计方式得以保存和延续。如在高秀村，有村民在村里办起了木材厂，对外销售，收入十分可观。

（三）粮盐古道：科马界红军路

科马界，地处长江、珠江水系源头的分水岭，是湘桂两省重要的粮盐古道，也是湘桂两省经济文化交流的重要渠道。林溪镇处于珠江水系源头，当年这里是一个商贾云集、商业繁荣的集镇。广东、广西的物资沿珠江水系运至三江县城，再由小木船运到林溪。湖南通道县的坪坦河，为长江水系源头，林溪、坪坦两地隔山相望。湖南盛产的稻谷和桐油等物资通过长江水系运到坪坦，也正是在这两条河流的助力下，大量的物资贸易才得以顺利进行。特别是杉木，由于粗大的杉木较重，单靠人力运输很费力，所以河运的重要性不言而喻。为了将杉木运输出去，要先将杉木搬到河边，此时村里的人们都会过来帮忙，村里人互帮互助，也是邻里和谐的重要因素之一。等到河水涨到一定程度后，再将杉木放进河中，在河水的助力下运至各地。近年来，随着公路、铁路等交通设施的修建，陆运逐渐代替水运成为重要的交通方式，与水运相比，公路运输大大降低了运输成本，小河的运输功能也逐渐退出了历史舞台。木商也会到村里进行收购，人们只需要把杉木运到路边即可。桐油、稻谷等物资的运输虽说不会像杉木那么麻烦，但由于林溪河流域地形复杂、地势陡峭，交通闭塞，像皇朝这边的村寨更像是一个中转站，要到下游的冠洞地区才有船只继续水运，两个省市的物资贸易在当年没有科技帮助的情况下，货物均由挑夫进行人力运输，挑夫们穿梭在 20 余里的科马界上，为生活奔波劳碌，因此科马界也被称为"粮盐古道"。科马界粮盐古道见证了林溪河流域一代又一代侗族地区经济发展的历史，从传统的物物交换到小商贩在林溪河流域的走村串寨，再到集贸市场的形成、小商店等的发展等，侗民们在这里忙碌地为生计奔坡，粮盐古道的发展不仅带动了林溪河流域的发展，还拉动了沿线各村落（镇）的经济、文化、社会的发展繁荣。换言之，科马界粮盐古道的发展，使得沿线的村落间的联系得到了进一步的加强，不仅促进了各民族地区的交往融合，而且对湘桂两省的经济、文化、社会等方面都产生了重要的影响。

抗日战争时期，科马界粮盐古道也为战争的胜利发挥了重要的作用。据史料记载，在 1930 年 10 月，红七军两个师挥师北上，于 11 月 21 日到达三防圩修整，并决定放弃攻打柳州，改为攻打长安镇，在 12 月 5 日抵达融安县长安镇后，与国民党两个师 3 000 余人鏖战三天三夜，后因敌人增援众多，红七军转战贝江河，越过大年河，经高文、高武、平卯再翻越岑旁，于 12 月 12 日到达富禄乡。12 月 15 日，红七军总指挥李明瑞先头部队由贵州水口经过独峒、唐朝、孟寨，后由同乐到达八江，短暂休整几天，过高迈沿河而上经平铺、冠洞到达林溪。两天后，红七军由林溪翻越 20 余里的科马界，短暂休整半天，在高秀村住了一个晚上后到达湖南通道、清县、洪江。红七军纪律严明，不拿群众一针一线，所经之处，受到了侗族人民的好评与拥护，他们踊跃供粮、捐物。之后为表示对红七军的爱戴和拥护，侗族人民立碑为据，把科马界粮盐古道称为"红军路"，用以纪念红七军保家卫国的英勇奉献。虽说如今的科马界粮盐古道已褪去其往日的风采，但如今依旧是 条如诗如画的"侗乡画廊"，继续书写着传奇。

二、传统生计方式与现代生计方式的"碰撞"

生计本身是与当地的生态环境和社会文化相辅相成、互相照应的，侗族人民的传统生计方式自然有其根深蒂固的深层土壤和文化环境，人与人、人与自然和谐共生是其最重要的永恒主题，这也是侗族传统生计中的精髓所在。当人与生态环境不再平衡时，即使土地赋予人们自给自足的生活方式也难以满足农民生存和发展的需求，特别是在经济全球化、知识经济高速发展的今天，在城市化、工业化作为推进区域经济发展的大背景下，发展正猛烈地冲击着侗族地区的传统生计方式，城市就像巨大的磁铁，充满魔力般地吸引着农村的劳动力奔赴城市寻求新的谋生方式。林溪镇的生计方式也随着时代的浪潮不断改变，传统生计方式与现代生计方式的"碰撞"不可避免。

（一）外出务工潮

随着城镇化的发展，一方面，土地已渐渐不能满足侗寨人民日益增长的生产生活需求，在传统的生计方式中，稻作、茶叶、桐油、杉木等都依赖于土地，而随着家庭人口的增长，家庭成员不断分离，赖以生存的土地也随之分散，人地矛盾日益显现；另一方面，城乡之间日益拉大的差距也造成了生计方式的改变，城市发展日新月异，林溪镇的侗族人民与中国其他地区大多数的农民一样，更多的村民选择了背井离乡、外出务工，寻求更多的发展机遇。为了让子女们享受更好的教育资源和发展环境，相当一部分人不愿再死守一方土地。另外，与以往封闭的环境不同，如今人们有更多的媒介可以了解外面的世界，乡土文明的流失，使他们对乡土的记忆、认同感逐渐下降，在当地人眼中，"面朝黄土背朝天"的生活又累收入又少，到城市才是"有前途"的，所以如今在林溪河流域侗寨留守的大多是老人和小孩，青壮年一般在逢年过节时才会返家。最直接的现实需求也使得人们不得不外出求取更多的发展机会，如婚姻家庭，以前村里的青年男女会通过"行歌坐夜"等方式进行交往婚配，但如今这个传统的交友方式已经渐渐失去吸引力，越来越多的年轻人不得不外出打工寻找对象。村寨里的老人也常常感叹，老一辈的人们没有太多机会接触外界，欲望没有那么大，他们守在祖祖辈辈留给他们的土地上，祖先已经安排好了伴侣，只要你付出劳动，按农时的规律做事，你就可以有收获，土地可以供养你一辈子。而工业社会和农业社会的碰撞，城市生活的不确定性，对物质追求的膨胀吸引着年轻人的目光。早在20世纪90年代初，寨里的人就开始外出务工，一般是因为家里的杉树、茶树等资源较少，不得不外出找活干，也有一些受"下海经商"潮流的影响，决定出去"闯一闯"，这个时期的外出务工人员主要以男性为主，且人数也不算太多，外出务工的地点一般选在周边县城，不会太远。到2000年左右，受早年外出务工人员影响，广东成为外出务工人员的最佳选择地区，通过亲属间的相互介绍，父子、夫妻、兄弟姐妹等成群结伴地前往广州、深圳等地务工。这个时期虽然外出务工人数增多，但他们大部分人会兼顾家庭的农活，如杉树打理、春茶采摘等，农忙时期会回家务农。如今，越来越多的村民甚至会举家外出务工，只有重要节庆才回乡过节，村中的土地已不再是他们首要考虑的事情，他们会选择将土地承包出去不至于荒废，当然不可避免也有越来越多的土地面临荒废的境地。在林溪镇的凉亭、鼓楼等公共场所几乎难以见到青壮年，乡土文明的日渐失守，劳动力的流失虽说不可避免，但许多外出务工者的家庭条件确实获得了较大的改观，从传统的生计方式到现代生计方式的变迁，林溪镇的侗族人民面临着更多的选择。而生计方式的多样化有利于分散风险、降低农户的营收脆弱性、保障食物安全、增加资本积累。不同于杉树漫长的生长周期带来的收入的长久性、茶叶的波动性和农事的不确定性，外出务工能保障人们每个月都有稳定的收入，相对于"看天吃饭"的农活，现如今，外出务工已成为侗寨人首选的生计方式。

（二）民俗节庆旅游

从世界旅游的整体发展趋势上看，依托民俗节庆的旅游早已成为国际旅游的主要形式之一，文化和旅游共生共进，呈现出一体化协同发展趋势，经济社会的快速提升更需要文化和旅游的充分融合。民俗节庆旅游不仅能够通过活动体现出具有文化气息与文化价值的地域色彩，而且这样的旅游形式还能够对旅游目的地的文化、经济以及社会等多方面因素产生积极影响，有着广阔的发展前景。侗族人民的人生礼仪既严肃又不失活泼，往往通过各个节庆淋漓尽致地表现出来。除了春节、清明节等传统的国家节日，侗族地区几乎每个月都会有独属于他们自己的节日，因此，侗乡的节庆活动以丰富多彩著称于全国。节庆的类型也是多种多样，如为欢庆丰收，祈求风调雨顺，纪念民族英雄，宗教活动，青年社交，等等，活动形式一般有民俗展示和文艺表演，可以说是无文不过节。

三江侗族自治县有其独特的节庆活动，如花炮节、芦笙节、多耶节等，除了节庆活动，月也是侗族一种规模较大的村寨间相互走访的集体社交活动，每年的农历正月，各村寨会组织全寨男女老少与其他村寨相互走访、轮流宴请。期间，村民盛装出席，会举行宗教祭典、宣读村规民约、芦笙比赛、踩堂多耶、侗歌对唱、侗戏表演等形式多样的节目。多样化的民俗节庆使林溪河流域的侗族人民在民族传统的基础上进行了多种创新。在林溪河流域，高山秀丽，土肥雨沛，当地因地制宜发展传统韭菜种植产业，盛产一种叶子宽而厚的宽叶韭菜，叶质娇嫩、肥厚、味道鲜美。除了韭菜，红薯在林溪镇也被广泛种植，三江县的农业技术推广站在高秀村建设了林溪镇高山红薯产业开发示范基地，建设规模达300亩（约20万平方米），为加入协会的种植农户提供薯种、肥料、育苗钢架大棚、购买加工设备及产品宣传推介等补贴，高秀红薯已成为助农增收的支柱产业之一。为了推广各种农产品，林溪镇打造了"文化林溪"与特色农产品宣传的品牌活动，韭菜节、红薯节等新兴节日应运而生。关于红薯节起源的追溯，在款师的讲述中，明末清初，林溪河流域的侗族人民饱受战乱之苦，食不果腹，高山薯类成为当地侗族人民最重要的食物来源，大家吃了之后，都觉得很好吃，所以就寻找种子继续种植，红薯的丰产和美味也使侗族人民一代接一代广泛种植。在款师的讲述中，这里的红薯美味到放进河里都会使鱼、虾争着抢着去吃，现在我们看到高秀河里的鱼又肥又大也不是没有原因的。在这个节日里，祭祀中红猪嘴里都会塞着红薯，一方面表达了对红薯丰收的喜悦之情；另一方面是说人吃好的红薯，猪吃坏的红薯，连坏的红薯都能把猪喂得那么肥，更别说好红薯的养人之处了。如今，高秀村的红薯节已成功举办了七届，声名远扬，红薯文化节已经成为高秀村展现民族文化的节日之一，成了高秀村独特的旅游品牌。

依托红薯、韭菜等农产品带动的旅游节，各个村寨的人们、全国各地慕名而来的游客一同赴会，集聚林溪镇的高秀、高友村，村民们在路上开设摊点，销售自家的茶叶、酸鱼等各种产品，供游客们参观、选购。文化旅游节的重头戏莫过于百家宴。百家宴，也叫合拢饭，这是侗族地区待客的最高礼遇，也是侗族人民热情好客、团结友爱、和谐大同的文化象征，村民们会各自准备好茶酒、食物，由家中的女性挑到寨子中间的宴席上摆放好，用以欢迎、招待远道而来的客人，在红薯节当天，甘甜的侗家油茶配上营养丰富的高秀红薯，一碗碗美味的红薯油茶可免费食用，来参与百家宴的游客们需要提前预约，几十元钱就可以享受到各式各样的侗家美食，"一"字形排开的长桌，客人们可以从第一桌吃到最后一桌，自助式的美食深受旅客的欢迎，客人们津津乐道，觥筹交错，座无虚席。百家宴与节庆旅游的结合俨然成为助农增收的渠道之一，在节庆当天，既展示了林溪镇侗族人民淳朴的民间文化，又树立了其旅游整体品牌形象，"月也""百家宴"等是当地村寨联络感情、增强凝聚力、维护村寨秩序的一种重要娱乐形式。此外，还有行歌坐夜、劝酒、斗牛、斗鸟等丰富多彩的集体娱乐活动。韭菜节、红薯文化节的成功举办是各侗寨男女老少的共同参与、共同合作的结果。在村民们看来，通过举办民俗文化旅游节，带动了村民们种植韭菜、红薯等农产品的积极性，大家都积极参与，侗族文化之美在林溪镇体现得淋漓尽致，在一场文化节中，代表侗族独特文化的拦路歌、芦笙、祭祀活动等元素基本上为我们刻画了一个完整的文化轮廓。全村老少集聚鼓楼坪跳芦笙踩堂舞、齐唱耶歌迎接客人，他们载歌载舞，以侗族传统文艺多耶展现欢乐、安定、团结的景象。在这里，小孩子们在学校里就开始学习侗族大歌，学习芦笙等具有侗族文化特色的乐器，他们不会吝啬于展示自己的风采，在表演中落落大方，神采飞扬；大人们在文化传承方面起着积极的正面引导作用，他们在工作之余，利用晚上的时间排练节目、准备旅游节的各项事宜；款师在讲款中也十分强调传承的重要性，每一项文化都需要一代一代人的传承，这种充满责任感的传承使命感染着每一位临场之人。

除了民俗旅游节，林溪镇的各村寨依托各种农产品开办"农家乐"，游客们可以亲临村寨观赏和娱乐，皇朝开办的生态猕猴桃基地，村民们种植了一片猕猴桃让游客进入基地采摘，体验农家生活的乐趣。通过"农家乐"和一系列的民俗节庆活动，侗族人民成功将文化治理和社会治理有机结合，在举办文化节活动的过程中，各方团结协助，村民们多方式、多渠道参与到社会公共事务、社区公共文化活动建设，向游客们展示了林溪镇鲜明的人文地域色彩和深厚的文化底蕴，红薯节、韭菜节等文化旅游节以节庆为载体，最大限度地发挥了民俗文化功能，发掘旅游资源的同时促进了产业互动，在民族传统的基础上进行了多种创新，这不仅传播了侗族优秀的特色文化，增强了文化自信，还通过旅游服务产业的发展，深度融合民俗节庆与旅游服务业，实现乡村振兴，优化经济产业结构，大大增加了村民收入。

（三）精神富足的自豪感

侗族人民十分讲究对精神的养育和对欲望的消解。待人接物以"要正好（恰到好处），与万物为邻，善音乐，不喜杀，团结互助"为重；对物质的追求要"是我们的就是我们的，是别人的就是别人的，别乱抢夺别人的"；凡事都有报应，做好事补命、做坏事损命，人要保持内心之稳与社会之衡。因此，侗族社会歌乐无穷，诉说着族人对生命的诠释，它有大歌对和谐向度的追求，有哲理歌对生命审美的诉说，有爱情歌的多情与浪漫，有款词的尊严与教导，有儿歌的清新与灵动，以及哭丧歌的无限哀思与悲凉。有歌就有舞，侗族社会里有以团圆、聚合、圈层为要义的多耶，有以喜庆与欢乐为主要意义的芦笙舞，以及侗戏等，这些都是物欲社会所不能赋予人们的精神上的需求与满足。

1. 侗族大歌

侗族是一个能歌善舞的民族，歌舞等艺术成就在各民族中也算得上是佼佼者。早年间，侗族人民在劳作时唱拉木歌；村寨之间集体互访，吹芦笙，唱拦路歌、开路歌和侗族大歌；男女青年吹奏木叶、互对山歌；坐夜时欢唱情歌；酒宴时唱酒礼歌、好事歌；祭萨祖母时对唱踩堂歌；闲暇时唱故事歌；姑娘出嫁时唱姐妹歌、伴嫁歌；等等。侗族人民常言道"饭养身，歌养心"，侗族大歌的历史源远流长，至今已经流传了2 500多年，侗族大歌是"嘎"类民歌的一种，是无器乐、无伴奏、无指挥、多声部的民歌合唱形式，因其演唱多由集体完成，因而称为大歌。侗族大歌在侗族人民心中的地位十分重要，正如《侗族大歌·琵琶歌》一书写道："历史上，侗族是一个没有文字的民族，他们的民族历史、社会知识、生产斗争、男女社交、伦理道德、风土民情、生活经验等都是靠歌来记录、靠歌来传承的。"侗族人民把对歌曲和谐的要求，作为体现人类心灵和谐美好的直接表达形式之一。

2. 芦笙舞与多耶舞

侗族芦笙向来是"吹喜不吹丧"，芦笙就是为喜乐而生的，喜乐是芦笙的天职，是侗族人的生活；和谐是芦笙的组成部分，是侗族人民对天、地、人的致敬；凝聚力是芦笙的优势，是侗族人对本民族的身份认同。原来的芦笙踩堂舞只能在少数重要场合才会进行表演，随着文化旅游节的发展，如今的芦笙舞通过改编越来越适应节庆表演的需要。多耶是侗族流行的舞蹈样式，多耶表演大都是以围成圆圈的队形进行表演，大家一起手拉手围成圆圈，跟着音乐的节奏边绕场边摇摆行走，一人领唱众人合唱，内容有祝赞、有抒情、有叙事，它是侗族团结友爱和奋发向上的象征。经过改编的芦笙舞和多耶舞，不仅方便大家的参与，也不断为传统的舞蹈注入新的活力，芦笙舞展示了侗族人民对芦笙的认同，认同它所承载的历史，认同它所包含的文化，芦笙乐舞在民间的土壤里依然茁壮成长，生生不息。

3. 侗戏

最早的侗戏可追溯到清嘉庆年间，创始人是贵州黎平县腊洞山寨的吴文彩，他根据汉族传说编出两部侗戏剧本，即《梅良玉》和《李旦与凤姣》，他在侗歌的基础上设计唱腔，创造出侗戏。侗戏具有独特的侗族风格，是在侗族民间说唱艺术"嘎锦"（叙事歌）和"嘎琵琶"（琵琶歌）基础上，接受汉族的戏曲影响而形成的一种民间戏曲。侗戏最初之时，曲调单纯、形式简单、动作朴实，只是演员分列两排，坐着对唱，且限于男子扮演，墨守于说唱形式，保持"叙事歌"的特点。后来，侗戏在其社会发展过程中不断地受到其他民族戏曲的影响，使之逐渐得到提高和完善，变成今日有男女演员参加，有说有唱，丰富多彩的戏曲形式。侗戏没有专门班子，全由群众自由结合。侗戏全部用侗语对白演唱，语言生动、比喻形象、与音乐紧紧吻合、朗朗上口、清晰明快，为群众所喜闻乐见。在林溪镇，很多村寨都会自行组织村寨的戏班，人数不定，有名望的戏师会在农闲时开班教戏，逢年过节各村寨都会进行侗戏的表演，甚至举办侗戏比赛。

　　丰富多彩的民间艺术带给林溪镇侗民们的是无法用金钱来衡量的精神世界的满足感与民族身份的自豪感。在林溪镇的各个小学，开设有专门的侗话班以及侗族大歌等艺术班，孩子们从小就开始学习侗族的相关文化，家长因孩子会随乐起舞、会弹琵琶等而骄傲。不管是在吹芦笙还是跳多耶，他们会毫无嫌隙地聚在一起，毫不在意族外人好奇的目光，像他们的祖先一样快乐而自豪地跳起舞来。早在 2005 年，林溪镇的冠洞村就依托本村资源优势，巧打"民俗文化牌"，大力发展乡村特色旅游业，全力打造"百家宴"这一极具侗族特色的文化符号，以品牌效应推动乡村经济发展，为此他们开设了冠洞非物质文化遗产传承基地，组织全体村民学习迎宾歌、侗歌、侗族器乐吹奏、送客等侗族传统文化技艺，邀请杨平义、吴许銮、杨仙学、石繁成、杨龚等侗族非遗传承人进行授课，传承和发扬百家宴传统民俗文化，促进民族文化与旅游融合，相得益彰。同时巧借"百家宴"品牌影响力，提升乡村旅游辐射作用，冠洞村成为国内外游客品味侗族特色美食的聚集地。"百家宴"独有的"吃百家宴，纳百家福，成百样事，享百年寿"品牌名扬内外，慕名而来体验的游客成倍增多。根据2021 年的调查结果显示冠洞已举办培训班 50 期，参与学习的村民达 2850人次，未成年人达 850 人次。在闲暇的时光里，他们吹芦笙、跳多耶；在节庆中，他们基于民族文化的基础，通过对文化进行舞台化的创作、加工及改编，赋予文化独特的表演性，使传统的侗族文化更加适合表演和传播，也更易于外来的游客理解，优化其参与体验。林溪镇的侗族人民将本民族的优秀文化尽情地展示给所有游客观赏，在表演展示中不仅对传统文化进行了保护和传承，同时满足了各地慕名而来的游客们的需求。

三、延续传统，奔赴现代

现代化可以说是一个社会从传统向现代转型的过程，其生计方式的变迁不外乎是其社会、经济由传统向现代转变的过程，生计作为人们生存的前提条件，是社会变迁过程中的一个极具革命性的要素。民族生计方式是民族文化的重要组成部分，在民族的繁衍、人口发展、文化建构创新、社会变革中起着至关重要的作用。各民族的生计方式既根植于各民族所处的多样性的自然环境和多样性的文化土壤中，又受制于不同时代发展不平衡的科学技术状况和生产力水平。任何一个民族在自己历史的创造中，都在有效地利用其所处的生存环境，并塑造出自己特有的生计方式。

现代传媒的发展不仅促进了科学技术的发展进步，同时加快了信息传播的速度。现如今，林溪镇正制作各村寨的旅游宣传片，利用电视台、网络等媒介进行宣传，抢先占领了一部分旅游市场、开拓农产品销售渠道，在提高经济效益的同时，逐渐改变人们的消费方式。以前，购买各种用品时，侗族人民大多相聚于集贸市场，而如今随着物流快递服务的发展，足不出户也能在网络上买到自己所需之物。也正是在现代传媒这张大网中，林溪镇的村民们顺大势所趋，侗衣、各种手工编织品、茶叶等网店纷纷建立，人们可以在网络上购买到地地道道的侗族物品。快递产业的发展更是便利了慕名想要购买红薯等当地农产品的游客们。中华人民共和国成立以后，特别是三江侗族自治县建立以来，在历届党委和政府的领导下，侗族人民齐心合力，克服前进中的各种困难，经过70多年的建设，民族经济和社会发展都取得了巨大的成就：工业从无到有，从小到大，发展步伐不断加快；农业产业结构不断优化，生产持续稳定增长，人民生活水平不断提高；以旅游业为主的第三产业发展迅速，社会商品极大丰富；城乡基础设施明显改善，教育、卫生、体育等各项社会事业都得到了全面发展。而林溪镇侗族人民的生计方式也由传统单一向现代多元转变，植根于民俗文化的民族特色旅游开发带来了巨大的机遇与挑战，一方面，旅游开发使得一些民族特色旅游村寨变得越来越商业化，提高了当地的整体经济水平和村落的环境建设；但另一方面也给侗族文化的传承带来了一些隐患，民族村落成了外界"猎奇"的对象，这同样要引起社会各界的重视。

在日新月异的现代化过程中，侗族当代生计既要积极主动吸纳外来文化中的积极元素，又要立足于侗族的生存环境、资源储养状况而加以变革，最终目的就是使特定的生计方式在对自然环境的应对中实现该民族对生存与发展所需能量的获取，并实现生计的可持续性和发展的可持续性。目前，林溪镇的高友、高秀、平岩等村寨都列入了《中国世界文化遗产预备名录》中，林溪河流域侗族村寨的物质文化与非物质文化保存完好丰富，这是侗族传统建筑、节庆歌舞、饮食等生活方式，以及习俗、精神、制度等社会状况的缩影。有的侗寨中的古建筑群、鼓楼、风雨桥等是国家、省重点文物保护单位；侗族大歌、侗族芦笙、侗戏、侗锦等是国家、省级非物质文化遗产。林溪镇的这几个侗族村寨已成功列入预备名单，这将不断提高林溪镇文化旅游的知名度和美誉度，从而推动三江经济的发展，以侗寨申遗为契机，林溪镇加大对村寨进行规划和整改的力度，进一步打响民族文化品牌，促进文化旅游的发展。从刀耕火种地进行水稻、棉麻等农作物的种植到围渔狩猎，从割田坎、割青以肥到引水种稻、稻田养鱼鸭，从铸造、烧制、编织、扎染的手工技艺到腌、熏、腊等的再加工方法，从物物交换、走村串寨到圩场买卖、网络销售，从你方唱罢我登场的歌、乐、舞再到"饭养身，歌养心"的精神养育论，一代代的林溪河流域的侗族人民在延续优秀传统生计方式中不断寻求新的突破，在如今充斥着商业经济气息的大环境背景下，他们显得如此珍贵。正如侗寨那首《进耶堂》所唱的那样："进堂唱，进堂多耶真闹热。南山林中大树三抱粗，年年如故绿葱茏。火烧山林好种地，满山花开岩朦胧。田塘依旧水来润，年年禾壮肥不用。山高林密水源足，溪边井泉水波涌。鸟儿越冬躲深山，今晚邀你相聚心中乐。一年四季归自己，男女老少喜气浓。五行常说总要人思考，唱歌多耶侗族村寨乐融融。"充实而丰富的精神生活赋予侗族人民在现代化浪潮中继承传统、不忘初心的自信，他们也将在如诗如画的林溪河流域里继续书写着属于他们的历史。

第七章　林溪河流域侗寨生命仪礼

吴胜平

人生仪礼是民俗文化中的重要组成部分，是将个体生命加以社会化的程序规范和阶段性标志，与社会组织、信仰、生产与生活经验等多方面的民俗文化交织，集中体现了在不同社会和民俗文化类型中的生命周期观和生命价值观。民俗界认为，人生仪礼是按人的年龄增长过程展开的，内容极为丰富，包括诞生仪礼、成人仪礼、结婚仪礼和丧葬仪礼四种。

人生仪礼既是社会物质生活的反映，也是一个民族心理状态的反映。本章主要介绍林溪河流域侗族村寨的诞生仪礼、成人仪礼、结婚仪礼和丧葬仪礼。在林溪河流侗族村寨的人生仪礼习俗中，没有独立的成年仪礼，而是将其融合在结婚仪礼之中。所以，林溪河流域侗族村寨的人生仪礼可以浓缩为诞生仪礼、结婚仪礼和丧葬仪礼。

在田野调查中，笔者发现林溪河流域侗族村寨民俗文化中，人生仪礼文化与桥梁文化、布衣文化、尚水文化和信仰文化等是相融合的。有专家认为，林溪河流域侗族村寨的人生礼仪，可以通过"过桥"二字来高度概括，也就是说，桥文化贯穿了林溪河流域侗寨侗族人的一生，也融合在他们的人生仪礼之中。

如果用林溪河流域侗族村寨具体的一个人的一生去演示生命仪礼，那么可以将这个人的人生仪礼概括为三座桥："生桥""婚桥"和"死桥"。

一、诞生仪礼——过"生桥"仪礼，盛大隆重

一个生命脱离前状况，进入"生"的状况，就像一个人从一座桥的前状况那边，通过"生桥"到达新状况这边。过"生桥"，林溪河流域侗族村寨特别重视这一阶段的仪礼。每个家庭诞生了新的生命，这个家庭

会围绕新生命举办一系列盛大隆重的仪礼活动。这体现了林溪河流域侗族村寨非常重视"生"，新的生命来到人世上，必须用盛大隆重的仪礼，去庆祝新生命的诞生。因为这个家庭乃至整个家族迎接的不仅是一个生命的延续，更是家庭和家族希望的延续。所以，在林溪河流域许多侗寨举办诞生仪礼十分盛大而隆重。

（一）求子

中国的传统观念"不孝有三，无后为大"。这使得中国社会对求子习俗颇为重视。同理，林溪河流域侗族村寨婚后不孕的夫妇，为了达到怀孕的目的会进行"架桥"求子仪式和向菩萨祈祷的求子仪式。

1."架桥"求子

周星在《境界与象征：桥与民俗》一文中提到："桥梁往往被认为具有某种特异的生殖能力，许多与桥有关的民俗活动，大都是基于它的此种属性。"一些青年夫妇婚后不孕，会"架桥"求子。桥一般架在有人经过且有水流动的地方。侗族人认为阴间有个"高胜衙安"，是人死后魂归之地。那里有无数的金童玉女，他们归"花林四婆"看管。人世间有求子女者，"花林四婆"就会用船把一些男女童子的灵魂渡过"浑水河"，跨过花桥来到阳世投胎做人。

我们在合华村一座风雨桥旁，看见在溪沟上有刚架了不久的三根杉木桥。杉木上绑着红纸，红纸中包有小额钞票，红纸上还写有文字，因雾水氤氲而无法辨认。事后向当地老人询问，老人告知那是架桥求子仪礼。

2.祈祷求子

《法华经》中说："若有女人设欲求男礼拜供养观世音菩萨，便生福德智慧之男；设欲求女，便生端正有相之女。"这是祈祷观世音菩萨送子以达到怀孕目的的仪礼方式。于是一些婚后不孕的夫妇，会去寺庙求子。笔者在八江镇廻龙寺曾遇见一对求子的青年夫妇；在田野调查中也听老人说，村寨里有些不孕的夫妇会去供奉送子观音娘娘的廻龙寺求子，求观世音菩萨送子。

（二）孕期禁忌

林溪河流域侗寨侗族人认为，孕妇是不洁净的，因为她腹中怀有胎儿，正在经历一个从阴到阳的转换过程，生命尚未成型，魂魄也尚未齐全。因此，在侗寨中产生了一些孕妇的禁忌：有孕妇的家中禁止乱钉钉子，孕妇不乱进别人家门，不逗玩别家的孩子，不参加红白喜事，特别要远离白事。孕妇丈夫也因此会受到一些约束，如白事不得帮忙，不得去挖井，不得去抬棺，等等。这些禁忌，是考虑双方利益的。孕妇因为是凡间人讲的"四眼人"，接触过多的人或事，既会影响他人的运气，也会影响自己孩子将来的运势。所以，孕妇尽量不要去"招惹是非"。

（三）接生和生育标

过去妇女生产通常由家婆接生，或者由村寨里的接生婆接生，也有少部分自己接生的。在冠洞、高秀等村落，那些六七十岁年纪的女性，多数有自己接生的经历，一般老大是家婆或接生婆接生，老二以后的孩子，基本上是自己接生。新生儿一般用拆开的旧侗衣布包裹，给新生命最直接的亲肤舒适感和亲情的温暖感。也有用经特殊处理使其变得柔软的本色新侗布包裹，强化一切都是新的内涵。

以前婴儿诞生后会在家门口挂生育标，用物语告知大家：此家有新生婴儿。关于生育标，不同村寨说法不一。一说大门上悬挂柚子树枝作为生育标，其目的是辟邪。因为新生婴儿魂魄尚未齐全，易被外邪侵袭。挂上辟邪的柚子树枝后，能斩恶煞，保婴儿健康。高秀村一位70多岁的老人说，她生头胎时，家里大门就挂柚子树枝，但后来这种习俗慢慢地就消失了。二说大门上挂禾秆做成的五六寸长的圆束草标，在草标中间圈一圈红纸，并把杀给产妇吃的第一只鸡翅膀上的毛拔下来，插在草标上。如果生男孩，鸡毛的根从上往下插；如生女孩，鸡毛的根从下往上插，形成倒悬状。挂草标的目的是防生人"踩生"。新生小孩人家，认为生人会冲撞小孩的灵气，因此用草标"警告"生人：三日内不要进入此家中。三说大门上挂一串鸡蛋壳，也如草标一样圈红纸，插鸡毛。蛋壳意味着小鸡已离壳，明示此家小孩已离开母体来到了人世，本家添新人了。

（四）报喜

一些村寨，婴儿一生下来。其父马上到婴儿外婆家报喜，外婆接到喜讯，马上跟随女婿到女婿家，为新当母亲的女儿杀第一只月子鸡，并煮熟。这只鸡，既是给女儿补身体的，也会与众亲朋分享。理由有三：一是万一小孩有不测，会有贵人相救；二是自己女儿当母亲了，自己也升级当外婆了；三是庆贺亲家有后了，香火旺盛了。高秀村有些人家是在婴儿诞生后的第二天才去婴儿外婆家报喜，通知其家族人员明天去吃"三朝"。报喜时，有不带礼的，只带喜讯，也有拿鸡去的，生男孩，拿公鸡；生女孩，拿母鸡。双方不说不问，就能凭默契读懂物语含义。

（五）三朝

庆祝家庭头胎子女出生的"三朝酒"是侗族人一生最盛大的庆典。所谓"三朝酒"，意指在孩子出生后第三至十天之间的一个单日所摆的酒。不论婴儿是男是女，侗族人都会大宴宾客，举族庆祝，因此"三朝酒"也被称为"过三朝"。

1. 洗三朝

"洗三"风俗起源很早，唐代便已经盛行了。韩偓《金銮密记》云："天复二年，大驾在歧，皇女生三日，赐洗儿果子。"司马光《资治通鉴》载有唐代"洗三"风俗："上闻后宫欢笑，问其故，左右以贵妃三日洗禄儿对。上自往视之，喜，赐贵妃洗儿金银钱。"另据宣城《梅氏家谱》载称："梅尧臣五十八岁得幼子，三朝，欧阳修、范仲淹等皆作'洗儿诗'以贺。"足见宋时此俗已十分风行。

洗三朝亦称"洗三"，一般在新生儿出生的第三天给婴儿洗澡。据民间传说，婴儿是送子娘娘送的，出生三日，她要亲临凡间察看。若婴儿身体健康、精神饱满，家中喝喜酒、吃寿面，便将其认为主人疼爱孩子，送子娘娘就放心离开。反之，则认为主人不爱小儿，便带走（婴儿夭折）。世人畏惧，故有"洗三"之举，世代传承。

林溪河流域侗族有许多村寨，在孩子三朝的日子，要取"活水"（河流中或井中旋转处的水），煮一锅鸡蛋。煮蛋的水，放温后用于婴儿洗脸洗澡，这是祖先传下来的风俗，一直流传至今。这种"洗"，可以看成一种洗礼，也可以看成为新生儿举行的一种驱邪仪式。

煮熟的鸡蛋，分发给随家人来吃三朝的孩子，主家希望自己的孩子将来能够交到很多朋友，遇到困难时有人帮一把，分发煮蛋就是一种"讨好"的表现。煮蛋自家留一个，给婴儿"洗三"后刮脸。煮蛋水洗脸洗澡，蛋刮脸，都有祛胎风的功效。高秀村一些人家煮蛋时，会放个鸭蛋进去。鸭蛋煮熟后，就用这个鸭蛋为婴儿刮脸。他们认为，鸭蛋的壳比鸡蛋壳厚实些，希望婴儿长大后"脸皮厚一些"，将来为人处世大方些。

2. 外婆米和外婆背带

外婆米，也称枕头米。外婆在外孙"三朝"这天，要带一袋米来，米的多少各村标准不同。茶溪村外婆一般带十筒米，将米袋带到婴儿床头，外婆用力放在床头的地上，响声越响越好。这样可壮婴儿胆，婴儿长大后遇到什么事都会不惊不骇，稳重如山。带小袋米的，可用力放在床头，同样具有壮胆功效，小米袋还可用于做婴儿的枕头。

女儿怀孕后，母亲就要准备一匹上好的侗布。待办三朝酒那天，拿到外孙家缝制背带。由外婆挑选族内手艺好的几个妇女来合力缝制。一般不缝完，留背带盖部分，背带盖是外婆早就准备好的，盖面绣满了侗族人崇尚自然的花鸟等吉祥物，待孩子满月后由孩子的母亲来完成。一条背带，缝上两代人的爱。

3. 吃三朝

"三朝酒"那天，从上午9点钟开始，就会有客人陆续前来道喜，一般以女方亲戚为主。不论路程远近，每家至少要派出一名代表，除外公须在日落后赶来之外，其他所有宾客都必须在中午之前到齐。来吃"三朝酒"的人，必须携带礼物。女方家的礼最丰富，一般包括猪肉、糯米、鸡蛋、侗布、侗棉、酸草鱼、婴儿银项圈、银锁、银手镯等。有的村寨办"三朝酒"，女方家必须准备操办"三朝酒"的一半肉类和主粮。因此，女方家挑礼物往往超过数十担，伴着鞭炮声、浩浩荡荡排成一路，场面颇为壮观。

"三朝酒"一般从中午开始，客人们进屋先喝甜酒、吃鸡蛋，再喝油茶，最后才吃午饭。"三朝酒"的午宴比较丰盛，而晚宴规模则相对较小。侗族人的家族观念非常重，往往有着庞大的亲戚群，办"三朝酒"时，客人太多，桶装肉盆盛菜钵温饭，开的是"流水席"。

按侗族习惯，在婴儿出生前，不能为其准备衣帽；待到出生后，先用柔软的布包裹着。摆完"三朝酒"，才能穿上新制的童装。所以"三朝酒"时，女方亲戚，特别是姨妈、舅妈等往往格外忙碌。在酒席过程中，她们除了要为婴儿赶制背带、衣裳、裙片等衣物，还要不停地传抱婴儿，仔细端详，说祝福话，唱祝福歌。

4. 取名歌

平铺村盛行"取名歌"环节。"三朝酒"过半，就是对唱"取名歌"的环节。一般先由男方男眷用吟唱的方式，主动邀请女方女眷为婴儿取名。经过多轮唱和商讨后，最终由外婆定夺并宣布婴儿的名字。整个对唱，除了曲调是固定的，其他都是即兴创作而成。为取名，女方会专门找会唱歌的女眷或本寨的女伴，参加取名歌对唱，为外孙取个好名字。也有女方家在来吃三朝酒前就取好名字了。唱歌只是一个程序，一个过场。侗族人是一个宽容的民族，如果男方家不喜欢女方家取的名字，过后可以改孩子的"大名"，女方家取的名就留为"小名"。

5.女人饭

"女人饭"，是传授养育儿女宝贵经验的"会议"。"三朝酒"次日，婴儿的母亲，会专为闺中密友准备一次晚宴。闺蜜在晚宴上，为新母亲传授育儿知识，相互交流育儿经验。这是林溪河流域侗族村寨的优良传统。

6.串串肉

"三朝酒"散后，所有女宾在回家时，都需要带一块或三块重约四两、用竹片串起的肥肉，外显"三朝酒"的丰盛。串肉带回家后，一般用来打油茶，并请左邻右舍的女性品尝，以转告喜讯，分享快乐，俗称"串肉礼"。

（六）月子酒

1.选日子

主家会在婴儿出生后的第七天、第九天和第十一天这三天中，任选一个日子，为婴儿办月子酒。这次办酒，是婴儿社会化的一次仪式。为什么选择单数天办月子酒？多位被采访者一致认为：送子观音娘娘是单日送子的。选择这样的日子，有感恩送子观音菩萨之意。

2.送嫁妆

女儿出嫁时，女方家只在第二天送去了女儿嫁衣和银饰。这些嫁衣和银饰，随新娘第三天一起"回门"了。新娘的嫁衣，是母亲用三五年甚至更长的时间做出来的。过去从种棉、纺纱、织布、染布、晒布、捶布到缝制都要手工完成，工序繁杂，活计讲究，用时较长；即使是现在，种蓝靛草、买布、染布、晒布、捶布到缝制，也步步要到位。染布至少染三遍，多至七遍，且逢染必漂，漂后需晒。家有一女待嫁，母亲要忙累好几年。程阳一杨姓妇女聊到为女儿准备5套嫁衣，已经花了三年时间了，还没完成。

嫁出去的女儿生孩子了，婚姻也就稳定了。孩子外婆家会在办月子酒当天，将女儿嫁妆送到女儿夫家；有的村寨在办"三朝酒"时送，如平铺村。程阳一带的老人说，从古到今，都是这样讲的，男孩要田和屋，

第七章 林溪河流域侗寨生命仪礼

女孩要嫁衣和银饰。当然，女方给嫁妆，家中也定会尽力尽心，因为嫁妆不仅是女方父母给女儿的一份心意，还是女方家庭经济实力的一种展现，更重要的是，与其他民族一样，嫁妆的多少，在某种程度上决定女方今后在男方家的地位和家庭中的影响力。

嫁妆一般包括猪肉、糯米、侗布、侗锦、酸草鱼、银项圈、银锁、银手镯、新被、箱子、衣柜、木桶及女方带回去的婚服等；过去富有家庭的嫁妆还包括纺车、织布机、染布用的大小庞桶等。纺车、织布机和染布用的大小庞桶等嫁妆，是娘家准备上好木料，请技术高超的木匠做成的，希望女儿在夫家能主好家"内"。送嫁妆时，在纺车、织布机、庞桶上贴上红纸，显示喜庆和吉祥如意，又挂上糯米禾把，彰显勤于耕耘，五谷丰登之意。

（七）出月

满月日即出月日。满月是指男孩出生满29天，女孩出生满28天。

1. 点黑灰

孩子出月前，奶奶在火塘里的三脚架上抹上黑灰，在火塘上的禾炕四角取来黑墨，点在婴儿的额头上，边点边念："三脚架，四角禾炕，我孩去外家什么都不怕。"走出寨门后，在路边顺手摘一片蕨草，插在背带里，又念："药土王，药土上身郎/药土上身娘；土王药，土王药挂上郎/娘的身，老虎见了纷纷躲，野鬼见了纷纷躲。"点黑灰，其实就是辟邪的一种仪式。

2. 出月礼

出月这天，新生孩子的房族选一位德高望重、人财两旺的大妈背着孩子，与孩子的妈妈及房族伯妈、婶娘等十多人，挑糯米饭、鸡鸭肉、酒，去外婆家吃饭。这些东西到了外婆家，先祭萨，然后下锅用于办酒席招待客人。男方家挑去的糯米饭一般有两包，外婆家拿其中的一包出来分吃；另一包只是象征性地抓出一团，然后用自己蒸的糯米饭补一团，作为"退礼"，也有为孩子添粮之意。

有的村寨，带孩子去外婆家出月，一定要过一座桥。背孩子的人或者随同的亲人，未过桥前在路边捡一块石子，等走过桥之后，不能回头，用力把石子往后甩，并细声细语地说："我们健健康康平平安安的，不要跟来哦。"有的村寨，不管是什么日子，只要是背孩子过桥，都会有这样的举动。

出月后，孩子就可以外出了。但一般家庭尽量不带孩子走夜路。如果必须走夜路，就会先"点黑灰"，用在盖上缝有铜钱的背带背孩子，一路往家走，一路喊："侬，侬唉，拜然了，拜然了（宝贝，宝贝，回家啰，回家啰）。"让孩子的魂魄不受野鬼引诱，在亲人的招呼下跟着回家。

"过生桥"仪礼，从求子开始，到出月结束，每一个环节都有自身地域民族文化的讲究，特别是为新生儿开展的一系列的"过桥"仪礼，盛大而隆重，真实地表现了林溪河流域侗族村寨敬畏生命的文化特征。

二、结婚仪礼——过"婚桥"仪礼，神秘而浪漫

（一）行歌坐夜

一首经典的侗族风俗歌《阿妹开门》，将侗家行歌坐夜的风俗唱响；一部独特的侗族民俗实景剧《坐妹》，将侗族行歌坐夜场景亮相。这一歌一剧，在一定程度上从侧面展现了侗族的成人礼仪式。

《阿妹开门》歌写得很美：

> 月亮挂上了树梢，星星在空中闪耀，
> 吊脚楼上的妹妹，你把我的心儿勾去了……
> 我弹着琵琶，轻轻来把妹门敲：
> 阿妹，开门咧，
> 我想妹想得好心焦，妹你莫要笑，
> 哪座山头不长草咧，哪条小溪不淌水咧，
> 哪棵杉木不会老咧，哪个后生不把老婆讨啰！
>
> 月亮已经下山了，老人们已经睡了，
> 吊脚楼上的妹妹，你把我的魂魄勾去了……
> 我弹着琵琶，轻轻又把妹门敲：
> 阿妹，开门咧，
> 我想妹想得脚打飘，妹你莫要笑，
> 哪座山头不长草咧，哪条小溪不淌水咧，
> 哪棵树木不会老咧，哪个后生不把老婆讨啰！

1. 成人礼的融入

林溪河流域侗寨也和其他侗寨一样，没有独立的成人仪礼，其成人

仪礼虽融入结婚仪礼之中，却也足够浪漫。小伙子成年了，大人会说，成"勒汉"（小伙子）了，可以去走寨行歌坐夜了；朋友也会相邀，走寨款妹仔去。"勒勉"（姑娘）成人了，学会了纺纱织布，晚上在吊脚楼上，把纺纱机摇得咔咔响，暗示走寨的勒汉，家有待嫁勒勉。

冠洞村几位男性长者，回忆当年行歌坐夜的情景：月光洒下的时候，打着灯笼走寨去，到了村巷就唱歌。嘴巴唱来耳朵听，纺车声声有暗语；喊门进屋撩情人，行歌坐夜到天明。那时，我们的歌在村巷里唱，到了勒勉的吊脚楼，一般不再唱歌，经常坐夜到天亮，会款（聊）天，会打油茶，但不唱歌，唱歌会影响勒勉家人休息的。

林溪河流域侗寨曾有这样的喊门歌：知道阿妹你在家，请你起来吃糖茶；过了十八的花季，谁还来这里凑热闹。这说明行歌坐夜行为，就是侗族勒汉勒勉成年的一个标志，也是勒汉勒勉成年的一个浪漫仪礼。

2. 行歌坐夜

有的勒汉精明，早已探得哪个村寨有勒勉。晚饭后，便相约勒汉去走寨。走到村巷喊门唱歌："一株金竹难成片，一棵杉树难成林，一丘水田难成段，一个单身汉子难成亲。松杉树顶阳光正照煦，趁妹年轻特来坐夜，求得棕线匹配好棉纱。"

也有情动的勒勉，三五成群相约在某家吊脚楼里做针线活，等待她们的意中人。遇上有缘人，开门让走寨的勒汉进屋坐夜。待夜深，勒勉们就架锅打油茶。通过多次交往，加深了解，产生情意。

3. 煮糖粥

煮糖粥是行歌坐夜深入的阶段。勒汉勒勉你有情来我有意，爱慕之心甚笃之时，才会煮糖粥。双方约定一个晚上，勒汉买好糖到勒勉家去，勒勉在家里备米等候。煮糖粥必须在鸡叫以后的下半夜进行。夜深人静时，勒汉勒勉悄悄下楼去把米舂成粉，然后围在火塘边煮糖粥边聊天。糖粥煮好后，在场的勒汉和勒勉不能全吃完，一定要先留出一些给勒勉家里的父母和兄妹，让他们第二天分享到爱情的甜蜜和生活的甜蜜。

随着时间的推移，勒汉和勒勉彼此尊敬，感情逐渐加深，有的成为朋友，有的成为终身伴侣。

4. 换"档"

"档"即信物。侗族男女青年谈情说爱，情深意切之时，为表明各自的真心实意，双方就交换信物。一般勒汉送给勒勉一件衣服，勒勉送给勒汉一只银手镯或一只银耳环。也有勒汉买布让勒勉帮做布鞋或缝衣服，等做好送给勒汉时，勒汉再送棉花篮或缝衣篮给勒勉。这些形式都称为换"档"。

（二）偷亲和抢亲

《直方周易》中《屯·六二》："屯如，邅如；乘马，班如；匪寇，婚媾。"这是一首抢婚诗。一群男子威风凛凛骑马而来，原以为是敌寇，等到进门将姑娘抢走，才知道是为婚事而来。侗族婚俗，不同村寨，大同小异。"偷亲""抢亲"，均有沿袭。

侗家允许"姑表婚"，舅家表哥对姑家表妹有迎娶优先权。通过行歌坐夜产生了感情的有情人，为了反抗和抵制这种习俗，便有了偷亲和抢亲。

1.偷亲

新郎在夜深人静时迎娶新娘，要做到不使村上任何人知晓，故谓之"偷"。随着时间的推移，现在已不实行姑表婚了，但这种偷亲已成为当地一种风俗并传承至今。不偷，意味着对舅家不尊敬，所以迎娶新娘还必须在夜深人静时进行。

2.抢亲

不管真抢假抢，都要抢得轰轰烈烈，热热闹闹。假抢是女方虚张声势，让男方轻松入门，把新娘"抢"走，然后呼声阵阵，追赶一程；真抢则是女方木楼，上上下下，明处暗处，护卫层层。男方用计，拖延时间，寻找机会，智娶新人。真抢假抢，均为提高新娘地位，日后不被丈夫欺凌，祈求男女平等，婚姻美满。

（三）结婚

关于结婚日子的选定，虽然不同村寨有不同的说法，但基本定在正月。程阳八寨固定在大年三十接新娘，而冠洞一般是在正月初一接新娘，高秀村一位老人说看好日子就可以接新娘了。程阳、冠洞等村，接新娘的日子固定，但良辰吉时仍要根据生辰八字推算。

1.程阳八寨婚俗

程阳八寨是指大寨、平铺、马安、岩寨、平坦、平寨、吉昌、懂寨八个侗族自然村寨，简称阳八寨，均坐落在程阳景区内。

八寨婚俗有以下几大特点：一是恋爱自由，嫁娶则要通过媒人介绍；

二是统一在农历大年三十晚上接新娘，大年初一全村人看新娘挑水，初二吃新郎家喜酒，初二晚上闹新娘油茶，初三送新娘回门，并在新娘家吃喜酒；三是不落夫家，三年上五年下，三五年后才落夫家，早生孩子除外；四是迟送嫁妆，待生下小孩后才送去嫁妆。

篝火迎亲，也是程阳八寨的传统习俗。农历大年三十晚，当村里后生得知新娘要从某条路经过，就提前在路上燃烧若干个火堆等待新郎新娘。若担心新郎新娘避开篝火从别的岔路溜过，便在这些岔路上泼阴沟水，倒烂塘泥使新郎新娘无处踏脚，乖乖地朝篝火这边走。当新郎新娘走到篝火旁，后生们早就躲进了暗处，并在暗处捂着鼻子欢呼"煎蜡呜呼，雨蜡呜呼"，跟着传来似唱非唱的喧闹声："新娘新娘快走吧！快快跟郎到婆家，挑水舂米酿甜酒，早日抱个胖娃娃……"声音在夜空中传去很远，让下堆篝火的后生听见，知道新郎新娘要来了，快快添柴加草，将篝火烧得旺旺。这样一站接一站送，新郎新娘不必提灯照明。

2. 接新娘

新郎由"公勾"（伴郎）陪同，前往新娘家等候良辰吉时。良辰吉时一到，新郎接上新娘，新娘在伴娘的陪同下，跟随新郎前往夫家。在侗寨，新郎去接新娘时，只带"公勾"一人。但谁能当上"公勾"是十分讲究的，必须认真筛选。"公勾"必须是新郎的房族兄弟，不论年纪比新郎大还是小都可以当，同时，"公勾"的家庭成员中必须没有寡妇。"公勾"的职责是负责按时辰叫新娘从娘家起程，和新郎新娘一同抵达新郎家后，即打油茶给新郎新娘吃，放鞭炮告知新郎家人，新娘已接到家。天亮后，"公勾"还要负责通知亲朋好友前来喝喜酒。"公勾"将得到新娘赠给的一套崭新的衣服。

3. 送嫁衣

不仅程阳八寨，其他村寨也一样，新娘半夜出嫁两手空空跟新郎走。因此第二天，农历正月初一早上，娘家便派两三个姑娘送去嫁衣，包括若干套新衣服、鞋袜、头帕、项圈、手镯等。新郎家拿出最好的饭菜来款待送嫁衣的姑娘。新郎的同伴特意去灌酒对歌，闹送嫁衣的姑娘，让她们不得不放下碗筷，与他们对歌嬉戏。在这样的嬉戏中，有缘人就对上了歌，续上了情。

4. 新娘挑水

农历正月初一早上，娘家送来嫁衣后，新郎家请几个内行妇女来帮新娘插银花，换上最漂亮的衣服后，新娘就挑起水桶准备去水井处挑水。头一次去夫家水井挑水，新郎家会指派一个姑娘引路，几乎全村人都站在道路两旁看新娘。到了水井处，引路陪伴的姑娘帮新娘舀水，只象征性地舀半桶，然后帮新娘提水上肩。这除了礼貌外，也因新娘穿戴复杂，不太方便活动。正因为这样，招来黄嘴嫩牙孩童，远一声近一声地如念如唱："下村阿妹嫁阿哥，酸鱼糯饭吃得多。挑水不满桶，讲给阿哥听，下次你敢不挑多。"臊得新娘脸绯红，也为侗寨春节增添了不少热闹气氛。

正月初一，新娘挑水，有男方家的姊妹相陪，象征着新娘融入一个新的家庭，融入一个新的生活环境，这种融入会得到新家庭或家族所有女性的帮助；新娘挑水，也表明新娘开始挑起新家庭的责任。

5.吃新郎喜酒

正月初二，程阳八寨村民纷纷送礼去吃新郎喜酒。如果大年三十接有几个新娘回村寨，村民在这一天内要去吃几趟喜酒。村民送的礼品有两竹筐糯米，竹筐旁挂一尾酸草鱼，米筐上用红纸压数十元作礼金。近亲则送礼更重，有的抬"红猪"（杀猪后，刮毛取内脏，将猪血涂抹猪的全身），有的抬酒坛。房族兄弟以主人身份出现，杀猪宰羊，陪客喝酒，将婚礼推向高潮。

不论哪个民族，办酒其实就是一种认可需要的仪式。新郎办结婚喜酒，就是借这种仪礼向亲朋好友和邻里宣告，自己不仅成人了，而且开始承担家庭责任了。

6.闹新娘油茶

吃罢了新郎喜酒，新郎的同伴会陆续去闹新娘油茶。原在火塘边陪新娘坐的老年人，见后生们来了，便悄悄避开。新娘也溜进房间。这时，后生们互相挤眉弄眼，有的说："响雷了！"跟着将楼板踩得"咚咚咚"地响，还夹杂着阵阵鞭炮声。接着后生们又起哄："我们要吃油茶，新娘快出来打油茶呀！"如果新娘仍不出房门，后生们又来另一招。他们在三脚灶下烧起旺旺的大火，架上铁锅，不放水只放油，把锅烧得冒烟。一些人喊着假意阻止："不要添柴加火了，锅裂啦！锅裂啦！"更有甚者还把鞭炮扔进铁锅，噼里啪啦地响，闹得火塘和堂屋烟雾弥漫。新娘恐怕弄裂婆家的锅，不得不出来打油茶。后生们喝罢新娘打的油茶，不忘掏出小额钱币作为礼钱。有的放在碗里，有的架到筷子上，作为新娘的"针线钱"。

新娘在回门前的早上，也要打一次油茶，称之回门油茶或新娘油茶。这和后生们闹油茶不同，这次油茶规模大，几乎把全村各家各户的妇女都请来吃油茶。由于是新娘掌勺把碗，谁能喝上，都视为幸运，分享到一份幸福。因此，阿婆阿奶、大婶大嫂，携儿带女，欣然前往，把新郎家挤得满满的，大家都愿意去分享的幸福。

（四）回门

1. 送新娘

送新娘是侗族婚礼中特别隆重的仪式之一。在新娘回门前，娘家派来两三个姑娘接嫁衣，先选一两件衣服压在新郎的衣箱底，留作纪念。其余送过来的衣服鞋袜、头帕、银饰全都随新娘一道接回娘家。

新郎迎娶新娘，请房族、亲戚和朋友喝喜酒之后，就应该送新娘回门了。一般来说，新郎家要准备一头"红猪"，还备有酸鸭肉、酸鱼、糍粑及米酒等所需礼物。新娘只要准备服饰即可，几篮（箱）到几十篮（箱）不等。新娘头戴银饰，身穿精致的嫁衣、百褶裙。良辰一到，鞭炮齐鸣，新郎房族几十人的送亲队伍出发了。接嫁衣的姑娘走在送亲队伍的前面，新娘在队伍的中间，前后有伴娘陪着。新娘与伴娘的装饰一样，区别是新娘手拿一件东西，或精制的侗帕，或布袋，里面包一件宝贝。路旁、亭边、桥面树上挤满了看送亲的人们。送亲队伍到了新娘家，喝了拦路酒，互致贺词，礼物交给新娘的房族。之后，送亲的队伍与新娘的亲戚同餐共饮，对唱酒歌，热闹非凡。

例如，正月初三在程阳，往往会有多支送亲队伍，抬上红猪，挑着酸鱼、糍粑、糯米及米酒等贺礼送新娘回门。不管是哪个村寨的送亲队伍，都非常壮观，这说明新郎家看重新娘家，礼多人情重，情意更重。

2. 新娘手布

在侗族地区，当新娘回娘家时，婆婆通常要给自己心爱的儿媳塞上一块精致的褐色手布（侗帕）。当送亲队伍和新娘步出新郎家门时，新娘的左手便紧紧握住那块手布。新娘在进入娘家之前，这块手布绝不允许换手握，无论路途有多远，都不能换。否则，便预示对丈夫三心二意，或者可能会给夫家和娘家带来某种灾难，特别是会有白事临头。所以，送亲队伍中，新娘手里的那块布时刻都被人注意着。

一块手布，在不违背规则的情境下，成了表达忠贞爱情的意象，也成了祝福的意象。

3. 送舅爷礼

在侗族地区，当女儿出嫁后，在回门的当日会将猪肉几斤或十几斤、鸡鸭一两只、酸鱼两尾、米酒一二十斤等作为礼物送给舅爷。这些礼物是新郎送给新娘的礼物之一，通过新娘房族的兄弟送往舅家。

4. 姑表抢礼

在独峒、林溪、八江、同乐等侗族地区，在新娘回门的大好日子里，有"姑表抢礼"的习俗。这一天，新娘恭请姑表到自己的娘家喝喜酒。在吃饭前姑表们偷偷去检查新郎送来的礼物。这个将此礼物藏起来，那个将彼礼物藏起来。然后到送亲队伍那里说，你们送来的礼物缺这样少那样。姑表们与送亲队伍通过一番对歌和趣谈，有的送亲队伍回家补足礼物，有的送亲队伍就在新娘家附近购买礼物补上。姑表抢礼不在乎物品，而在乎趣味。

5. 勾亲

新婚仪式之后，或三五天，或八九天，为使双方房族兄弟互相认识，新郎会准备酒席，特邀新娘房族（每家派男女代表）中十几人到家里做客。新郎的房族叔伯兄弟姐妹则提来酸鱼、酸肉、糯米酒等佳肴来陪同新的亲戚共进午餐或晚餐。大家围在长长的酒桌旁，尽情畅饮，共叙这门亲事的美好和谐。大家或谈生活，或说生产，海阔天空，一片欢乐。几天后，女方又邀请男方族人前往做客，以同等规格盛情招待。

（五）缓落夫家

侗族大都有新娘"缓落夫家"的婚姻风俗。新娘过门后只能在新郎家住一晚、三晚或五晚，与伴娘住在一起，之后送回娘家。

1. 请新娘

新娘回门后，要待到春天插秧才有机会去请新娘来新郎家插秧。所谓"请"，就意味着新娘不会轻易来。因为第一次请得动了，下次也容易请。反之，下次更难请。有的先让小姑去请，如请不来；婆婆亲自出马，新娘才来。不管春插有多繁忙，新娘一般只来住三个晚上，插两三天秧，婆婆就要送春插酒，送新娘回娘家。送春插酒的礼有一担糯米、一担糯米饭、两只鸭、两三尾酸鱼，两块猪肉及一坛酒等。

秋天到来，稻谷熟了，婆婆就去请新娘来剪禾把。如果新娘春天来插秧了，去请新娘来剪禾把就容易了。反之新娘就要推迟到第二年春插才愿意来。新娘来剪禾把，携带竹篓、禾剪、扁担、捆带、斗篷，这是新娘专用的劳动工具。在新郎家住三个晚上，剪两三天禾把，婆家又要送新娘回去。送新娘的礼品有两只鸭、两尾酸草鱼、一担糯米、一担糯米饭、两块猪肉及酒等。

第二年春节期间，婆婆要去接新娘来纺纱。新娘愿不愿意来纺纱，这得看新娘是否来插过秧和剪过禾把。若来过，新娘就顺理成章来纺纱。相反，新娘绝不来纺纱。来纺纱不只限于住三个晚上，亦可住五夜或七夜。在此期间，新娘可以同新郎圆房。从此，新娘回去也不需要婆家人送了。一直延续到怀孕后，才真正地落夫家。换言之，女方生下孩子后，婚姻才趋向稳定。

也有一说，以前侗家普遍早婚，男女青年十六七岁就办酒结婚，双方身体都还没有完全发育成熟。为了弥补这个缺憾，双方老人便令新人结婚不同宿。一般来说，三年上五年下，新娘到 20 岁左右，身体完全成熟了，可以生育了，才愿意到男方家长住。这个时候娘家就称"送田地了"。意思是说，姑娘好比一丘田，现在可以播种收谷了。这是暗喻女儿可到男方家当家了。

2.送棉花

新娘回门后，婆婆便邀请族内的大娘大婶、大嫂二嫂七八人，用竹筐挑着棉花送到新娘家去，给新娘纺纱织布。一般棉花要送能够纺两三匹侗布的量为宜。新娘家也邀请族内的同等人员来接待。除备有新鲜菜外，还挖出酸坛里的酸鸭肉、酸鱼来款待对方，以示富有和盛情。

3.送布

新娘接到新郎家送来的棉花后，立即着手纺纱织布。无论是纺纱还是织布，既要快又要好，这样才显示新娘技术精湛。织好布后，娘家邀请族内的大娘大婶、大姐大嫂七八人把布送到新郎家去。婆婆也邀请族内的同等人员来接待。上等饭菜接待不必说，重要的是请她们来看新娘织的布匹，赞美其手艺。

林溪河流域侗族村寨的过"婚桥"仪礼，从成人进行行歌坐夜开始，到嫁妆送到夫家为止，时间最少一年，多则四五年。过"婚桥"过程的仪礼，有成年的向往，有浪漫的恋爱，有神秘的婚礼，有翘首的等待，有接送的期盼，这些种种浪漫而又神秘，繁复而又独特，集中地体现了地域民族文化的特殊性。

三、丧葬仪礼——过"丧桥"仪礼，自然而虔诚

在侗族人的生命意识中，人的生命形式是与自然息息相关的。如果

说生是春天生命的降临，那么死就是秋天果实的熟落。这是大自然的规则，也是生命的规则。

（一）忌死床上

茶溪村一长者道：人之将死，往往会有一些征兆。如果老人出现征兆，家人就会将其移至火塘屋中专门铺的床上伺候，因为当地风俗忌讳人死在床上。当地人认为，床上挂的帐子如网，人不能死在网中。如有家人意外死在床上，家人定会请先生给亡者解"网死之苦"，免其受"网"的束缚。将死之人会被移到火塘床上，亲人、好友、邻居闻讯后都会来探望，大有生前见最后一面之意。

（二）落气

1.点墨记

侗族人在临终的那一刻，其亲生子女会迅速用涂了口水的手指沾上火塘里三脚架上的墨灰，在仍有余温的尸体上的某个部位打个印记，一般不点在面部。子女盼望在他投胎转世后，凭此记号来证明其前生是谁。点墨记，是儿女对父母的怀念。

2.洗身换衣

人落气后，家人马上为死者洗身换衣。洗身水很有讲究，冠洞人选择到河中打"活水"，靠山的村寨选择到井中打"活水"，水中加柚子树枝烧温后，用盆盛出。将毛巾放入盆中打湿，拧好后就用它象征性地为死者擦身。也有的地方说水不能在家里烧，需要在门外烧才可用。

洗身后，要换衣裤。衣裤讲究最里层穿本色侗布衣，第二层穿侗布青色衣（蓝靛染出浅色衣），第三层穿侗布夹衣，第四层穿侗布外衣，第五层穿袍子，男穿长袍，女穿短袍，脚穿布鞋。

3.置凉床

洗身换衣后，要将死者移至堂屋一侧的凉床上，一般男左女右。凉床用三五根杉木垫底，上搭木板。然后在木板上铺上床单，以前是用侗布床单，现在也用现代工业品床单。女儿准备的放下层，儿子准备的放上层，床单数为单数层，不能用双数层。死者身盖被单，也为单数，脸用草纸盖上。

4.告亲友

孝子会到房族家中一家一家地告知族中人，族中人会商议落实丧事办理事宜，放铁炮告诉村中人。

5.分发孝布

老人去世时，待道师一番安排之后，女主人便忙着分发孝布了。孝布的分法与佩戴是有讲究的。孝布佩戴通常有长短之分，死者的儿孙和女婿佩戴长孝布，其女儿、媳妇及旁系亲戚或朋友只能戴短孝布。长孝布以人的身高为标准裁剪，短孝布只是绕头绑扎。随着人们生活水平逐日提高，如今，死者的亲人大都佩戴长孝布。

（三）办丧事

1.戴孝吃素

孝子上孝后，即戴孝帕、穿孝衣后，就不能吃荤，只有亡者上山后开荤，才能吃荤。

2.开路

出殡前，要请道士为亡者开通五方升天道路，安葬为土。开路是葬礼中非常重要的环节，不给亡者开路，亡者就无法进入黑暗的地府之中。开路就是让亡者顺利地到达地府。开路环节，要请先生按一定的套路进行，如请五方引魂童子接亡，颁读通关路引牒文，上冥香、献茶、献酒，每个程序完毕都恭贺吉语。

3.断桥

侗族扶灵入殓时，尸身一离开凉床，马上有人放倒凉床；个别村寨还会在尸身离开房屋前，由家人将事先准备在水盆上的木皮"砍断"，意为死者福桥已断，从此与家人阴阳两隔了。同时，还有一位妇人在死者屋内抛米粒，嘴里不停地念："走快点，走快点！"这是在驱赶鬼神，是对死去的人讲的。不管他生前对家人是好还是坏，现在已经不存在了，就不能再留恋在家里了，要他迅速远离。米粒撒往屋角，以此驱赶死者灵魂。

4.入殓

林溪河流域侗族村寨丧葬习惯土葬。安葬那天，先将棺材抬至死者家门口的路上，或者在村寨中相对固定的地方放置，先铺垫草纸，起稳定尸身和吸收水分的作用；再铺上中国传统的五色纸，青为木指东方，白为金代西方，赤为火喻南方，黑为水示北方，黄是土居天地中方，以此让亡者回归大自然。

布置好棺材之后，由四个中青年男子抓住凉床上床单的四个角，茶溪村处还需亡者女儿去扶头，防止亡者头部下坠或歪斜（如果哪户人家没有生育女儿，村寨上的人就会说，死了没有扶头人），之后直接将亡者尸身抬到棺材处直接安放进棺材，再在亡者身上铺上单层寿被，儿子准备的贴尸身放，往上是女儿准备的。之后，儿女们谨慎地往亡者嘴里塞上白银，以确保他在来世言语有分寸。

最后盖上棺盖，入殓工序完成。棺材摆放的位置是脚朝前，这样亡者的灵魂就找不到回家的路了。

5.下葬和服孝

死者出殡和下葬时间是先生根据亡者属相来推算凶吉后定下的。善死者，成年的抬到祖坟墓地安葬，无祖坟墓地者则选择风水好的山岭下葬；恶死者，不得进入祖坟墓地安葬。

子女为亡父母服孝一年，也有服孝三年的；儿孙辈给亡祖父母、伯父母、叔婶服孝三个月；妻子给亡夫服孝三年。服孝期间，不参加结婚典礼，不婚嫁，不参加娱乐活动，不出远门。

6.解邪

侗寨里有人去世，村人都知道送葬人群的必经路途。为此，沿途人家的屋外，特别是寨门两侧，都插有柚子叶，为避鬼驱邪，希望死者的灵魂不要靠近这一家。亡者家用盆装热水浸泡柚子树枝，放在显眼处，供大家洗手，或用柚子树枝拍打自己身上，防鬼驱邪。

（四）解孝

1.出脚

"出脚"是指在老人去世安葬完毕后，族人到亲戚家去吃一顿饭，以此祭奠死者。死者是男性，族人就到他的姐妹、女婿家去；是女性，族人则到她的娘家、女婿家去。据说此举是由活着的儿孙带着死者的灵魂最后一次去走亲戚，叫其灵魂以后不要再去了，否则会给亲戚带来某种不祥。"出脚"到亲戚家去的人，进屋离去均不能说话，不能相互问候，由巫师对来访者举行仪式后，大家方能交谈。

2.架地

架地是遮盖灵魂的意思。侗族人认为人是有灵魂的。当家里有人辞世时，家人往往要请道师来"架地"，将死者整个房族子孙的灵魂遮盖起来，不让其追随死者的亡魂到阴间去。架地有两种：一是大"地"设在堂屋内或火塘边，用于祝福家人安康和生活美满，该"地"在老人走后满月后即撤；二是小"地"设在屋外，意在把亡者灵魂埋在地下，令其永远不能翻身，特别是对非正常死亡者就更应埋小"地"，此"地"永不撤开。

果落人死，人与自然一样。人生一世到此谢幕，身入大地，魂入自然，一切都归于寂静。而"观众"给谢幕者办理的过"丧桥"仪礼，也多为表达纪念亡者之情，报答父母的养育之恩。因为报恩，所以虔诚；因为顺应，所以自然。

生命来自大自然最神秘的一端，最终又回归和融入大自然，这一切都顺理成章。

林溪河流域侗寨的生命仪礼，诞生仪礼盛大而隆重，结婚仪礼浪漫而神秘，丧葬仪礼自然而虔诚。

第八章 林溪河流域侗寨民间俗信

杨瑞瑶

一、林溪河流域侗寨演变历程与信仰空间建构

自诚融通道开通之后，浔江、临溪一寨三堡的人群结构、聚落空间与信仰体系都相应地发生了一系列的变化。通过观察、访谈和对家族文献的解读，我们可以了解宋代诚融通道开通之后，林溪河流域中各姓氏家族人群的迁居和发展历程，并且观察和了解当地村寨中祭祀空间的兴起、发展与变迁，以此来探究家族人群发展和侗寨空间建构之间的能动关系。本章主要通过考察林溪河流域侗寨中供奉的"萨"（sax）、飞山公等地方神灵的祭祀场所的建构与变迁过程，阐述林溪河流域佛教的传入与佛庙的兴建历史，从而展现侗寨中存在的形态各异的祭祀场所与信仰空间本身的营建和变化过程，围绕这些祭祀场所与信仰空间的传说、故事与历史记忆，以及在不同的时间上演的各种礼仪实践活动，透视"人"的实践活动对物质性"空间"的模塑与建构作用。

（一）护佑侗寨的本土神明："萨岁"信仰

在林溪河流域的各个侗寨中，"萨岁"（sax siis）崇拜以女性神灵形象作为其信仰主体，"萨岁"祭祀以女性神灵信仰为核心在侗寨祭祀秩序中处于优先地位。侗族日常用语中的"萨"（sax）是对父之母的称呼，即"祖母"或"奶奶"，也泛指年龄较大或辈分较长（至少两辈）的女性。侗语中的"萨岁"，亦被称为"萨玛"（sax mags）、"萨老"（sax laox）、"玛"（mags）、"岁"（siis）、老（laox）都有"先""大"或"过世的"之意，故"萨岁""萨玛""萨老"等称呼意为"最大的祖母"或"已逝

177

世的祖母"。除此之外，据杨通山先生调查，在独峒、八江、林溪三个乡镇中设坛供奉的萨神是"萨玛庆岁"（sax mags qinp siis），上述对"萨"的称谓都是"萨玛庆岁"的简称或别称。林溪岩寨和八江寨的萨坛牌位上都写着"达摩天子之神位"是借用汉字记音，并不是汉书上的达摩天子，而是"萨玛庆岁"的民间写法。"萨玛"还有众多分身神，如孵蛋生人类的祖先神婆"萨并"（sax bienv），意为龟奶奶；掌管乡村的"萨样"（sax yangs），意为乡奶奶；掌管生育的"萨花林"（Sax wax lemc），意为花林奶奶；守桥头的"萨高桥"（sax gaos jiuc），意为桥头奶奶；坐守山坳的"萨堆"（sax dih），意为土地奶奶。①

对"萨玛"坛祠的称呼，在林溪河流域各侗寨中也有所不同。有的村寨称为"然萨"（yanc sax），即"祖母屋"之意；或称为"金萨"（jinl sax），即"祖母殿"之意；此外，还有"萨庙"（sax miiuh）之称，即"祖母庙宇"之意。侗族学者张民指出，在侗寨建立的过程中，安置祭祀"萨岁"的神位，具有十分重要的作用和象征意义。根据流传于贵州省榕江县车寨的《祭祖歌》显示，当地村寨建立之时，有"未置门楼，先置'堆头'，未置寨门，先置'堆并'"的传统习俗。而《祭祖歌》唱到的"堆"（dih）即"地"，"头"（douc）即"社"，"堆头"属于笼统的自然土地崇拜的原始名称；"堆并"（dih biingl），即是指"萨并"（sax bienv）（萨岁），这种以人，甚至以女性人物为崇拜对象的现象，很有可能是由自然的土地崇拜，演变为拟人化的土地崇拜的反映。在从江、榕江、黎平等地侗寨仪式专家手中流传的多种仪式手抄本里都有类似的记载，张民先生由此认为"这种先设置有关居此的神位，而后才建寨立户的习规，显示是古代群体居住哪里，就直接向哪里土地敬奉的方式，是为土地崇拜的产物"，他还进一步推断今天侗寨祭祀的"萨岁"神坛，来源于原始的自然土地崇拜，是历代土地崇拜及其发展变化的综合体。②而在林溪河流域的侗寨中，并非每个寨子都设有"萨坛"供奉，除土地神普遍受寨民敬供外，只在一部分村子较大、建寨较早的村屯才设有。根据杨通山先生的调查，1990年三江侗族自治县的独峒、八江、林溪三个乡镇有大小寨子172个，当时只有15个寨子设置萨坛。这些萨坛多设在寨中，在一间叫"亭萨"的小屋子内设神位，便于烧香敬茶。也有的设在屋里或寨外，如林溪岩寨的"萨坛"曾设在吴全德家的二楼堂屋里，而程阳岩寨的萨

① 杨通山：《三乡萨神崇拜调查》，《贵州民族研究》1990年第2期。
② 张民：《试探"萨岁"神坛源流》，《贵州民族研究》1991年第4期。

坛则设在寨背的高坡上，没有小屋，只用石头砌成一个圆丘形，中间栽上常青树，当时虽很少有人祭祀，但也不敢挖开那块"萨地"。新置萨坛时的时候，必须要到老坛去接萨来，如林溪岩寨的萨坛是从贵州远口跟随祖宗迁居而来的。亮寨的萨坛是从大田寨接来的，但其最初都是从贵州接来。林溪亮寨与大田寨萨坛建制都为木构小屋，神台上摆放的牌位皆书写"本祭大油得道李王之神位"，但关于村民对于所奉之神"李王"皆不甚了解，仅林溪各寨中的歌师传唱着的耶歌中还保留着对于"萨岁"源流的记忆。笔者在参加 2021 年农历九月初九林溪大田寨敬老节时偶遇一位老歌师吴银仙，这位歌师在附近村寨都十分出名，老人今年已经 76岁，但她精神矍铄，口齿清晰，谈吐流利，记性极佳。笔者以笔录其口述的方式，记录了传唱于林溪各寨中的"萨根源耶"（sax suiv jinl），汉译歌词内容如下：

问：

当初萨岁从哪来？

走了几千里路从哪来？

我们要哪个萨带她进来坐？

带萨进寨哪地赢？

答：

当初萨岁从贵州来，

一千里路从下面（游）来。

我们要最大的萨带她进来坐，

带萨进寨全寨赢。

问：

当初哪个人开天辟地？

当初哪个人治理江河？

走到哪里是三省？

三省交界在哪里？

哪条河隔开三甲之地？

什么扰乱朝廷什么扰乱高山？

什么扰乱深山什么扰乱江河？

拿了十二个什么给萨岁？

你看哪个萨是自己的萨？

答：

当初盘古开天辟地，

当初禹王治理江河。

到三省边界的河流，

同乐那个地方的河隔开三甲。

皇帝扰乱朝廷苗人扰乱高山，

老虎扰乱深山龙扰乱江河。

十二把扇子给萨岁，

哪个对得上歌萨殿就给哪个。

问：

当初在哪个地方开始建立萨岁殿？

四方位置缠棉絮。

我们要哪个萨坐殿底？

我们要哪个萨坐殿上？

我们要哪个萨坐殿中？

哪个最有威望的萨坐在石榴殿？

答：

当初贵州建个萨岁殿，

四方位置平美絮。

我们要小的萨坐殿底，

我们要大的萨坐殿上，

我们要管理整个乡的萨坐在殿中，

威望最大的管乡的萨坐在石榴殿。

据王强参加 1986 年 9 月中芬民间文学联合考察工作期间对林溪镇 "萨神" 祭拜调查，林溪地区解放前共有三座萨坛，林溪岩寨的萨坛被称为 "萨玛"（sax mags），意为最大的萨；林溪亮寨的萨坛被称为 "萨搭"（sax dav），意为中间的萨；林溪大田寨的萨坛被称为 "萨温"（sax unh），意为最小的萨。据说这三座萨坛供奉的萨神是姐妹三人，其中以岩寨 "萨玛" 地位最为尊贵，是福佑整个林溪地区的萨神，领受整个林溪地区的膜拜，有专门的人负责祀奉。当地人在叙述林溪地区请 "萨神" 的始末时，还将之与当地流传至今的婚俗改革故事联系在一起。据林溪村皇朝寨 70 岁侗族老人吴道德介绍："不知是避秦还是避汉，侗族的祖先由贵州逃入当时还是原始森林的林溪，居住在现今岩寨对面的山坡 '伍阿' 上面，

'伍阿'位居龙脉之上，风水独占，所以五谷丰登、人丁兴旺，很快发展到一千多户。当时共有四姓人家，石、杨、程、吴，吴姓最多，占了七百多户，而当时侗族规定：同姓人家不能结亲，因而吴姓男女青年的婚配出了问题。到了明洪武年间，朝廷为了镇压、统治'蛮夷'，派邓子龙坐镇靖州。邓子龙又亲自带人到少数民族地区挖'龙脉'。'伍阿'的龙脉便是这时被挖掉的。龙脉挖掉后，便出现了吴姓十八对青年男女相爱，最后集体上吊自尽的事，因此，四姓人家都搬离'伍阿'，下到现今的林溪来了。但下来之后，三年阳春不收，年年遭灾。老人们回忆，以前在贵州时，是要敬萨的，现在不敬了，所以有天灾人祸。于是乡民们便派出鬼师到贵州去请，然而萨不肯来，说是必须有大坝大段才肯来，因林溪当地没有大坝大段，于是乡民们一致约定把林溪的某一处称作大段，某一处称作大坝，又派鬼师去请，鬼师又在贵州抽签占卦，选定了人祀奉萨，萨才屈尊驾临。从此，林溪便一天比一天繁荣了。"

吴道德老人回忆林溪供奉萨的情形时说，岩寨的"萨岁"平常就有专人侍奉，而此人是由请萨的鬼师在贵州或当地找人抽签打卦而选出来的。林溪的乡民们凑出公田供祀奉"萨岁"的家庭耕种，这家人居住的木楼也由大家凑资出力公建，萨坛便设在其居住木楼的二楼正中间。负责祀奉"萨岁"的人的职责是平常耕种公田，打扫"然萨"，每天早晚给"萨岁"烧香敬供。祭祀时向"萨岁"敬礼、念祷词，维持秩序。祭祀仪式有三年一次、一年一次两种，以三年一次为多。祭祀之前，各寨选出正直之人若干。斋戒沐浴，然后前往萨坛膜拜、多耶，一般为期三天。这些活动的费用，一部分由寨民公凑，一部分由公田中出。祭祀时与"萨岁"通话，请示与传达都由鬼师来进行，鬼师是"萨岁"的代言人。第三天下午，各寨全体出动，自带饭菜，到达萨坛外的大田，围成一圈圈的人圈，开始欢呼并进餐。这时，鬼师以"萨岁"的身份出现，到每一圈人前露面，人们高呼："萨来了！"餐毕，祭祀仪式便告结束。

程阳八寨目前只有岩寨保留了萨坛，但对萨的信仰已基本消失。现在在岩寨中已无祭萨的习俗，只是有一部分人家每逢初一、十五会到萨坛烧香祭萨，但过程非常简单，没有其他特殊的仪式。平寨已没有萨坛；很多人甚至都不知道萨是什么，也几乎没有任何与萨崇拜有关的仪式或活动。[1] 在接近坪坦河流域的高秀村与高友村目前也并没有保留传统形制的萨坛，据高秀村向文芳老人介绍，目前高秀村寨有两处祭祀"萨岁"

---

① 孙华：《广西侗族村寨调查简报》，巴蜀书社，2018，第187页。

的坛祠，安置在村寨内部的萨坛，主要起着保寨安民的作用，形制与普通土地公祠无异，安置在村寨外部的萨坛则能护佑村民出入寨子平安顺利。村内的萨坛旁原设有池塘，据村里老人回忆，以前村里每逢有结婚、生子、婴儿满月等喜事，妇女们会带着香烛、纸钱和油茶到萨坛敬奉。据说某年某户人家的小孩不幸跌落池塘夭折，村民便将池塘抽干填平以防后患，此后这处坛祠便渐渐荒废，无人问津了。

林溪河流域侗族村寨长期流传着祭祀"萨岁"的习俗，但各寨祭祀时间不同，有的在大年初一，有的在三月三，有的在社节。一般都在初一、十五到萨坛烧香敬茶，只在大祭之年才摆酒，其供品为鸡、鸭、猪、羊肉、草鱼、糯饭等。根据侗族学者吴能夫调查，中华人民共和国成立前林溪河流域侗寨保留着"春祭"与"秋祭"两次大型祭祀"萨玛"的传统。"春祭"是每年春插前要举行祭祀"萨玛"的活动，侗语叫"傲松"（aol songc）。临近插秧季节，择定"福生"吉日，寨老会聚集萨坛进行"傲松"祭祀，备办三牲供品，并到坛主秧田的东西南北角，拔数株秧苗来祭萨。祭毕，将这数株秧苗插到田中，往往由于秧苗太嫩，不当显目，头人们可以上山割几根芒草来作象征性的"傲松"秧苗。"傲松"春祭，即祈祷萨神保佑禾苗苗壮如松，五谷丰登。传说"萨玛"是古代带领本族人由渔猎生活转入农耕、种植稻谷的始祖。因此春插时一定要先祭祀"萨玛"，否则要减产。"春祭"以后，众人便可以插秧了。"秋祭"是向萨神祈祷人丁兴旺，团寨安宁的一次祭祀活动，古代每年进行一次，近现代改为三五年进行一次，秋祭之日，寨寨备办三牲供品，人人衣冠楚楚，集中到萨坛来祭祀，巫师滔滔不绝唱念祭词，众人依声附和，十分虔诚，无人敢笑。场中还摆着一头母猪，带假面具的巫师，口念一句祭词，就用蘸上酒糟的祭棍刺母猪一下，与侗族"还愿"祭祀仪式几乎一样。[1] 台湾学者林淑蓉通过分析萨堂所安置的象征物以及祭萨仪式过程之意象，认为"萨玛"代表着女性的生育力或再生产力，侗族人在祭萨仪式中所展演的过程可以说是以男性老人（寨老或巫师）所表征的村寨房族来与"萨玛"所代表的集体的女性意象，进行交换，或更具体地说，是进行社会的再生产。表征着侗族社会延绵不息的生殖力，作为社会延续的象征。[2] 在侗族人的叙事神话中，创造人类的始祖称为"萨敏"

[1] 吴能夫：《侗族萨崇拜来源再探》《怀化师专学报》1993年第4期。
[2] 林淑蓉：《从梦、神话到仪式展演：中国贵州侗人的自我意象与象征形构》，《文化遗产研究》2013年第0期。

（汉语称为棉婆），萨敏用孵蛋的方法，孵出了第一个人，一个叫作松恩的男人，接着又孵出了第二个人，一个叫作松桑的女人。松恩和松桑结合后，才有了后来的人，也才有了后来的侗族、汉族、苗族等各族的人。此神话传说出现在侗族的古歌中，以传说叙事的形式来形塑有关棉婆孵蛋的意象：

> 四个棉婆在寨脚，他们各孵蛋一个，三个寡蛋丢去了，剩下好蛋孵松恩。四个棉婆在寨脚，三个寡蛋丢去了，剩下好蛋孵松桑。就从那时起，人才世上落。[①]

在此神话中，侗族人使用鸡孵蛋的意象来建构人的起源神话，鸡则是女性建构个人主体、形构自我位阶的象征，透过侗歌的唱诵将语言与意象结合，侗族女性理解到作为女性所必须担负的"再生产"位阶，以使得人类社会得以传递与延续。侗族人通过古歌的形式，将人类与民族起源的神话传递下来，成为侗族人理解自我、建构自我以及展演自我相当重要的内涵。在林溪高秀村侗族人的信仰体系中，"萨岁"不仅是一个保佑作物丰收、人畜兴旺的"丰产"女性远祖形象，还与投胎送子、兴旺人丁的生育神形象有着密切关系。高秀人认为，人死后灵魂还存在，或飘荡于山野，或游离于人世，或去往《阴阳歌》中传唱的"高胜衙安"，去往"高胜衙安"的路旁是清浊两分的大河，从浊水河渡河的灵魂则会保留着前世的些许记忆再次投胎转世重回人间，从清水河渡河的灵魂则会来到如桃花源一样美丽的"花林大殿"，由守护者"花林四婆"（Sax wap lieme）用船载着灵魂送去投胎。据高秀村的仪式专家于写《阴阳书》所记，侗族人的灵魂是由花林殿的守护神"花林四婆"经过东西南北12座桥，从阴间送到阳间的。这些肉眼看不见的桥和12个灵魂相对应，她们也被称为"桥王父母"。因此，自出生时起，这12座"桥"与人自身的命运和健康密切相关。例如，人出生后，举办"三朝"时，必须在家中的堂屋办"南堂"仪式，祭萨以祈愿其守护幼儿，祈愿幼儿成长过程遇到的难关都能化险为夷。同时，村民相信，灵魂过桥来到人间的路途中，受到很多神灵的帮助和鬼灵的妨碍，这些当时的"债务"表象为现世的不好，如生病、不孕、不幸、不顺或灾难等。并且人们为了驱除今生现世中的不好，最常用的方法是在适当的方位（通常是东方）架一座

---

① 杨通山、蒙光朝、过伟、郑光松：《侗族民歌选》，上海文艺出版社，1980，第66页。

用杉树树干做成的桥。① 根据架桥的习俗，村民相信生者的灵魂由萨来管理，生者的健康状态与花林殿的灵魂状态有关。在这里，花林殿的守护灵萨是由 "Sac wat""Sac sinp""Sac seis""Sac siiic" 等四位神灵组成的，合起来称为"四萨花灵"，她们都是掌管人们成长和一生平安的神。他们相信，侗族的所有人都是由萨从花林殿通过桥送到人类社会的。基于这样的观念，居民供奉的萨的神位建在村子的中心，被认为是团寨重要的守护神。他们也和其他地区一样，认为萨是建村的时候从贵州的萨岁山请来的祖母神，但是没有关于萨的历史传承。现在，当地人在进行村落祭祀和全村的礼仪时，必须先祭祀"萨岁"。例如，芦笙节开始的时候，在鼓楼坪集合吹芦笙之前，也一定要先在萨坛前吹奏芦笙曲。无论做什么事，首先祭祀"萨岁"，表明"萨岁"祭祀在村寨祭祀秩序中比其他的神明具有优先的秩序。

（二）有求必应的地方神明：飞山公信仰

1.飞山公信仰溯源

飞山公，又称飞山爷爷、飞山太公、飞山土主、飞山大王、威远侯等，即民间所称唐末五代时期"飞山蛮"首领之一杨再思。飞山公是湘黔桂界邻区域流传最广的神明之一，是侗、苗、瑶、水、汉等不同族群共同信奉的对象。自唐末宋初以来，人们普建飞山庙以祀之。时至当下，每年农历六月六、十月二十六，即飞山公诞辰与忌日必举行隆重的祭祀仪式。

相传飞山公即唐末五代时期"飞山蛮"首领之一杨再思。唐末五代初叙州蛮酋潘全盛（或作潘金盛）分据今湘西南黔东南界邻地区，后梁开平五年（911）潘全盛遣"其党"杨承磊进略武冈，楚王马殷派吕师周率军出讨，阵杀杨承磊，生擒潘全盛并斩之。而杨再思以杨承磊"族人"身份出现，在飞山洞被吕师周荡平之后，杨再思归附了楚王马殷，杨再思继潘全盛、杨承磊之后成为"十洞"之地的首领。正是"飞山之战"后，飞山公才成为"飞山蛮""十峒"之真正首领，成为该区域内最具影响力的人物，这为飞山公"殁后成神"奠定了基础。40多年之后的后周末年世乱，杨正岩以十洞称"徽诚二州"。到了宋代，自太平兴国四年（979）起，在这一带散掌州洞的杨姓首领内附，入贡的史事多次载入史籍。杨氏族人世代充当刺史、洞官，受朝廷敕封或自封，他们既是行政

① 黄洁：《连通阴阳与"为赎"：侗族的灵魂观与架桥仪式》，《原生态民族文化学刊》2019年第4期。

长官及军事首领，又是杨姓氏族某宗支头人。中央王朝与杨氏的不断互动，促进飞山公神明的形成及地方化。[1]

有关飞山公杨再思的最早历史传说见于宋朝谢鄂于淳熙年（1184）所记《飞山神祠碑记》（后文简称《碑记》），谢鄂于宋淳熙年间曾担任靖州录事、参军兼司法福唐。此《碑记》于明嘉靖十六年（1537）由靖州右参将金章重刻。碑存于靖州飞山宫，但字迹已模糊，多处不可辨。碑文被收录于清光绪《靖州直隶州志卷十一·艺文》。该《碑记》成为飞山信仰源起的重要依据，也是有关飞山公信仰较为完整的记载。

《碑记》还对早期飞山庙的演变过程进行了简要的叙述，飞山神行祠原建在刀弩营前，1155年被当地官员迁至方广寺左侧，1170年又被继任的官员迁往方广寺的西面。1176年，飞山神以其神力支援了前往镇压起义的官军后，正式的神祠开始建立起来。由此产生的影响力相当深远，因为仅在随后的1182年，新到任的官员大兴土木，包括对书院和飞山神祠的兴建，及官府衙门的修缮。官方组织的修葺无疑提升了飞山神祠作为纪念物的价值。与金章重刻碑同时刊刻的另一通石碑，为明嘉靖十六年（1537）夏五月所立，明国子倪镇所撰《重修飞山神祠碑记》则进一步对飞山神祠修建基本情况进行了追溯："前参戎麦轩黄公慨其朽坏，为增修之。越嘉靖丙申，实今清平云崖金公分守之，明年一夜，梦神素服白马相谒，问其姓，答曰：木姓也。及谒庙，宛如所梦，因悟杨从木从易，是为神姓，见其倾圮，捐俸修之。益石坊于祠门内，扁以封额，工讫神事迹无所于考，访之民间，得古志，并载谢鄂文。从而叹曰：文献如此碑乃沦没，非缺典乎。为磨石而重刻之志，是命董工百户王松者。来谓予曰：请一言以识之。予曰：天下之事莫不有数，莫不有时，亦莫不待人而行，神之祠建于有宋，中间迁徙修饰，不知凡几。安知公之后无继之者乎，故曰：有数与时待人而后行也，是为记。"《重修飞山神祠碑记》叙述了明国子倪镇一夜梦见一神明身穿素服骑着白马，于是上前行礼并问其姓，那人回答是姓木；后来探访神庙，果如所梦一般。于是悟出杨从木从易，乃神之姓，因见庙倾圮，于是捐俸修之，立石坊于祠内，扁以封额。工程完成后，神事迹无所于考，在民间探访，得到了上述古时记载。

综合两篇碑文的叙述可知，元丰六年（1083）前，飞山公已由人变神，且有了一定的影响力。中央王朝对飞山公进行了多次敕封，地方官员、士绅则借助战乱等灾难性时间创生飞山公灵验神迹，将之刻画为"忠

① 张应强：《湘黔界邻地区飞山公信仰的形成与流播》，《思想战线》2010年第6期。

于朝廷""助朝平叛""保境安民""有求必应"的形象，使飞山公这一神明形象实现"标准化"与"正统化"，从而跨越族群与地域边界，成为湘黔桂界邻地区重要的区域性神明之一。

2.林溪河流域侗寨的飞山公祠庙

高秀村飞山庙位于高秀老寨东北部，村中谢姓氏族视飞山庙为家祠，在其中供奉全族祖先神位，自承一套祠祭仪式。飞山庙旁就是谢姓氏族居住片区的鼓楼，原是歇山式木墙瓦顶结构，后为防火一楼改为水泥墙。门外面有副对联，上联是"威灵普照万古赖神恩"，下联是"显应佛照千秋祈圣德"。庙里有个神龛，神龛上边有个匾额题云"运宫端殿"，正中题字"本祭家奉飞山土主威远侯王之神位"，左右各题"两班文武""十二朝官"，再右侧有"神德恩挟家祠旺"，再左侧有"祖公福庙子孙贤"。下面还有个土地神位，中间题字"本祭下坛长生兴隆土地之神位"，右为"招财童子"，左为"进宝郎君"，两旁题字"保一方清泰""佑四季平安"。龛上长年供奉有六个香坛和两盏油灯。凡村中谢姓家中操办红白喜事，无论三朝、结婚、进新屋等，都先到祠中祭祖，再拜家中祖先，逢年过节也到祠中祭祀。通常由家翁或长子前往，以鱼、鸡、猪肉三牲及果糖等为祭品。据谢家老人回忆，谢氏的祖先是清乾隆以前入寨的，祖先有四兄弟，自江西泰和县到湖南的靖县，再到靖州县四乡，最后有两兄弟来到高秀，成为谢家的祖先。传说当初谢家祖先在湖南犯了事，祖先向飞山公祭祀祈祷，才免于受难。两兄弟在迁往高秀时，为保平安，便将家中所祭的飞山公牌位一并带走，安放于如今高秀村的飞山庙中，祭拜至今。1961年冬，高秀村发生了一起火灾，全村大半房屋尽毁，而只有谢姓居住的片区未受灾，谢姓鼓楼也成了村内历史最为悠久的鼓楼。谢氏族人回忆起此次灾难事件，都一致认为是飞山公显灵保佑了族人。因为在大火快要蔓延至飞山庙时，谢家老人就拿腌制多年的大草鱼到飞山庙里祭拜，这时突然来了一阵大风，把火势引向另一面的山头。据说高秀村曾发生过多次火灾，但谢姓片区都免于灾祸，不仅是谢姓族人认为飞山公祖庙能显灵护佑谢家，村内大多数村民都认同这一说法。而高秀村杨氏家族也同样将飞山公作为本氏祖宗神加以祭祀和供奉，牌位多供奉在家中，由本族支系中的一家保管和供奉历代祖先牌位，并在清明节举办集体祭祀活动。

高友村村民亦对飞山公杨再思尊崇有加，每逢年节，特别是六月初六（杨再思生辰）和十月二十六（杨再思忌辰）都会祭祀飞山公。村内有飞山宫一座和飞山庙两座，飞山宫位于村内上下寨交界的位置，飞山庙位于村口坡地上。飞山宫、飞山庙自建成以来，香火不绝；村民平日亦会在家中祭祀，特别是杨姓族人，多以杨再思后裔自居。高友村村民对于"萨"的概念很淡薄，村里现在也没有萨坛，而是由祭拜飞山大王杨再思，村里共有三座飞山公庙，村内各个重大节庆的主要祭祀地位于上下寨交界的飞山宫。

程阳懂寨鼓楼旁有一座飞山庙，于2005年大修改建为景区。庙前立有两座杨再思生平石碑，于2012年10月1日立碑，碑文作者不详。碑文依据史传，以历史演义的叙事模式重现了杨再思其人其事，碑文介绍了流传于湘黔桂交界地区民间常见的地方神明飞山公信仰之源流，描绘了自宋朝以来飞山公杨再思由杨姓祖先及地方社会代言人逐步演变为地方神明的过程，讲述了其如何超越其他民间神明，并受到以靖州为中心辐射至更为广泛的湘黔桂三省交界地域内人们的信奉与祭祀。学者张应强的研究则显示，宋代以来的不同历史时期，不同叙述主体展现的飞山公信仰显示出不同的发展轨迹及其神明形象的变化与流播过程，既是区域社会开发进程中王朝主导力量与地方精英互动加以创制和改造的结果，也是侗、苗等族群身份的家族人群在特定历史情境下建立和延续飞山公神明信仰、叙述祖先故事、建构身份认同的过程，折射出他们身处其间的湘黔桂交界区域社会的发展过程与历史现实。[①]

二、村寨起源传说与族姓保护神：以南康屯为例

林溪镇美俗村南康屯南康，又称为南岗。世居杨、石、吴、陆四姓房族，现居常住人口94户，357人，其中杨姓有47户，吴姓有19户，石姓有14户，陆姓有14户。石姓祖先最先入寨安家，其后杨姓、陆姓、吴姓祖先先后入寨安家。石姓祖先从湖南通道县菁芜洲镇平溪村迁徙至广西三江县林溪镇平棉村，最后定居林溪镇美俗村南岗屯，至今已有近两百年历史；杨姓祖先从湖南通道县双江镇黄柏村迁徙至通道双江镇杆梓村，最后迁徙至林溪镇美俗村南岗屯；吴姓祖先从林溪镇茶溪村迁徙至美俗村南岗屯；陆姓祖先自湖南通道县临口村迁址至广西三江县林溪镇务梁，后又迁址至美俗村南岗屯，最后定居美俗村归卢屯。

---

① 张应强：《湘黔界邻地区飞山公信仰的形成与流播》，《思想战线》2010年第6期。

（一）村寨起源传说与家族迁徙历史

据村民石正光、杨再辉、杨再领等人介绍，石姓祖宗从湖南平溪村来到广西平棉村时，在林溪乡政府帮忙做事，故分得一片可耕种的山地，后又发现山上有一处山坳风水极好，鸡、鸭都在这里下蛋，石家人便从平棉村搬迁至山坳处居住。石家进寨安家，自安字派开枝散叶，至今已有两百年历史。杨姓祖先原住湖南黄柏村，因家族人口发展，便搬迁到位于河流下游地区的杆梓村，杨姓祖先三兄弟分散在杆梓村盘上、盘中、盘下三地居住，住在盘中的杨姓祖先兄弟继续沿河而下，迁徙至广西美俗村上游的林溪河流域居住。与石姓祖先不谋而合，杨姓祖先也发现美俗村附近有一处仙鹅下蛋的山坳风水极佳，杨姓祖先便从山下搬到山上山坳处搭棚安家，与已在此定居的石姓人家买山种田。

据南康屯杨姓房族所存《杨氏家谱》记载，杆梓村杨氏先祖之源流可追溯至杨再思次子杨政滔派下支系，杨政滔为七十世祖，其三子通槐住在罗蒙西宁壁江口（今通道芙蓉江口），通槐公生二子分别为光清、光祥。其长子光清住罗蒙西宁壁江口，生二子昌瑞、昌道；次子光祥住在同兄，也生二子昌吉、昌祚。光清公长子昌瑞迁居地连西应古牛，生二子晟荣、晟华；光清公次子昌道住同兄，也生二子晟福、晟禄。瑞公长子晟荣生三子进本、进太、进杰，瑞公次子晟华生二子进勇、进朝。道公长子晟福生进明，道公次子晟禄生二子进柏、进嵩，共居六代，失传三代，到通字派难以详叙记准，通龙公在西应古牛共居四代，当中已失传二代。到了晟嵩公由地连应古牛，徙于下乡琵琶木树团居家立业，共居九代。晟嵩公生进嵩、进韬二子，进嵩号云山，进韬号云水，同在下乡琵琶木树团居住，两代后迁外河司口塘居住一代。因为天旱难以耕种，址地有瑶苗二蛮不听官法，不服朝廷从事。进嵩、进韬兄弟二人于明朝时由下乡迁居黄柏处。进嵩生安万，安万公同石万隆、龙明传、周明夫四人为平定瑶苗二蛮有功，安万公特授封为安抚使，安万公娶吴氏生三子，长子宗银、次子宗将、三子宗光，共居十一代，留宗光居黄柏长寨。安万公与续姚徙于广西河里南寨。宗银、宗将二公于明末清初由黄柏长寨徙到杆梓居住，二公为八十一世始祖，二公分为四房，宗银公娶吴氏婋四生安吉、安迁，宗将公生安理、安成。宗银公长子安吉生银贵、银宝，宝公生宗荣为半寨始祖。宗银公次子安迁娶陆氏婋花生三子，长子银陀、次子银铜、三子银贯，银贯为皇口房（后改为王口）始祖。宗将公长子安理娶余氏婋四生银銮，银銮为圆内房的始祖。宗将公次子安成公生银通，银铜公又生宗朝、宗辉二公，宗朝、宗辉二公为巷内房的始祖。

据杨再辉介绍，杨氏祖宗带着两个儿子安张、安基从湖南黄柏迁徙到广西，到林溪安家落户后，又另娶妻生子在和里南寨定居，南康杨家人至今依然听说和里南寨有30多家杨姓房族是南康分迁过去的。结合南康现居杨家人的祖先迁徙记忆与《杨氏族谱》所记载的内容二者互相印证。

陆姓祖宗最后入寨安家，自通道县临口镇陆家团村迁徙到林溪务梁村，后因务梁村有村民在外惹是生非，招致横祸，村寨被贼人一把火烧毁，村民向四面八方逃难，陆姓祖宗便逃难至亮秋与牙己两地，居住在牙己的房族又迁至南康，在南康定居后，与原在务梁居住的美代村民合资买山，开荒种田，后以方便种田为由搬到归卢屯。南康陆姓房族自称是陆氏清甫公后裔，其家谱记载第一代是陆烈，四十一代德晟公迁江西，四十二代儒富宋元丰八年（1085）迁湖南新化，其支系四十五代新化纪公第四子清甫公之后，其字派为：清、仲、昂、元、希、孟、道、志、全、成、万、庆、昌、盛、进、再、通、光、定、秀、朝、仁、向、德、大、有、安、居、奇、明、奉、正、应、林、斗、首，共36字辈。据归卢屯陆有德回忆，南康陆姓房族搬至归卢后已有朝、仁、尚、德、大、有、安、居八代人，至今有大约160年的历史。

（二）风水信仰与族姓保护神

南康屯所处山脉为通天寨东脉，通天寨东脉在林溪河与武洛河之间，由林溪过文村，过古宜山即迤于浔江东畔。山脚美俗村向西南方向沿着蜿蜒的盘山公路而上可直通南康屯，南康屯位于班底蜡山脉与梁宏山脉之间的山坳处，山坳状似鸡窝。南康村民将南康背靠的两条山脉称为太平山与坡顶山，南康房屋大多建在坡顶山一侧山脉上，各姓房族房屋坐山朝向各不相同，吴家房屋朝向为寅山申向，杨家房屋朝向坐山立向为丙山壬向，石家房屋朝向为丁山癸向。各姓房族房屋都面朝一条小溪流，溪流之上原建有一座风雨桥以拦截风水。太平山的一段山体被铲平并用作耕地。传说是因为杨姓祖先两兄弟中的大哥安张公家族因为盛极而衰，将家产都败光后又搬回湖南杆梓村祖地租田种地。弟安基公听一位地理先生说南康风水太好压不住，安基公请这位地理先生作法将最好的一处龙脉斩断，太平山的一段山体便因此被铲平了。

南康祀奉多神，设有社稷坛祠（现已毁）、土地公祠、梅山大帝坛祠、飞山公神祠、宝山大帝神祠等多处神位坛祠，通往鼓楼路旁泰山石敢当石碑，其中飞山公牌位与石姓祖先牌位共同供奉于石氏祖堂中，宝山大帝牌位与陆姓祖先牌位共同供奉于陆氏祖堂中，梅山大帝则主要由杨姓房族供奉。根据杨再东所藏科仪用书显示，南康祀奉各神共20位。

　　社稷坛祠原位于村寨中心，后被拆毁，坛祠旧址现已变为菜园，在岁时祭仪中也不再对其进行祭祀。土地公祠数量最多，各姓氏片区都设有土地公祠以护佑本姓片区，其形制大多十分简易，较为常见的是仅以几块石板垒砌而成的方形神祠，将香炉摆放在正中位置，香炉两侧摆放几枝桃木枝。吴姓片区的土地公祠是一米高的石制小屋，小屋两侧使用的石板为清同治十一年（1872）功德碑的石碑，神龛屋门上两侧刻有一副对联"地灵宏化育，土厚广资生"，顶上横幅为"有求必应"，神龛两侧载有两棵黄杨树。桥头土地设在风雨桥旧址桥头处，领受全村供奉。村民们通常会在每个月初一和十五带着香、纸钱、茶、酒等供品去祭拜自家姓氏片区的土地公与桥头土地公。

　　梅山大帝神祠位于一禾晾架之下，形制与普通土地公祠相似，是以三块石板垒砌成的方形小屋，香炉摆放在正中位置。南康村民认为梅山大帝地位高于宝山大帝与飞山神，因杨姓房族在村中人口最多，所以梅山大帝主要领受杨姓房族供奉。飞山神祠位于石氏祖堂中，因为石姓房族在村中人口较少，石家祖宗便从湖南靖县飞山总庙将飞山神请至南康，与自家祖宗共同供奉在同一神龛上，以求护佑本家人丁兴旺，家运昌盛。神龛位于堂屋正中，堂号为"旺香堂"，堂联为"烛摇红彩仪金凤，香篆青烟舞玉龙"，神龛上书写4幅条幅，正中央为"天地君亲师位"，字体大于其他两列。右边为神仙牌位，书写"九天东厨司命太乙灶王府君位""家奉飞山土主威远侯王之神位"，字体最小；左边为祖先牌位，书写"石氏堂上历代宗亲之位"，字体稍小。神龛下设土地公祠，在神龛方桌之下，上面书写"本家侍奉下坛土地，长生夫人，瑞庆夫人之神位"，左边的对联是"土能生白玉"，右边是"地可产黄金"。每逢岁时节日，石姓房族通常会带着三牲、香、纸钱、酒等供品祭拜自家祖先与飞山神。宝山大帝神祠位于基路屯陆氏祖堂中，据说是从湖南请来的，之前神龛上摆放有一尊神像。与石姓房族供奉飞山神原因一致，陆姓房族人口较少，且为最后入寨安家的房族，陆姓祖宗同样希望能通过供奉宝山大帝使得本家房族兴旺昌盛。神龛位于堂屋正中，堂号为"余庆堂"，堂联为"宝鼎呈祥香结彩，银台报喜烛生花"，神龛上书写3幅条幅，正中央为

"天地君亲师"，字体大于其他两列；右边为神仙牌位，字迹已经模糊不清，"家奉宝山灵应大帝"字迹隐约可见；左边为祖先牌位，"陆氏堂上历代宗亲之位"字迹隐约可见。神龛下设土地公祠，上面书写"本家侍奉下坛土地，长生兴隆，土地瑞庆夫人之神位"，左边对联为"土丰恒大有"，右边对联为"地豫益家人"。堂屋前过道上正对神龛处封了一块木板，据陆有德介绍，当地认为女人在宝山大帝神龛前梳头是不敬重宝山大帝的表现，所以设板禁止女人在此处梳头。孕妇也不能从宝山大帝面前走过，只能从堂屋背后特别设置的后门通道走过。除此之外，当地尤其忌讳偷拿宝山大帝的供品及其护佑人家的物品，尤其是铁器类的物件，如若有借走不还或者偷拿的事件发生，偷拿者则会遭到小至六畜不安大至家毁人亡的报应。但宝山大帝不会惩戒无心犯忌者，如有不懂事的小孩子在堂屋里玩耍打闹，是不会受到任何惩罚或遭到报应的。南康四姓房族中仅吴姓房族不设坛供神，据说是因吴姓房族在祖地林溪茶溪村和美俗村八己屯都有房族兄弟，家族庞大在当地称得上是大户人家，所以只供奉民间小神"愿"神护佑本家六畜兴旺。

三、杂糅的外来宗教信仰：佛教传入与重建大培山回龙寺

据《三江县志》记载："凡以神道设教，而设立诚约，使人崇拜信仰者，谓之宗教。大别之为释、道、回、基督各教是也，本县向无回教，兹述释、道、基督。"最早传入的是道教，约在民国纪年前四五百年传入。人民信奉甚虔，其支配人生行为势力甚强。佛教约在民国纪元前四百余年传入，传入后，在汉、壮、侗等民族地区流行，有少部分人信奉入教，削发为僧，建立寺庙，吃斋修道，奉祀释伽牟尼。后信徒日众。清初至民国时间，县内佛寺相继建立，不仅汉族人信奉，壮、侗族人也信奉。当时在古宜乡有回龙寺（古宜街）、香林寺（大洲），寨准乡有凤凰寺，光辉乡有镇江寺，泗里乡有崇善寺和觉灵寺，林溪乡有浮云寺、回龙寺（枫木大培山），丹洲有巩城寺，龙胜乡有万寿寺和泸江寺，和里乡有乐善寺（南寨）。这些佛寺都有出家僧尼居住。僧尼中有汉、壮、侗等族人。回龙寺尼姑是冠洞等地侗族妇女。南寨乐善寺和尚是当地侗族人。这些佛寺有的一直延续至1966年。1953年，县委统战部调查，全县有佛教徒43人，出家受戒僧尼17人，群众到佛寺烧香拜佛的相当多。基督教于1923年传入三江县，曾先后于富禄、林溪等地各设一座教堂。1941年又在古宜设一座教堂。因其传入的时间不长，加上基督教的教义

认为耶稣是唯一的上帝和救世主，不敬祖宗，这就与各少数民族崇敬祖宗，信奉多神的原始宗教思想大相径庭，因此信奉者寥寥。1953年统计，县内只有基督教徒3人。1949年，外国传教士丁惠民离开三江，福音堂停止活动。三江各地兴建的庙宇，除部分改建为学校、商店、医疗点、仓库及办公场所等，大部分已被毁，如今保存较完好的有古宜香林寺、福禄寺，和里乐善寺、三王宫，林溪大培山庵堂等。

　　古宜香林寺原名古佛寺，始建于明末清初，原址在现在三江县中学的位置，据《三江县志》记载："释教，该教输入本县，约在民国纪元前三百余年，清咸丰、同治年间，最为盛行，入民国，为道教所挤，势稍衰。民国十年（1921）以后，又复兴盛，以其奉佛之所，美其名曰居士林，引诱一般失意男女为教徒，其支配人生行为之势力较强。迨民国十五年（1926），省令打倒神权，捣毁偶像，城乡寺宇寺产，悉充学校校舍校款之用，失所凭依，一蹶不振，今式微矣。"古佛寺被摧毁并用作县立国民中学校校舍使用，后其迁至学校附近大洲屯上的山冲里，更名为香林寺，创建至今已有一百多年历史。最初古佛寺的创建者是州上的何杜缘，寺内信奉西花教，其教义经典已不可考，只知西花教的修行方式之一是吃斋，何杜缘因吃斋故而信奉西花教。古佛寺搬迁至大洲上，重建香林寺施工之际她就去世了，香林寺建成后则由杜胜辉管理，并由其选择寺院法师。最初入寺的是龙云洪，但因其吃住全靠杜胜辉接济，余事一概不管，几月后即被辞掉了。第二个是释达允法师，因年事已高，不久就去世了。接着，接任的是释达觉法师。释达觉俗名潘玉真，是周坪乡榕树村人。她父亲早年过世，家中还有两个姐姐和两个弟弟。潘玉真自幼吃素，12岁就削发为尼，其伯父潘文学见潘玉真立志出家，就在榕树建了一座庵堂给其居住。香林寺住持杜本清多次到榕树庵堂去请潘玉真前去主持法事。于是，她带着徒弟释达慧一起搬到香林寺。潘玉真听说林溪大培山有一佛寺回龙寺，便前去拜访，在回龙寺受到释达愿师接待。经释达愿师介绍，潘玉真便前往龙胜平等乡归营峒庙拜入洞玄法师门下，皈依了佛教，从此以朝洞宗的修行方法净土法门日夜修行，并按达字排字论辈，其下一辈字派为真字派，其招收了10个徒弟，大师兄法名为真慧，二师兄法名为真秀，余下各分别为真福、真教、真缘、真换等人。其中真缘法师于1987年到庙里皈依佛门，现任香林寺住持。大师兄真慧于1994年到福禄寺担任住持。古宜福禄寺位于三江县城多耶广场正对面，始建于清末年间。福禄寺原名佛子凹，始于清末，旧址位于现寺院后山。因旧址在山脉凹陷处，故称为佛子凹。1994年2月寺院重建，有大雄宝殿、天王殿、斋堂、僧寮宿舍等建筑，占地面积约4 669平方米。寺内现有出家人4人（比丘2人，比丘尼2人），居士150人，信教群众7 000多人。庙内现存两块后山重修古路石碑，记载了道光十年（1830）重修三元寨古路始末。

重修古路

当闻莫为之前，虽美弗彰；莫为其继，虽盛弗传。兹有三元寨背古路，世远崎岖，行人未有不艰步而嗟叹者矣。有藏起祥启业善心捐助，补砌一百八十七大至此凉亭止，尚有此去州坪一带伊未能焉，是以我募化芊荧口列翁，鲜囊捐助以全其美。自此凉亭砌起，上至金坑坪，佛子凹止，计一百七十，大功成告竣，特将芳名勒石，以志永垂于不朽云尔，是为序。

时庚寅季冬占元氏撰书

据福禄寺现任住持乾圣法师介绍，碑文中的三元寨背古路是当时出入古宜镇必经之路，而古路所在的这条山岭曲折蜿蜒，佛子凹正好处于山谷里，人们出入古宜镇都要在这间小佛堂祈求免受野兽、山贼之灾。当时佛子凹里有一位师父，但具体身份已不可考。后佛子凹也不知何因不复存在了。直至20世纪80年代三江县的宗教政策落实后，县里的出家师父逐渐增多，古宜镇唯一一座香林寺已容纳不下众多僧尼，便于1993年、1994年重修佛子凹，并更名为福禄寺。福禄寺第一代住持为达慧法师，不久耀林法师自龙胜皈依明意师后也来到福禄寺居住修行，因耀林法师在当地名气甚旺，故福禄寺的班辈便从耀林法师的宗派开枝散叶，至乾圣师已是第三班。据林溪大培山回龙寺乾济居士介绍，回龙寺三个居士都是在福禄寺皈依佛门并拜在耀林法师门下。

大培山回龙寺坐落于林溪镇枫木村大培山屯南山麓，三江侗族自治县志编纂委员会编纂，于1992年出版的《三江侗族自治县志》记载林溪大培山庵堂建于1644年，是一座风雨桥和三开间正殿以及左右厢房的四合院寺观。而立于回龙寺门前的回龙桥上的三块记载回龙寺建庙始末的石碑皆称回龙寺建于光绪二年（1876），而寺内居士已无人知道回龙寺的始建时间了。回龙桥上的三篇碑文分别由重建三江侗族自治县回龙寺筹备委员会于1990年、林溪镇冠洞村居士杨再德于1995年和王机先于2003年撰写。其中以王机先撰写得最为详尽。

第九章 林溪河流域侗寨风物风情

吴鹏毅

湘黔桂毗邻地区的侗寨风物风情，具有其自身独特的自然景物、人文景观和风土人情。林溪河，由北向南流淌，沿河两岸及其东西两边高山，分布着大大小小的传统村落。民国版《三江县志》记载："林溪（河），源出于县北高步乡之水团村，及林溪山仓门坳各山溪，合而南流，至林溪街口，再纳各山小溪，过林溪大桥而南，入程阳乡境，折而东南，旋复南流入光辉乡境，过文村，至黄排村边，合武洛江，东南流，至石眼口流入浔江"。林溪河在民国时期，由北向南、由上游到下游分辖林溪乡、程阳乡和光辉乡。在侗族地区，极为重要的一个地理空间概念叫"senl"（sən55），其与汉语的"森"音相近，是侗语的一个地理空间概念。从侗族民间文化角度看，"森"在侗族的原初观念中与空间观有关联。[①]而在侗族传统文化谱系中，《十三款坪》内容涉及的侗寨的空间区域，是体现侗族空间观的较好例证之一。本章关注的林溪河流域侗寨的风物风情，可以此作为切入点。

一、林溪河流域风物风情的侗款空间图式

侗族传统文化谱系中，侗款《十三款坪》[②] 文献记述：林溪河流域属于"第九款坪"，即"村脚马安、村头冲罗、村中里贯、上棕树坪、合款第九"（dinl senl max anl ,gaos senl jaemh lox,dav senl aox guanv,qak piinc meix songc,abs kuant dih jus）。笔者田野调研记述的口头文本则称"丁省

[①] 张泽忠、吴鹏毅、胡宝华等：《变迁与再地方化——广西三江独峒"团寨"文化模式解析》，民族出版社，2008，第 2 页。

[②] 杨锡光、杨锡、吴治德：《侗款》，岳麓书社，1988，第 9-10 页。

马安，高省林溪、金乐，大省阿冠，奥坪美松咖款计其十三"①（dingl senl max anl，gaos senl limc qip jimh luox，dav senl ac guanv，aol pingc meix songl kams kuant jiv qis xiubx saml），认为林溪河流域是"第十三款坪"。这个"互文性"文本，无论林溪河流域是"第九款坪"还是第"十三款坪"，林溪河流域的款文化村落空间分布特点都是不争的事实。侗款文化地方知识谱系中，以河源流域、山脉走向的地理特点作为一个"款坪"区域，以几个村寨、二三十个村寨整合起来，促成这个地理空间内的"抱团生活、生产式"的"侗家人共同体"。文献中以"脚村（dinl senl）"叫"马安（max anl）"② 寨为林溪河河源下游处的节点，以称为"冲罗（jaemh lox）"③ 寨为林溪河流域的上游节点，以称为"贯（guanv）"④ 寨为林溪河河源中部节点；这个"中部节点"的村寨自然环境内，又以一个河坝或其他宽敞处地作为该款坪的"地标"符号。由此，《十三款坪》款词中把林溪河流域这个特定地理空间范围内的"马安（下）—贯、冠洞（中）—冲罗（上）"设定为三点一线的侗族传统村落自然生态环境的空间概念，并以此赋予林溪河流域富有侗族款文化特色的人文意义。

本章我们以冠洞村为中心基点，沿林溪河向下、向上，将其左右两边山地各传统村落的风物风情作为讲述内容。

二、"大省阿冠"：侗款文化林溪河流域中段的风土人情

笔者通过田野调研获知⑤，在林溪河流域，林溪镇冠洞村人，居于侗款文化观念意识中的"中心"位置，款词念诵称为"大省阿冠"（dav senl ac guanv）。冠洞村以下即下游各村屯（如程阳大寨）民众，在日常生活、生产语言氛围里面，针对某人沿河往上行走，旁人找寻该行走人"走到哪里了？""现在什么方位了？"的问题，回答人往往会信誓旦旦地说："到冠拜了"（doul guanv bail liaox）。同样，同上游的林溪村沿河

---

① 讲款人：甫周宏（时年70岁）。采集地点：三江侗族自治县独峒乡岜团村，新建讲款台祭祀仪式活动。采集时间：2005年10月2日上午。

② "马安（max anl）"，侗语地名专用词。现为林溪镇程阳村马安屯，程阳4A级文化旅游景区程阳八寨之一。

③ 冲罗（jaemh lox），侗语地名专用词。"冲（jaemh）"，意为"山冲"，冲罗（jaemh lox），即当地称为"罗（lox）"音的山冲处建寨的村落，现今为林溪镇水团村。

④ "贯（guanv）"，地名，传统村落寨名，今林溪镇冠洞村。

⑤ 采访对象：杨超美，64岁，林溪镇冠洞村人。采访地点：杨超美家。采集时间：2020年8月22日下午。

行走下来，问路到哪里时，亦会习惯性地回答："到冠拜了"（doul guanv bail liaox）。可见，"冠洞"（村）地理意识，在民众心目中，作为一个流域空间必提的节点，一直存在于当地群众的生产生活氛围中。

（一）冠洞：一个款坪的中心区位

冠洞村位于林溪河流域中部，境内有风雨桥1座，铁索桥1座，鼓楼5座。该村位于林溪镇南部，距三江侗族自治县县城26千米，距林溪镇镇政府4千米。北接合华村、南接平铺村，东西与枫木村相连，全村包括冠下、冠上、金鸡、冠小、竹寨5个自然屯。冠洞全村15个村民小组，共548户2 185人，村民分属10个姓氏，以杨姓、石姓、吴姓居多。其中，冠大屯又细分为冠下、冠上、金鸡3个片区。

村中老人称，冠洞村杨氏家族的祖先从贵州省从江县龙图贯洞一带迁徙过来，先到"成塘寨"（地名,cenc tangc）一带居住。然后，又从"成塘"迁到现在的冠洞。冠洞村石家祖先，从江西省逃荒到"潭溪"（地名，siix tanc），在"潭溪"住一段时间后，又到桥寨（xiaih qiuc，湖南省通道侗族自治县牙屯堡镇桥寨屯）住了一段时间之后，分为两支：一支搬到现在的广西三江侗族自治县独峒镇林略村，一支搬迁到林溪河流域的林溪村。之后从林溪村又分出两支，一支到现在的"华夏寨"定居，一支来到现在的冠洞寨。

冠洞在侗语中称"乌衕"（wul gnac）。传说乌衕山地势很高，山顶形状像雄鸡的鸡冠。过去，这一带人烟稀少，很少有人到乌衕山去砍柴。有一天，三个孩童到乌衕山坡上寻找糖梨，他们看见"鸡冠"上灵光闪闪，一道道红光从密密麻麻的古树树叶缝隙直射下来，长的、短的、大的、小的，像一根根橘红色的水管围在"鸡冠"四周，三个孩童在这密林中玩得不亦乐乎，直到太阳落山了才下山回家。回到寨里老人追问他们去哪儿玩，三个小孩都说："去乌衕'鸡冠'头玩，看见好多好漂亮的又长又大的红光管。"大人听后并不在意，小孩平安回来就好。谁知事有那么凑巧，那三个孩童长大成人后，都走出这座深山在外地当了官。寨上人认为乌衕的风水好，是出人才的地方，于是，全寨人就从旧寨搬到乌衕。乌衕山地形如鸡冠，太阳升起后射下的一道道霞光透过密林如同一根根金黄的水管，人们就称此地为"冠洞"，侗语叫"管"。自从搬到冠洞以后，不仅人丁兴旺，丰衣足食，而且出了很多人才。[1]

---

[1] 陈杏萍、杨永和：《广西三江民族村落》，广西民族出版社，2010，第55-56页。

冠大屯的金鸡片区是旧时（指林溪河流域通乡公路之前）林溪河上下往来的交通要道。据村中老人杨超美口述，金鸡寨有一处叫"便冲塘"（bianl jimh deml）的田坝，是往来商贾行人的必经之处。"便"（bianl），是当地侗语"田坝、田塝"之意；"冲塘"（jimh deml），就是"有鱼塘的山冲"。旧时的鱼塘，如今已经改为水田；而近年来鼓励农户种茶叶，部分田块已种植茶叶。杨超美重点介绍了"红军亭"，并带笔者实地勘察了"红军亭"。她介绍称：红七军经过林溪河流域过冠洞寨的时候，前后持续了7天7夜。这个凉亭（处）是当年红军行军的必经之路，其见证了历史。当地群众至今都还称这个凉亭为"红军亭"。凉亭于1921年建成，几经风雨，几经修缮，柱子和主要梁架都是原来的木料。凉亭八柱四立，内四柱外四柱，左右偏厦已无形，遗失。八柱保存完好，内四柱的北左柱子下沉，但是结构框架基本完好，北左右侧的瓦片有些破坏。如图9-1、图9-2所示。

图9-1　冠洞村金鸡屯红军亭

图9-2　冠洞村红军亭梁架

冠洞村冠大屯冠上片区的鼓楼、戏台、然萨等人文景观，与其他侗寨空间格局一样，集中展现、统一布局。冠上鼓楼始建于清朝康熙年间，是一座九层的木质结构宝塔型建筑，中心由四根大杉木柱组成核心架，直达楼顶。鼓楼的外层以若干小柱和飞檐穿孔枋横穿直套建成，楼高15

米，七层飞檐重瓴绘塑花鸟，甚是壮观。村中老人杨荣胜称："冠上鼓楼，原来不在这个位置，是当时（具体时间待考）我承包搬迁工程，将鼓楼由北向南方向整体迁移9米；'然萨'原来在鼓楼背后，现在置鼓楼的左前方）。"[1] 冠上寨鼓楼、戏台、然萨（萨坛）等，在村寨公共文化空间中占有极其重要的位置，对村寨群众有凝心聚力的作用。如图9-3所示。逢年过节，文化娱乐活动丰富多彩。

图9-3 冠大屯鼓楼、戏台、萨坛空间结构

冠洞村冠小屯的"侗族百家宴"项目，整合建构的鼓楼、戏台及长廊建筑，其人文风情已广为人知。据资料记述，冠洞村于2007年5月被广西壮族自治区民委指定为"民族文化联系点"；2007年7月被文化部、中华全国妇女联合会授予"全国'美德在农家'活动示范点"；2008年"冠洞·侗族百家宴"被列为广西壮族自治区非物质文化遗产保护项目；2010年2月被中华全国妇女联合会、全国妇女"双学双比"活动领导小组授予"全国城乡妇女岗位建功先进集体"；2013年9月荣获柳州市第七届"十大美丽乡村"称号；2014年9月23日被作为首批"中国少数民族特色村寨"予以命名；2017年12月被授予"自治区民族团结进步创建活动示范屯"；2018年冠洞村党总支部获评自治区级"五星级"基层党组织；2019年被评为柳州市首批"五面红旗村"；2019年冠小"百家宴"共接待游客3万多人次，旅游经济总收入120万余元；2020年元旦期间，中央宣传部组织的"我们的中国梦——文化进万家活动"全国启动仪式在冠小屯举行，提升了冠小屯知名度。

在冠小屯鼓楼内，笔者还看到诸多的荣誉牌匾："全国美德在农家示

① 口述人：杨荣胜，59岁，冠洞村人，泥水工，近年来从事木构建筑设计、木构建设模型制作等工作。

峒村林溪：林溪河侗寨文化研究

范点""广西新农村示范建设标兵""中国少数民族特色村寨""广西民族团结创建示范村屯""自治区文明村镇""全国人大法工委立法信息采集点"等。每逢农历四月初八、端午、中秋、冬至、春节等传统节日，冠洞村和结对村屯的群众都会穿上节日的盛装，敲锣打鼓、吹奏芦笙，"月也"联欢。村民相互交流，促进感情，加深友谊。冠洞村"款"文化底蕴深厚，"款"文化传承人常编写男女平等、尊重妇女、尊老爱幼、孝敬父母的款词，在重大节庆仪式活动中宣讲。款词与"法治三江"的县情和"法治广西"的区情相适应，倡导自觉遵纪守法、团结和谐、互助互爱，使古老的法律形式成为宣传、弘扬当代法制的良好载体，让群众在自己喜闻乐见的"款"文化的教育下，逐渐形成良好的生活习惯。

（二）大培山屯·回龙寺：一处洁净的山间圣地

田野作业时，笔者从冠洞村出发，向左进山，驱车约半小时的山路，来到大培山屯。大培山是当地牛朵坡山脉东北面的一峰，是昔日左面八江河流域的马胖村往东，过林溪河（来冠洞）的必经山路。往来行人、小商贩络绎不绝。同时，大培山山冲脚底下，建有回龙寺庙。一直以来，回龙寺香火旺盛，林溪河流域和八江河流域内各村寨的村民，逢年过节纷纷慕名而来上香朝拜、祈福还愿等。因此，大培山屯和回龙寺，在当地侗族人民心中自然处于圣地的地位。长期以来，受人敬仰。

大培山屯，属于枫木行政村的自然屯，即隶属林溪镇枫木村，处于林溪河流域（南北向）冠洞段的西侧牛朵坡山脉的崇山峻岭中。枫木行政村辖枫木、大培山、弄冲、塘阳、片塘阳、机利、机油、地狗、塘甲、亮周10个自然屯，共14个村民小组365户1 598人，均为侗族。各自然屯村民分属王、杨、吴等姓氏人家。

大培山屯虽说是处于崇山峻岭之中，但因为是古时八江河流域和林溪河流域之间（东西方向）往来必经之道，又有村民祭拜圣地处所回龙寺，因此历史上人口迁徙具有其个性特征。《广西三江民族村落》一书中记述："据说，王氏祖宗原居江西金溪，因逢世乱，生活所迫，逃难到湖南靖州落户。清乾隆三十年（1765），九世先祖王公朝秀携带家属迁至枫木山（今枫木寨）创业谋生，始建枫木屯。杨氏原籍冠洞，杨公华龙家境贫困，长期在枫木屯打工度日，被王公享全招为女婿，于清同治三年（1864）迁至枫木屯，至光绪三年（1877）全屯共有20多户100多人。1950年，原籍亮寨的吴公彰玉为便于耕作亦迁入枫木屯立家创业。群山环抱的枫木村生态环境保护完好，各个寨子资源丰富，风景秀丽，境内有吊脚楼 300 多栋、鼓楼 8 座、风雨桥 4 座……"材料中，涉及人口迁徙而定居在牛朵坡大培山群山枫木村 10 个自然屯当中的地方，就有"靖州""冠洞""亮寨"等。而笔者田野考察过程中，发现在大培山屯的鼓楼建筑建设竣工立碑序言中陈述，大培山屯的村民，原由林溪河中段的冠洞村迁徙而来，主要是"耕作便利"的原因，认为"祖先原居住冠洞下村，常年跋山涉水，来到大培山，耕种为生。日久为耕种方便，离居冠洞"。如下是《大培山屯鼓楼建设竣工立碑序言》，及回龙寺庙宇前山涧上风雨桥建筑建设竣工的《回龙寺回龙桥序言》。回龙寺大培山屯鼓楼及其建筑竣工立碑序言如图 9-4 所示。

大培山屯鼓楼竣工立碑序言

天乃多变，地而多行。江南林溪河畔。有一座山脉，始于当地名山牛朵坡，秀丽延绵端而活，形成雄伟壮观大山坡，故曰大培山。祖先原居住惯（冠）洞下村，常年跋山涉水，来到大培山，耕种为生。日久为耕种方便，离局（居）冠洞。而居住大培山脚冲下。长年累月人口添增。耕耘周边大片土地，成寨而有鼓楼之后，看中大培山这块宝地，并全寨迁入安居乐业。由于社会生活需要把鼓楼改为文化娱乐场所而通用。至今入门日壮，形成大寨。村民们继祖而生存为家园而创美。谋略划策。各表其态。曰：吾寨无鼓楼与别细比差也，必做之，众言有感动之心，经群众讨论新建鼓楼之事，感觉现在时机已熟，通过召集全体村民，集中在老鼓楼之宅地讨论筹备事宜。当时村民们和返乡青年干劲十足，笑中有论，论而同心。每户四千元、两根木头为基础，增加自由。户户踊跃捐木捐款。后者倍增。新建鼓楼由此诞生。常言道，吉日在近，立马动工，伐木抬锯，老者触动，青者出力，匠人寨有。徒师户备俱全。经过几个月不停大干。新的鼓楼于癸巳年十月二十三日而竣工。七屋鼓楼装修结构独特。手工精致，彩灯五光十色，环绕四射。楼景极为壮观。

本寨鼓楼传承民族文化，集集会、议事、休闲娱乐、歌舞为一体的综合场所，也是侗族智慧结晶。大培山之风景，它含着深情与微笑，它代表这个村寨永远屹立在中华的大地上长久不衰。在此感谢党和政府对我们农村的支持帮助，感谢各位领导，善心人士，各位兄弟姐妹为我们鼓楼风险爱心而捐资，有伟大的村民们为自己家乡鼓楼踊跃乐捐而骄傲。对鼓楼付出不惜汗水和钱财，默默奉献的高尚人士表示崇高的敬意，致以衷心的感谢。祝行善者们家庭幸福，身体健康，万事如意，特立此碑铭记。

大培山鼓楼筹委会

2019 年

回龙寺回龙桥序文

　　大培山是林溪河畔名山之一，于光绪年间广大劳动群众用自己的勤劳双手，在此山建设一座佛寺和一座桥梁横架寺前，寺房共有大小二十八间，寺房前取名回龙寺。桥称回龙桥。回龙寺和桥横在两山峡谷溪滩上，下面石拱，上面长廊式杉木桥，桥的走道上还有桥楼。桥楼上能容近百人住宿。这是侗族的一座名胜古迹……然而架桥修路多有行善之家，积德累功亦是善良之户，桥路为人民必行之场，二功德乃阴阳无价之宝者也。兹回龙寺桥者，马胖部分村屯必经之路，没有此桥，不但行人往返为艰，而且蔽日躲雨亦无所竭，如再经久不修，石拱将塌，行人亦遭危险。因此各村首士聚集商议，一致要重修回龙寺桥。广大群众闻讯喜悦，积极拥护，这一善事，各村首士集到大培鼓楼，即成立建桥筹备会，建桥工作即时展开，邀请各村首士解囊援助，建桥完竣，信士功德无量，新禧加佳。

　　信士：大培山村吴永秀……；枫木村王启贵杨满全……；高秀村莫平贵……；冠洞村石成显……；马胖村吴付光……；青竹村吴明斩……

一九八四年正月十七 立

图 9-4　群山环抱树木葱茏的回龙寺、大培山屯鼓楼及其建筑竣工立碑序言

从以上田野材料中进一步佐证，冠洞村作为林溪河流域款组织的"大省坪美松"（dav senl pingc meix songl）人丁兴旺，人口众多，历史性的人口迁徙促成其"向两边山迁徙的特点"，向牛朵坡山脉崇山峻岭中"开垦耕种"，繁衍生息。并且逐步促成每个村屯生活、生产方式及其特点，如牛朵坡大培山周边村寨的土王节、七月十四、冬节和虾节等风土习俗节日。土王节时，侗家小伙子和姑娘都会穿上侗族特有的服装，精心打扮过后，约好时间一起上山采摘杨梅、踢毽子、对山歌，不断加深双方情感。农历七月十四或者办婚宴等活动时，村民则大唱地方侗戏、弹琵琶歌、吹芦笙"月也"（weex yeev）。当下，随着国家对村级公共文化服务基础设施（如村级公共文化服务中心、综合楼、篮球场等）建设的逐步跟进和完善，各村屯、各寨的村民还举行篮球赛、广场舞等现代文化娱乐方式的交流，凸显出现代人文的风情，与传统的侗族文化风情相互融合。

三、"丁省马安"：侗款文化林溪河流域下段的风土人情

按照侗款款坪空间图式划分，冠洞村（"坪美松"pingc meix songl）以下的程阳八寨，属于款词念诵中"丁省马安（dingl senl max anl）"的地理空间范畴。程阳八寨地处三江侗族自治县林溪镇南部林溪河流域下游，距三江侗族自治县县城大侗寨 19 千米。自清代及民国时期以来，程阳逐渐形成了 8 个自然村落，即由马安寨、平坦寨、平寨、岩寨、懂寨、大寨、平铺寨、吉昌寨 8 个侗寨组成，俗称"程阳八寨"。程阳八寨涉及3 个行政村，即平岩村、程阳村、平铺村；8 个寨子星罗棋布地分布于林溪河沿岸。除平坦寨和吉昌寨以外，其余 6 个寨子互相靠近。各自然屯村民均为侗族，村民分属杨、吴、陈、石、李等姓氏。

（一）马安：一扇百里侗乡的南大门

侗族款词《十三款坪》中念诵有"丁省马安（dingl senl max anl）"，就说的是程阳八寨之一——马安寨。马安寨处程阳八寨最南部，是沿林溪河而上至湖南省通道侗族自治县"百里侗乡"的南大门。马安寨除西边靠山外，其余三面临水。整个寨子被林溪河分为南北两部分，以一水坝相连，房屋均依山就势而建，世界四大历史名桥之一、全国重点文物保护单位——程阳永济桥就处在马安寨下游。全寨共 175 户 820 人，分属陈、杨、吴、梁四姓，均为侗族。由于寨子建在一座貌似马安的山坡上，马安寨因此而得名。据传，马安立寨至今已有 700 多年。明万历十九年

（1591）以后，马安属大营洞管辖；民国后期为平江区林溪乡马安村公所管辖；中华人民共和国成立后，马安先后隶属林溪区程阳乡、林溪公社平岩大队、林溪乡平岩村。[①] 马安是程阳八寨中较小的一个寨，但由于程阳永济桥就坐落在寨边，因此马安在程阳八寨中显得尤其重要，成为全县乃至全区瞩目的寨子之一。寨里原来有"一坪二楼三门四庙"，即一个鼓楼坪、两座鼓楼、三座寨门、四座土地庙。寨中还有巷门，若关上巷门，巷内的人家谁也进不去。可惜的是这些建筑今已不存在。马安寨建筑空间布局均衡、对称、和谐，建筑外观完整美观、朴实自然、稳定规范。通过维修或重建，寨里的风雨桥、鼓楼、戏台基本恢复了原貌，石板路、吊脚楼、碑刻、水渠、水车、水井、鱼塘等古建筑及自然景观保存较好。

马安寨因是程阳八寨之一，其作为 4A 级景区项目建设，凭借程阳永济桥国宝级文物保护单位的信息，早已闻名海内外，每日游客络绎不绝。这里，我们不妨借助一个外乡游客的体验视角，进一步陈述马安寨的风土人情。下文选自网名"我是懒游的故事"发布的网络文章《广西柳州程阳的马安侗寨，八寨里最繁华的侗寨，有处网红转角》。

　　（在这里）分享我的旅行故事：今天跟我去逛逛马安侗寨，就从马安寨门开始吧。寨门建于 2014 年，地处马安寨的南面，是侗寨的公共建筑，形似亭楼的木构建筑，立于寨子入口处。寨门是侗族人民迎宾送客的重要场所。穿过寨门，走过小桥，就到了马安寨。马安寨的"河边井"是自然山泉水，是景区里最接近水面的水井，井上建有侗族特色木质建筑——井亭。井亭的作用是挡风遮雨，方便过路和挑水的村民乘凉小憩。井亭里有提示：保护饮用水源，请勿投币洗手。不知从什么时候开始，游客有了投币祈福的"恶习"，洗手等小节更是疏忽。与其他景区里的水井不同的是，它不是观赏性的，它真的是每天当地人的饮用水。井沿上摆着各式各样的水瓢，都是干干净净的。客栈老板娘告诉我，村民们每天都来打井水，有时候人比较多，大家都预备了水瓢放在这里。如果谁用的时候损坏了，或者是孩子顽皮损坏了，村民都会自觉地补上一个，这里的水瓢也就越来越多了。

　　传说程阳马安寨的祖先程氏初来时坐着红鬃骏马，后休息

① 陈杏萍、杨永和：《广西三江民族村落》，南宁，广西民族出版社，2010，第 65 页。

时化为程阳八寨最南边的一个凹形土坡，形似马安，这个村屯就叫"马安寨"。马安寨已有700多年，侗民临河沿溪、依山就势设村立寨，一排排青瓦木楼巍峨参差、古朴典雅、鳞次栉比，是著名影星成龙主演的《绝地逃亡》和李保田主演的《夜莺》等电影的主要拍摄地之一。

马安侗寨是程阳八寨景区里最繁华的侗寨，民宿客栈、酒吧餐厅鳞次栉比，但我去的时候是淡季，晚上鲜有游人，显得有些冷寂。我在这里有点矛盾，既希望这里灯红酒绿、生活娱乐便捷，又迷恋这份难得的宁静和本真。

鼓楼坪在马安寨的半山处，并不是封闭式的，四通八达，有多个出入口。程阳八寨里的道路多为蜿蜒曲折的小路，不好好呆上一段时间，不可能达到轻车熟路的水平。但只要你拿起手机地图，向着目的地方向走就行了，享受探索的乐趣。上山途中偶然看到的水塘，这里应该是马安侗寨的消防蓄水池。来过侗寨后，你会发现侗寨的"标配"，一座鼓楼和鼓楼坪，一座戏台，还要有个消防水池。马安寨的鼓楼坪，也就是鼓楼前的小广场，是马安寨侗族群众月也、讲款、赛芦笙、吃百家宴等社会文化活动的场所。别看此时的鼓楼坪很清静，等我傍晚再到这里时，被这里沸腾火爆的场面惊呆了。马安鼓楼是马安寨的活动中心，是村民议事、典礼、迎宾和歌舞娱乐的公共场所。马安鼓楼始建于清朝的嘉庆年间，鼓楼呈四边形，钻尖式，七层瓦檐，高12.6米，宽深约8.4米，既具有宝塔的壮观，又有亭子的清雅，黑白相间，结构完美。戏台又称戏楼，是侗族人唱侗戏的场所。侗族村寨都有自己的戏台，戏台造型与民房相似，是一种吊脚楼式的木结构建筑，用杉木榫卯穿梁、接穿斗拱而成，融建筑、彩绘、雕塑、诗词于一体，别致秀美。马安戏台楼台前趄后封，后台干壁留有两个边门，供演员出入台用。逢年过节，寨民们就自排自演，在这里唱侗戏、月也联欢，迎宾送客。

程阳八寨景区有五座年代久远的风雨桥，马安侗寨与两座相连，除了永济桥，还有一座合龙桥连接着平寨。合龙桥始建于清代嘉庆十九年（1814），是景区内历史最为悠久的风雨桥，桥长42.8米，宽3.78米，水底至桥廊檐高9米，上有桥廊可供行人避雨小憩和村民乘凉聚谈，为县级文物保护单位。程阳永济桥横跨林溪河，是进入马安寨的重要入口之一。程阳永济桥是程阳八寨景区的标志性建筑，世界闻名，游客都是先知道程阳风雨桥，再知道程阳八寨景区的。永济桥是世界木建筑的杰出代表，也是国家非遗物质文化遗产侗族木构建筑营造技艺的典范。

上述转述材料中，从一个游客的文化体验视角，娓娓道来马安寨的建寨源起、寨名由来、村寨公共空间、公共建筑结构布局，以及当前因民族文化旅游给马安寨带来的不同影响。还有其不时流露出的文化生活体验与思考："我在这里有点矛盾，既希望这里灯红酒绿、生活娱乐便捷，又迷恋这份难得的宁静和本真。"可见，该游客对于马安寨的读解，下足功夫。足见马安寨的风土人情，在传统与现代之间的一种存在状态。正如马安寨当地原本并非流传侗族大歌区域，（多声部侗族大歌主要流传于都柳江流域）而因现代旅游，民族文化流布与融合的作用结果，马安寨也有了侗族大歌的声音。浙江工商大学教授陈平来到马安寨考察体验时写道："从窗口就可以远远看见侗乡鼓楼那层层叠叠的标志性屋檐，一阵侗族大歌的声音随风飘来。我赶忙来到鼓楼下，原来旁边的戏台里正在为旅游团队表演侗族歌舞。虽然听不懂侗族语言，但侗族大歌多声部的优美旋律还是让我陶醉不已。"[1]

而材料中提到的永济桥，即是闻名世界的程阳永济桥，其就坐落在马安寨下游林溪河上。程阳永济桥始建于 1916 年，建成于 1924 年。该桥采用密布式悬臂托架简支梁体系建造，两台三墩四孔，长 76 米，宽 3.75 米，桥面高 10.6 米。5 座桥亭建于墩台之上，与桥廊和谐连为一体，浑然天成，雄伟壮观。它集廊、亭、阁等于一身。1982 年，程阳风雨桥被国务院公布为"全国重点文物保护单位"。此外，程阳风雨桥以其高超的木建筑技艺与我国的赵州桥、泸定桥、罗马尼亚的诺娃沃桥一道被誉为"世界四大历史名桥"。学者程芎香在其《"百节之乡"程阳八寨》中写道："（程阳永济桥）桥中有 5 个多角塔形亭子，飞檐高翘，好似羽翼舒展；桥的壁柱、瓦檐、雕花刻画，富丽堂皇。整座桥雄伟壮观，气象浑厚，恰是绚虹卧波。程阳永济桥的惊人之处在于整座桥不用一钉一铆，大小条木，凿木相吻，以榫衔接。整个结构斜穿直套，纵横交错，却一丝不差，堪称中外桥梁建筑史上的一绝。"[2] 郭沫若先生曾于 1965 年 10

---

[1] 陈平：《中国最美的古村落（四）：程阳八寨，侗乡经典》，《地图》2008 年第 5 期。
[2] 程芎香：《"百节之乡"程阳八寨》，《中国地名》2016 年第 12 期。

月考察山水甲天下的桂林，在观看程阳风雨桥照片之后，对其赞赏有加，挥毫题写"程阳桥"三个苍劲有力的大字，并赋七律诗一首："艳说林溪风雨桥，桥长廿丈四寻高。重甍联阁怡神巧，列砥横流入望遥。竹木一身坚胜铁，茶林万载茁新苗。何时得上三江道，学把犁锄事体劳。"而当时郭沫若先生挥毫书写后，并未落款盖章压印。过后，由杨通山等同志两度对接，在北京获取最终成稿。之后，存于柳州市文化局，复制一份带回三江县存于县委宣传部。1985年程阳风雨桥修缮完成后，将"程阳桥"牌匾挂程阳风雨桥头，将诗作石刻立于程阳风雨桥头景区入门处。①

而建桥习俗，在当地有其深厚的民俗文化背景，是一种侗族人的生产生活方式。广西侗学会副会长黄钟警曾经叹然："林溪河很多河段趟水也能过，就是像点省略号一样在河里埋下脚踏的石墩也并非难事。也许是赵州桥的超越精神在骆越山水间的延宕和张扬吧，建造桥梁成为侗家的一种'思维定式'，而风雨桥的建造却有其独特的韵致。"② 学者谷雪儿通过采访调研，整理的"永济桥的两次大劫难"内容中，陈述了永济桥修建发起人（杨唐富等人）的可圈可点、可歌可泣的"建桥史事"：

> 相传，第一批进山落户的侗家老祖宗，在山水兼并的地方安居后，发现路被河隔开。为方便行路，在河上架起一座桥。后人把桥当作避雨、歇息的地方，风雨桥的来历便于那时传叫开来。风雨桥又名花桥、福桥，侗家人信念里建桥是造福，为子孙积德。六个发起人经过四年策划设计，号召组织八寨的村民，挨家挨户说服大家积极参与建桥。他们之间的行业差距甚远，有能呼风唤雨的，有勇有谋的，还有能出钱的。这六人的结合，在今天看来也是非常合理和缜密。木匠、商人、摔跤健将、秀才、道士、地主，大家储备的能量一时间全部发挥出来。每个人分工不同，职能不同，起到的效果也当然不同。但大家的精神是一致的。发起人当中只有杨唐富会木工，平时靠做木工维持生计。当地人把领头人称为头工。小学老师陈能军回忆说，当时所有的方案都没有图纸，就地取材，用当地一种叫芒草的植物，先做成模型。施工方案通过后，全寨子的人都来建

① 采访对象：杨通山，90岁，历任三江侗族自治县统战部长、县政协副主席等职，系广西民间文艺家协会副主席，中国民间文艺家协会会员。访谈时间：2021年8月30日。访谈地点：古宜镇金桥花园家中。信息根据录音文件整理。
② 黄钟警：《艳说林溪风雨桥》，《城乡建设》1996年第6期。

峒村林溪：林溪河侗寨文化研究

桥。他说，那个场面是空前的庞大，没有指挥，没有任务。建桥过程中，路经此地的侗族人看到建桥的场面，感动得自愿捐钱。他们的名字后来刻在风雨桥的橡梁上。桥建到一半的时候，其他寨子的人认为永济桥跟自己寨子并没有多大的联系，中途集体罢工。面对夭折的工程，头工困惑不已，最后经过大家举手表决，以押田的制度约束参与建桥的侗家人。押田条约为：如果报名建桥半途而废，就把约定的十七屯田抵押给村里，任由村里处理。制度出来后，报名押田的工人52人，他们抱着为子孙积德的信仰，造福后人，直到桥建成典礼，没有一个人中途退出。建桥最多时人数达两百人，平均每户出劳力2～3人。就这样停工两年后的风雨桥经过几番风雨，于1924年落成使用。陈能军的父亲因造桥劳累患上疾病，三十几岁病逝。

1936年，突如其来的山洪暴发，南面三个亭子被冲走，几个村的侗家人自备干粮沿林溪河、浔江、融江、柳江一路抢救。水路约有三百多千米，沿河拦截打捞被冲走的木头，然后逆流把抢救回来的木头拉回来，往返约两个月。三年后开始修复工作，两年后修复完工。1984年多灾多难的永济桥又难逃洪水的厄运，又一次被冲垮两个桥墩，于1995年底再一次修复完工。

风雨桥的命运连着侗家人的命运，护桥建桥成了侗家人一生的事业。[1]

根据引述材料可以看出这是地方的习俗，千百年来促成了侗族人"建桥、架桥，是生产生活的一种思维定式"，并随之刻进侗族人生命体检的骨髓里。程阳风雨桥成为马安寨当地独特的人文知识而代代相传；成为程阳八寨一笔现实生活的精神财富，如今已成为"国宝"级文化地标，惠及这里的传统村落。

（二）平岩：一首历史记忆传承的恋歌

程阳平岩自然屯，分为岩寨、平寨两个片区，是程阳八寨中的两个寨。

岩寨，其寨名语词是汉语地名，对外政治、经济、文化上的对接，均用汉语词；而当地侗语自称寨名为"岜迈"（pags mais）。"岜"（pags），汉语直译是"外边""外面""（溪流、山路）端口处"等；"迈"（mais），

---

[1] 谷雪儿:《程阳八寨风雨桥》,《中外房地产导报》2006年第2期。

是侗语单音节寨名，行政村意义上即是八江镇高迈村，位于岩寨向西 10 千米位置，高迈村溪流东向流入程阳平岩屯岩寨，汇入林溪河。因此，在岩寨侗语语境中，"岜迈"（pags mais），即是"处于高迈村溪流端口处的寨落村子"。而汉语词"岩寨"，据说是因为此地溪口处地势不平，周围岩石多，故取名"岩寨"。据传岩寨立寨至今已有 300 多年，寨上一些建筑已有 200 多年历史，但近年来因为 4A 级景区建设，逐步减少消失。全村共有杨、吴、陈、梁、张五姓，杨姓入居最早。据田野作业现场勘查，寨里有清代鼓楼 1 座，民国时建的风雨桥 3 座、古旧吊脚木楼 30 座（现余 10 余间）、寨门 3 座、水井亭 4 座、萨坛 1 座、土地庙 2 座。在村中老人杨善仁的家，即侗族木构建筑营造技艺传承展示中心（博物馆），陈列有石刻、舂米碓、石臼、石磨等历史遗留物。杨善仁说，岩寨的历史悠久，寨上石桥、古石板巷道等人文及自然景观保存较好。[①] 岩寨的传统节日很多，主要节日有正月初三（送新娘）、四月初八、冬节等。4A 级景区建设后，各类民俗文化表演成为常态化，即把月也、百家宴、赛芦笙、演侗戏、踩歌堂、暖桥（祭桥），以及刺绣、侗锦、竹编、草编制作等文化片段，在寨门、戏台、鼓楼坪等场合进行表演式展演。同时，寨上沿街的旅游家庭旅馆、民宿、餐饮店、冷饮店林立，随处可见侗族银饰、木构建筑模型制作、木竹质儿童玩具等传统工艺品。这些，主要是源自于当地传统的民俗文化资源，亦融合了当下文化旅游外来文化创意产品及其消费方式。

木构建筑艺术在岩寨的文化资源中堪称一绝。全寨共有 80 位木匠师傅，代表人物有杨善仁、杨似玉、杨求诗。其中杨似玉一家被誉为"木匠世家"，杨似玉为侗族木构建筑营造技艺国家级代表性传承人、中国工艺美术大师。柳州市侗族非物质文化遗产展示中心就设在杨似玉的家中。杨求诗为侗族木构建筑营造技艺自治区级代表性传承人。果真桥（美烧桥）、尚义桥（平安桥）、万寿桥、岩寨鼓楼等均由岩寨掌墨师傅自建，程阳永济桥、三江鼓楼、三江风雨桥、龙胜风雨桥等均有岩寨的木匠师傅参与承建。[②]

岩寨的木构建筑师傅较多，寨上具有浓厚的木构建筑营造技艺的氛

① 采访对象：杨善仁，95 岁，岩寨人，侗族木构建筑营造技艺国家级非遗项目传承人。采访时间：2019 年 8 月 6 日。采访地点：岩寨侗族木构建筑营造技艺展示中心（博物馆）。

② 陈杏萍、杨永和：《广西三江民族村落》，广西民族出版社，2010，第 71 页。

围，因此侗寨标志性建筑——鼓楼，格外醒目。岩寨老鼓楼始建于清代宣统元年（1909）；而新鼓楼建于2005年，楼高近30米，檐层15层，由4根主柱和12根衬柱组成，为了建造鼓楼，寨上每家每户都出钱出力，捐钱、捐物、捐木头，没日没夜地出义务工，仅用一年的时间就建成了景区内最具规模、雄伟壮观的鼓楼，鼓楼里的每一根柱子，每一块瓦片都凝聚了寨民的心血、汗水和智慧。

平寨片区，与岩寨隔河而建。全寨辖8个村民小组，共230户1 025人，均为侗族。"平寨"是汉语地名，因地势较为平坦而得之；侗语名称为"些戊"，即戊时的寨子，大概是先祖戊时进寨居住，为纪念这件事而取此名。平寨有杨、吴、陈三大姓，杨姓居多，吴姓次之，此外还有程姓和熊姓各一户。熊姓到平寨落户不到100年，而程姓则是最先到这里居住的。所谓程阳八寨，就是程、阳两姓人家最先来开辟这块土地，所以用这两个姓来代表地名。当地无文字记载，要追根溯源，一凭口耳相传，二靠两姓人家所处的位置来推算。程姓人家的古老木楼坐落在鼓楼坪旁边，鼓楼与鼓楼坪处在村寨的中心位置，侗族祭祖古歌有"置鼓楼于寨中，置礼俗于乡里"之说。程姓在中心位置建房，说明程姓祖先进村先得地利。之后是杨姓人家到来，他们都围绕程姓人家在鼓楼与鼓楼坪周边建起房子，大多数人家住在村头和村中。接下来是吴姓人家进村落户，再后来是陈姓人家。据说陈姓家族现在居住的地方原来是一片稻田，是吴姓家族划拨给他们的。平寨先民从何处迁徙过来没有定论，有的说是湖南，有的说是福建，有的说是江西，但大多数人倾向于江西，因为寨里的古榨油坊和江西一些地方的榨油坊很相似，现在村民吃的茶油被称为江西茶油，很可能是祖先迁徙时带油茶种子来种植而这样称呼的。平寨村民心灵手巧，男子擅长制作各种传统器具，如藤编、竹编、草编、银饰、民族乐器，以及纺车、织布机、榨棉机等，工艺精湛，造型独特。女子的手艺更为人称道，纺纱、织布、染布、缝衣、打鞋、绣花等，凡身上穿的、头上戴的、床上盖的，都能制作。作为旅游景区，平寨的古建筑保存完好。寨里有清代老鼓楼1座、百年风雨桥1座、木构民居50多栋等，历史遗存的木雕、石刻、舂米碓、石臼、石磨、古驿道、石桥等亦得到较好的保护。特别是平寨老鼓楼，其历史至少可追溯到清道光元年（1821），它的建材几乎全用荷木，这在侗寨众多鼓楼中很少见。[①]

4A级景区旅游公司的演艺中心就建在平寨，《侗恋程阳》作为品牌

① 陈杏萍、杨永和：《广西三江民族村落》，南宁，广西民族出版社，2010，第73页。

第九章　林溪河流域侗寨风物风情

化民俗文化演出作品，其影响力逐步提升。《侗恋程阳》是由三江侗族自治县当地的旅游投资公司团队自编自导、自排自演的渗透式文化旅游项目，展现了程阳八寨独特的侗族集体婚礼内容，包括序、侗款、侗银、侗俗、侗婚、祈福、侗酒、多耶团结舞、送别等几个篇章的体验式演出文艺节目。《侗恋程阳》主题篝火晚会的推出，经平岩两寨、程阳八寨当地的丰富民俗文化整合后，二度创作，进行推介演出。不仅丰富了程阳八寨景区的晚间活动，还带动了景区各村寨村民的就业，促进了民宿留客、百家宴等旅游产业链的发展。

四、"高省林溪金乐"：侗款文化林溪河流域上段的风土人情

侗款《十三款坪》款词中，"高省林溪、金乐"（gaos senl limc qip jimh luox），指的是侗款文化林溪河冠洞村以上流域的各村屯。据考证，清末、民国及中华人民共和国成立以后，林溪河流域的下游、上游分属程阳乡、林溪乡。时至今日，同属林溪镇辖。流传侗乡的一首琵琶歌《百里侗乡》弹唱道："高立务孔遥相望，水团都亮各一方"（jiaoh lic jiah wul kuongx sis yiil mangv, longl tuanc dul liangx angx yiil hangl），"过坳翻山寨连寨，高友高秀近四潭"（pas bangv sax laox toux dis buh, gaos youx gaos xiuh jienx six tanc）。① 据初步考据，以上提及的"高省水团"（gaoh sengl xiis）、"水团"，与"金乐"（jimh luox）当属同一地点。因此我们这里指涉的"水团"（sengl xiis）、"高友高秀"（gaos youx gaos xiuh）各村寨，是侗款十三款坪的"坪美松"（pingc meix songl）的"高省"（gaos senl）的临界点（寨）。那么，这个款坪空间区域内的各村寨文化更接近湖湘文化。换一句话说，中段的冠洞村以上包含合华、林溪、美俗、茶溪、水团、高友、高秀等村寨的风土人情，融合湖湘文化更加明显。

（一）合华·大田：一段祖公迁徙的鸣奏曲

大田，是林溪镇中部合华村的一个自然屯，别名"坪吉"（pingc jic），全屯共有172户738人，均为侗族。村民分属五姓，其中大部分为吴姓。资料显示，大田屯村民的祖先最早是由江西移居到贵州东南地区，随后又移居到林溪务衙（wul ngac），后来地理环境受到不法分子的破坏，村民又

① 采访对象：杨群能，林溪琵琶歌师。采访时间：2015年12月26日。采录地点：南宁市广西民族博物馆民族村侗族鼓楼。根据录音整理。

从务衙迁到现在的住地大田屯，至今已有 400 多年的历史。这期间，一部分人从大田屯分居出去，现在合华村的领岗屯 29 户 145 人、路冲屯 61 户 289 人，还有斗江镇的凤凰村广坪屯 75 户 305 人，其先祖都是从大田屯迁来的。中华人民共和国成立后，湖南通道县陇城镇洞雷村又有一部分农户迁到大田屯。屯里吴氏宗族谱序为"光、宗、时、耀、祖、世、代、永、荣、昌"，在历史上留名的有吴陈刚、吴唐海等人。其中，吴陈刚是寨里头人，当过判官，曾被请到湖南通道甘溪乡（现并入陇城镇）洞雷村调解民间纠纷，当地人给他薪酬，他不收，后来当地人送他一段长 1 千米的河流，命名为大田河段，直至今天，河段的所有权仍归大田。[①] 大田保持着传统的民风民俗，村民过春秋两社，盛行演侗戏、芦笙踩堂、讲款、唱歌、月也等，并以此形式传承民族传统文化。大田屯的"也行年"活动很有特色，为整个林溪镇所独有，其祖辈曾以此到湖南、贵州以及广西三江境内的榕江一带月也，联谊活动颇受好评。大田村民崇拜多神，相信万物有灵。他们崇拜的自然神主要有山神、水神、土地神、树神、桥神、火神（太阳神）等，并以鸟、太阳、鱼为图腾。

（二）林溪岩寨：一个凄美誓言的离奇故事

据田野调研资料记述，林溪村岩寨屯共 150 多户 600 人。据传，村民先祖于元朝末期进入林溪，至今已有 600 多年历史。古岩寨位于现在村寨位置对面的山坡——基务衙（jih wul ngac），就是侗语词一个叫"衙"（ngac）的"小山坡、小山梁"；在当地侗语，"基"（jih）是"山坡顶上"之意；"务"（wul）是"上，上面"之意。又说，始祖詹华立寨子挖宅基地时开挖出来的全是岩石。也就是说，寨子是建在岩石坡上的，当地人就习惯把寨子称为"岩寨"。[②] 村里老人调侃说"清朝乾隆皇帝曾经到过'务衙'此地"[③]。文献资料显示，林溪的侗族大多数是吴姓。其来源情况，据三江侗族自治县县文化馆原馆长吴居政，原县政协委员李歧山、石子超三位老先生说：最早来林溪开山劈岭，成村立寨者为侗族中的吴、杨二姓。他们原系汉人，明朝前从江西迁入湖南，逐渐变成侗族。从

---

① 陈杏萍、杨永和：《广西三江民族村落》，南宁，广西民族出版社，2010。

② 与程阳八寨的"岩寨"同理，都是建村立寨之处岩石多，故称为"岩寨"。

③ 采访对象：吴新春，男，84 岁，农民，林溪村人；罗本章，男，80 岁，退休干部，林溪村人。访谈时间：2021 年 5 月 3 日。访谈地点：林溪村林溪街头风雨桥。根据录音整理。

湖南迁入广西的时间约在清朝康熙、雍正年间。在湖南住的地方叫牙屯堡，来到广西已有九代人了。吴姓来自贵州黎平，是林溪最近的开发者。李歧山先生说，他们李姓祖先本是苗族，来自湖南通道县。据说康熙初年，他们的祖公来此（林溪寨），看到这里地方好，回到湖南转告了公公（祖父辈）他们。于是在同治年间，又来了第二次，遂定居下来，至今已九代人了。其迁徙过程是：远祖是江西人，于明朝时迁到湖南通道的木兰屯，而后进入广西林溪寨定居。[①]

林溪岩寨民俗文化活动历来隆重，有特色。例如，农历五月十二"关公磨刀日"、八月秋社等，每逢节日，家家户户都准备好酒好菜，邀请亲朋好友到家里做客。其中较为隆重的节日，要数农历六月初六村民纪念"萨岁"的活动。设在林溪岩寨"基松胖"（jih songl pangp，就是叫"'送'的小山坡顶上"之意。"胖"pangp，是"高""山梁顶端处"[②]。），原有萨田20屯（约2 000平方米），由明洪武年间迁到林溪的吴家耕种，专祀萨神。萨坛摆设有木刻神牌一方，花边女上衣一件，百褶裙一件，头巾一条，绣花勾头鞋一双，银质法郎耳环一对，芦笙一把，纸伞一把，宝剑一把。同时，萨坛周围有个大白岩石，以及一片参天松树。笔者田野调研中，收集到一个凄美故事：林溪岩寨有18对36名（有说是虚数）同是吴姓人家的青年男女相爱，因受到传统礼俗阻拦，在"基松胖"大松树上吊殉情。之后，这一事件迫使寨上族人"开款"（侗族款约文化制度）破姓开亲。再之后，20世纪60年代开建林溪公路经过岩寨时，工程队触碰了"基松胖"萨坛处大白岩石，导致出现工程事故。再后，在一个大雨倾盆、电闪雷鸣之夜，大白岩石从山顶滚落到溪河边。时至今日，大白岩石还静静地在溪河岸边，诉说昔日那个惊悚而凄美的爱情故事。按当地侗族民间俗信，大白岩石既是神圣的，又是世俗的。神圣地安置在岩寨公共空间中，不可亦不敢更不愿去触犯，唯有敬畏，如敬"萨"神一样；同时，其又是世俗化的，大白岩石置于寨落空间生活里，孩童可随意攀爬，长年累月，岩石越发光鲜，如无处不在的"萨"神，随时庇护村民一样，与岩石一道处于日常生活中。岩寨大白岩石如图9-5所示。

---

① 贵州省编辑组《中国少数民族社会历史调查资料丛刊》修订编辑委员会：《侗族社会历史调查》，民族出版社，2009，第104页。

② 吴世华：《侗"萨"时代初探：三江林溪萨神遗迹调查》，《贵州民族研究》1990年第2期。

图 9-5　岩寨大白岩石及远处仍是树木葱茏的"基松胖"

（三）千户"务衙"：一个历史王朝的背影

皇朝是林溪镇林溪村辖的一个小屯，位于林溪镇政府所在地的西南方向，全寨有 95 户 405 人。据老人讲，老祖宗开山进寨的时候，这里并不叫"皇朝"，而是根据其地势较高，坐落于山梁之上，称为"务梁寨"（xaih wul liangc）。[①] 800 年以前，林溪河流域一带的侗家人都居住在务衙（wul liangc，现在林溪坪场后 500 多米处一片很开阔的地带），整个寨子有 1 000 多户，人称"千户务衙"。寨里住着吴、杨、阳、陈、程、石六姓村民，其中姓吴的最多。"千户务衙"曾经是个非常富庶的地方，村民自给自足。务衙寨脚有一口井，井里取出来的水是咸的，寨上的人若拿这种井水来炒菜就不用放盐了，人们称这口井为盐井。人们在这块风水宝地上不知生活了多少年，丰衣足食，幸福安康。直到有一天，一个外地风水先生的到来彻底改变了这里，使这块宝地变成了人去寨散的空旷野地。这个风水先生心胸狭隘，务衙人曾得罪于他，他伺机报复。有一次他对寨上的老人说，务衙这个地方的风水本来还要更好，只是寨后面的龙脉"咽喉"部位被邪物束住，导致气势受阻，如不挖掉，整个

① 采访对象：吴利民，男，85 岁，农民，林溪村人；吴利民，男，75 岁，林溪村人，曾担任林溪村老人协会"寨老"成员。访谈时间：2021 年 5 月 3 日。访谈地点：林溪镇林溪街风雨桥头。根据录音整理，内容与所掌握现有资料陈述一致。

寨子将会有灾难发生。寨上老人听信了风水先生的话，于是组织人把龙脉"咽喉"挖掉，从此，务衙的好运一落千丈，灾难不断，怪事连连，人心惶惶。于是寨老们合议举寨搬迁，吴姓搬到皇朝、亮寨、大田、程阳等地，杨姓搬到亮寨下、冠洞、平铺、程阳等地。皇朝村民的祖先就是从务衙搬迁下来的，刚进寨的时候只有吴姓的吴交机几兄弟，他们就地取材搭建房屋，屋柱、方条等都是木质的，这些房子大多数保存了下来，至今已有 600 多年历史，部分房屋毁于 1998 年的一场火灾。

明朝末期，南明的最后一个皇帝——明昭宗朱由榔，携家眷日夜兼程随军南下逃难。一天，他们来到了"务梁"，军师见这里是居高临下、易守难攻的好地方，决定在这里好好休息一下，暂住几天。第二天晚上，朱由榔的一个女儿突然病故。悲痛之后，他命亲随连夜把公主葬到对面的山坡上，为防止公主坟被盗挖，同时做了 299 堆假坟。天亮后，寨上的人发现对面山坡上全部是新坟，十分恐惧。朱由榔派人进寨进行安抚，在务梁寨又住了一宿。第三天临走的时候，他在寨头遥望埋着公主的山坡，站了很久才挥泪而别。后来，人们在朱由榔与公主最后作别时站立的地方修建了一座亭子，名叫"望女亭"，把安葬公主的山坡叫作"三百冢"。"三百冢"从此成了林溪镇附近唯一的公用墓地。为了纪念朱由榔曾住过务梁寨，村民就将这里改名为"王朝"，后来又改称"皇朝"。

皇朝地势较高，地形独特，视野开阔，在整个林溪镇呈居高临下之势。寨子布局巧妙，风格独特，主寨坐落在主山梁之上，坐西朝东，设有正门、偏门、鼓楼、戏台等建筑，寨中房屋建筑均为侗族传统的吊脚木楼。一条有 365 级台阶的石梯沿坡而上，从林溪街直通皇朝屯鼓楼，形成皇朝寨独具特色的"皇朝阶胖三百台"。

从古至今，皇朝一直是林溪镇侗族的文化中心，民族文化底蕴深厚，侗戏、侗族大歌等声名远播。皇朝在历史上出过很多名人，古有诉状奇人吴桂堂，近现代有著名侗戏大师吴居敬和吴贵元。

著名侗戏歌师吴居敬（1908—1982）被誉为"现当代的吴文彩"（吴文彩为侗戏鼻祖），历任三江县文化馆馆员、副馆长、馆长、县人大常委会委员、广西民间文艺研究会理事等职。他是一位高产的侗戏剧作家，单独创作或与人合作或改编的侗戏有《秦娘梅》《赤叶河》《火急木牌》《侗家儿女》《翠香记》《二度梅》等，这些经典剧目至今仍在侗乡大地不断上演。优秀侗戏歌师吴贵元（1928—2010）从 9 岁开始帮助父亲抄写侗歌歌词和侗戏剧本，12 岁学唱琵琶歌，至 20 世纪 90 年代初，他创作及改编了 20 多个侗戏剧本，其中包括《秀银与吉妹》《老树新花》《白蛇传》等优秀作品。

皇朝屯除了过侗族传统的节日，还有"二月社节"。每到这一天，家家户户都准备好酒好菜，邀请亲朋好友到家里来做客，推杯换盏，其乐融融。当地主要传统祭祀活动有每月的初一和十五，家家户户都要到寨头寨尾祭拜土地，一般家里不设神坛。农历六月初六是"萨岁"纪念日，这一天寨上老人要准备一些祭品去萨岁庙祭祀。农历五月十二是"关公磨刀日"。当地村民崇拜一身正气的关公，这一天，全寨男女老少都聚集鼓楼坪吃百家宴，以示纪念。

（四）亮寨：一段红色播撒的历史佳话

亮寨屯，位于林溪镇中部的林溪河畔，东连合华村大田屯，西接皇朝屯，南依合华村合善屯，北靠林溪街道。寨内有吴、杨、王、冼、谭等姓氏人家，共 292 户 1 120 人，均为侗族。亮寨的历史变迁较为复杂。据说，他们的祖先早先从江西吉安府太和县迁到林溪务衙，因受当时社会动荡不安和生活条件艰苦等因素影响，又迁到林溪河畔马坪，后改称"亮寨"。亮寨立寨至今已有 300 多年。由于侗族没有文字，因此当地的历史文化仅靠口头传承。清同治三年（1864），屯里修建亮寨鼓楼。该建筑为穿斗木结构，悬山顶三层瓦檐，盖小青瓦，三开间，长形楼阁，面阔 7.8 米，进深 7.2 米，高 7.3 米。鼓楼的阁楼墙板（内外）上有门花及彩绘图案等装饰，楼内地层置有荷木楼板，铺设凉台和 4 张红槌木长凳。楼前有传统青石板台阶、寨门及青石板坪，左侧有楼层式长廊，右侧有戏台，形成庭院式整体建筑结构。该建筑历史久远，工艺精湛，楼阁和寨门上烙印有清代彩绘图案。

1930 年 12 月，红七、红八军北上中央苏区时曾途经亮寨并宿营，李明瑞在该桥与当地绅士谈话，留下历史佳话。

1987 年 5 月，三江侗族自治县人民政府公布亮寨鼓楼为县文物保护单位；2017 年 12 月广西壮族自治区人民政府公布亮寨鼓楼为第七批自治区文物保护单位。由于年久失修，亮寨鼓楼建筑均存在不同程度楼面漏雨、墙板脱落、木构件腐朽等情况。三江侗族自治县文旅局、文物保护中心积极争取专项资金 30 万元实施亮寨鼓楼保护修缮工程。三江博物馆馆长杨全忠称：在施工过程中，始终坚持"不改变文物原状"的文物保护修缮原则和认真贯彻"原形制、原结构、原材料、原工艺"的修缮方针。该工程于 2021 年 8 月 10 日启动。①

亮寨的历史文化悠久,文化资源丰富。亮寨是林溪镇的文化中心,原来有"一庙一楼二围墙三炮楼四寨门",即一座庙、一座鼓楼、两道石围墙、三座炮楼、四道寨门。关上四道寨门,谁都无法进出。可惜这些古建筑在 20 世纪五六十年代被拆除了。如今,亮寨建筑布局较为合理,村寨经维修或重建,风雨桥、鼓楼、戏台等景观大部分恢复原貌,石板路、吊脚楼、部分碑刻、水井、鱼塘等古建筑及自然景观保存完好,寨子干净整洁。亮寨鼓楼如图 9-6 所示,课题组到亮寨鼓楼调研如图 9-7 所示。

图 9-6　亮寨鼓楼

图 9-7　课题组到亮寨鼓楼调研

峒村林溪:林溪河侗寨文化研究

---

① 采访对象:杨全忠,男,53 岁,三江博物馆馆长。访谈时间:2020 年 8 月 9 日。访谈地点:三江博物馆。2021 年 5 月 3 日,调研组成员再次到亮寨鼓楼实地调研。

（五）美俗：一把红糯的百年传说

美俗村，位于林溪镇的中北部，辖美俗、南康、高立、基路 4 个自然屯。美俗村北、东面分别接壤湖南省怀化市通道侗族自治县牙屯堡镇、坪坦乡，西接八江镇。全村共有 14 个村民小组，405 户 1 662 人，村民几乎都是侗族，分属杨、吴、石、陆、粟、龙六姓，各姓氏家族和谐相处。广西三江至湖南通道的公路南北向通过村寨，交通便利。

美俗村地处湘桂黔交界处，于林溪镇北端，距三江县城 35 千米，距林溪镇政府 3.5 千米。总面积 6.8 平方千米。该村于康熙五十七年（1718）建村，至今已有 300 多年的历史。村内共有鼓楼 3 座、戏台 3 座、风雨桥 1 座。最古老的鼓楼始建于清光绪六年（1880），经过 100 多年风雨洗礼，仍保持原有风貌。村里的坛沙（地名）处，有一棵 1 000 多年的枫木古树，至今还是枝繁叶茂，巍然耸立。寨上现有文艺队 2 个、芦笙队 3 个、讲款师 1 人、侗戏师 1 人。传统节日主要有杨氏冬至节、吴氏秋社节、石氏农历十月二十六、陆氏农历十月初一等。美俗村村寨河堤两岸，树木成荫，河水清澈，鱼虾成群，与美俗风雨桥交相辉映。

美俗村以种植红糯米闻名乡里。美俗村四面环山，依山傍水，平均海拔 800 米，年均气温 19℃，雨量适宜。资料记载，明朝初期，先祖们合理利用美俗村当地水土资源和环境气候，种植过多种糯米品种。糯米生长周期长，有耐冷、耐阴、耐旱等特点，而美俗村以种植红糯米著称。红糯米，又称"胭脂米""血糯米""红稻米"，其株高晚熟，穗红有芒，由野生稻演化而来，米质糯而不腻，米的外面有一层深红色的薄膜似胭脂、内呈白色。美俗村为"冬无严寒，夏有风凉，芦笙踩堂，名传港商，糯谷沉穗，茶油满缸"（侗话：打胜狗抓，打胜育，dav sengl goux qios dav sengl yuc）的美誉。[①] 也就是说，"美俗村以红糯米、山茶籽油著称乡里"。近年来，美俗村依托独特的水土资源和环境气候，利用红糯米耐冷、耐阴、耐旱等特点，以"合作社＋基地＋农户"模式，因地制宜大力发展种糯养鱼产业，种出的红糯稻穗颗粒饱满、色泽圆润鲜嫩、口感香甜不腻、营养价值高，是制作糍粑、粽子、甜酒等美食的上等原料，深受百姓喜爱。目前，该村已种植红糯 26.68 万平方米。2021 年 10 月 30 日，当地举办了"2021年美俗村首届红糯文化节"。节庆活动内容丰富多彩，有声有色，突出美

---

① 采访对象：吴兵条，男，50 岁，曾任美俗村党委主任，现做乡村木材生意。采访时间：2021 年 10 月 5 日。采访地点：美俗村村部。

俗地域特色——有芦笙迎宾、红糯稻展示、红糯美食品尝、以红糯文化为主的大型侗族农耕原生态歌舞展演、特色村寨自由行活动等。

（六）茶溪：一条千级石板路的湘桂驿站

茶溪村，是林溪镇北部的一个行政村，在美俗村上游3千米处。下辖茶溪、长烂、美代、下孔、上孔、米冲6个自然屯，共8个村民小组，381户1530人。茶溪村群山环绕，生态环境保护完好，村内有400多座吊脚楼、2座鼓楼和2座风雨桥。

相传茶溪村杨家先祖是北宋时期杨家将杨延昭的族弟，杨延昭被害后，杨家心灰意冷，南下改行做生意，经几代人后辗转到达贵州，清朝前期迁至怀远县（现丹洲岛），之后又转至现在的林溪镇，再转往现湖南通道高步村定居。嘉庆年间，有一天，杨成苟、杨成银、杨成胜三兄弟家里养的一只大白鹅不见了，三兄弟寻着大白鹅留下的蛛丝马迹一路找到了现今茶溪屯中央，发现大白鹅在一棵很大的茶树下生蛋，旁边全是红红的野果，茶香和果香让人神清气爽。三兄弟回去后把这一发现告诉了父亲，父亲遂带着三兄弟仔细查看茶溪的地理环境，发现这是一块风水宝地，整个地形像一条鲤鱼躺在一个大碗中，四周有5条"龙脉"环抱和7条溪水供给。父子四人大为高兴，决定搬迁到现茶溪屯用区助（地名）溪口开荒定居。经过多年的发展，茶溪屯人口增多，在清同治前期，茶溪屯在林溪一带以"油多米多田地多"而闻名，号称"红岗"（同期有此称号的还有平铺屯，一个"上红岗"，一个"下红岗"）。① 在穿过寨子连接湖南省的古道上，有一条铺着1 000多级台阶的石板路。

（七）水团：一座山的湘桂分水岭记忆

前文提及《十三款坪》款词中，"高省冲罗"（gaos sengl jimh luox）的"冲罗"（jimh luox），即指涉水团村某一山冲地名，而用以指代"水团"村。另外，村民杨群能所传唱的琵琶歌《百里侗乡》中一句："高省阿水"（gaos sengl ac xius）的"水"（xius），即是指代"水团村"所处的款文化世界图式节点。

水团村，位于茶溪村北部2千米处，东连林溪镇弄团村，南依茶溪村，西接湖南通道独坡乡，北接湖南通道牙屯堡镇，历来是当地和附近

① 陈杏萍，杨永和：《广西三江民族村落》，南宁，广西民族出版社，2010年。

峒村林溪：林溪河侗寨文化研究

村屯群众来往经商之地。焦柳铁路南北向过水团村，设水团火车站。村背后彭莫山隘口，是三江侗族自治县林溪河流域各村寨村民通往湖南省通道侗族自治县牙屯堡镇的必经之路（林溪河—牙屯堡河）。彭莫山山脉东北西南向横贯水团村，形成天然屏障。水团村即处于湘桂交接之地，彭莫山北面的水流，北向流入牙屯堡河，属长江水系；彭莫山南面的溪流南向流入林溪河，属珠江水系。焦柳线铁路在水团村的彭莫山隧道很长，隧道口写着长度 5 592 米，而且还是上坡路段。火车从八斗站（八江镇八斗村）开始，就用一头一尾两个火车头向北，而彭莫山隧道另一端，就是牙屯堡火车站。一直以来，水团火车站彭莫山隧道口安排有武警守卫，2012 年才撤出，交由铁路部门管理。由于水团村的特殊地理区位，造就了其不一样的文化特征。彭莫山如图 9-8 所示；课题组在彭莫山、水团村调研如图 9-9 所示。

图 9-8　彭莫山远景

图 9-9　课题组在彭莫山、水团村调研

水团村全村辖水团、新寨、代布、归盆、金寨 5 个自然屯，共有 8 个生产小组，截止 2021 年共 371 户 1 528 人，均为侗族。村内有张、龙、杨、石、陈、向、吴、罗等八姓村民，张姓村民占30%。水团原名"水船"，因这里的地形像一条船而得名。后来因为船在水上航行难免会遇到风暴的冲击造成灾难，祖先又从水必然会汇集到水潭里得到启示，将"水船"改成"水团"。

张姓家族的祖先是水团寨创建人，原为汉族，来自江西。当时居住在江西的张家有两兄弟与人争一块地，双方互不相让打了起来，对方受了重伤。事后，对方不甘心，纠集多人上门找两兄弟算账，张氏一家老小连夜逃离家园，直奔南方，几个月后至林溪街道上的务滚（地名）安居下来，经商谋生，和当地人团结友爱，和睦相处，共同生活，慢慢融入当地少数民族，久而久之，汉语慢慢被遗忘，学会了侗语，成了现在的侗族人。张姓两兄弟和家人开始在林溪生活期间，总觉得胃口不好，饭吃得少，却不知原因何在。后来他们请了一位地理先生来观风水，先生说："你们想改善胃口很容易，把门前那块大白石搬走就可以了。"两家人按地理先生说的去办，把白石头滚到水潭里浸泡了三天三夜，之后，两家人的胃口果然好了。但因当时他们两家人没有田地，经商也不那么顺利，日子过得并不好。他们在林溪待不下去，最后迁至水团。现在张姓家族在林溪还有一块坟地，面积有96亩（约6.4万平方米），张姓世世代代去世的人都被安葬在这里。张姓到水团居住后不久，龙家也迁入水团。[①] 之后，其他姓氏家族也陆续来到水团安居，开荒造田，共建美好的家园。

（八）高秀：一方湘桂生活生产交融的舞台

"高秀"，是汉语地名名词，当地称为"高修"（qiaos xius）。"高"（gaos），即"高，高处"意；"修"（xiuh）是"就这样，就这里"意。两字合起来是"就在高处这里了"；展开来理解，就是"这高处好，我们就住在这里了"，引申为"高修"之意。一说考证墓碑，最早入葬者处清嘉庆时期，距今近300年时间（是否是建寨时间，待考）；另一说，高秀村自落寨至今已有500多年历史。[②] 全村辖2个自然屯8个村民小组，截止2022年共418户1648人，均为侗族，有杨、吴、谢、石、向、陈六姓。村人口传说原是苗族人的向姓最先入住，后来其他姓氏来了，向姓被迁走。向姓走后，村落里却年成难收，于是，村人又把向姓邀请回来

① 陈杏萍、杨永和：《广西三江民族村落》，南宁，广西民族出版社，2010，第75页。
② 陈杏萍、杨永和：《广西三江民族村落》，南宁，广西民族出版社，2010，第73页。

峒村林溪：林溪河侗寨文化研究

一起居住，村落这才开始发达起来。高秀村处在珠江流域和长江流域一分水岭（林溪河—坪坦河）的高山上，历来是湘桂交界的商埠重地、文化圣地和粮食生产要地。

高秀村是林溪河与坪坦河流域之间重要的商贾通道驿站。《十三款坪》款词中，"高省高友高秀"（gaos senl gaos youx gaos xius）的高秀村，处于广西三江林溪河至湖南通道坪坦河一带湘桂交界处，处在"湘桂百里侗文化长廊"中心地带，是湘桂两地侗族文化的交会点。高秀村因其独特的地理区位和优越的自然环境资源，成为重要的粮食生产要地，清末时期云集了南来北往的商贾。

高秀村传统文化秩序系统完整。全村保存有完好的吊脚楼、寨门、戏台、井亭、凉亭、庙宇、城墙、水碾、水渠、池塘、古树、古石板巷道等古建筑及自然景观。目前，寨上有 7 座鼓楼，3 座风雨桥。寨里潺潺溪水，青色石板路，吊脚楼错落有致，被近年来文化旅游领域赞誉为"诗境家园""侗乡世外桃源"。因此，1982 年被评为全国生态文明村，2009年被评为自治区文明单位，2011 年获得柳州市第六届"十大美丽乡村"称号，2014 年入选"中国少数民族特色村寨"，2016 年被列入中国侗族村寨（联合）申报世界文化遗产预备名单。

高秀文化被各时期民俗节庆活动作为传统文化传承。节日主要有祭萨节、二月初二、谷雨节（偷青节、韭菜节）、土王节、四月初八、五月初五、尝新节、七月十四等。近年来兴起的韭菜节、红薯节等文化旅游节庆活动，使高秀侗寨更广泛地进入世人视野。

（九）高友：一个拜太阳的诗境家园

高友村，位于大伞山峰东侧，隶属林溪镇，东连湖南省通道侗族自治县裤田坳，西接林溪镇弄团村，南依湖南省通道侗族自治县新盘寨，北靠林溪镇高秀村，同高秀村一样地处"湘桂百里侗文化长廊"中心地带，是湘桂两地侗族文化的交会点。整个寨子依山而建，山脉成西北走向。全村辖 10 个村民小组，截止 2020 年数据共 484 户 1 928 人，大多数为侗族，是个典型的侗族村寨。全村村民分属潘、杨、吴、李、罗、陆、韦、石、黄、陈十姓，以潘姓和杨姓居多。[①] 高友始建于明天顺二年（1458），距今已有 550 多年历史。村寨的名字源于一个故事。相传高友原本是一块荒芜之地，山谷中古树参天，泉眼无数，猛兽云集。有杨姓

① 陈杏萍、杨永和：《广西三江民族村落》，南宁，广西民族出版社，2010，第 53 页。

和潘姓两名男子居住在山谷中叫"山低"地方，他们是很好的朋友。有一天，他们上山打猎时发现了这块风水宝地，便相携家眷至此，架屋定居，开荒种田，生息繁衍。后来，其他姓氏的人陆续迁来，与杨、潘两姓村民共同开发家园，寨子逐渐扩大，并先后建造了风雨桥、鼓楼，将寨子命名为"高友"，意思就是高山上的永久朋友。还有一种说法，认为高友这块地方的发现，是因为有母鸭的指引。高友村民的祖先先是到达塘育（地名），后又迁到高友。传说在塘育居住的祖先养了一群鸭子，有一天鸭子不见了，他们找了很久，后来在高友这个地方找到，当时母鸭在高友下了很多蛋，人们认为母鸭找到这个地方下蛋，说明这里风水好，就迁到高友来了。[①]

高友村是林溪河流域唯一属于长江洞庭湖水系最源头的小山谷里的寨子，侗族传统文化保存完整。寨子里有 5 座各式各样的鼓楼，有 1 座福桥（风雨桥），侗家特色的吊脚楼鳞次栉比，古井古亭特别多。又因土地肥沃，气候温和，冬暖夏凉，所以盛产韭菜。[②] 高友韭菜已是闻名乡里；而高友韭菜节，也成为时下文化旅游的一个热搜话题，游客蜂拥而至高友旅游度假。高友韭菜节主要有斗鸟、赛芦笙、多耶、侗歌演唱、讲款祭韭菜、百家宴、侗戏表演等。

高友村的"拜太阳"民俗文化传承已久。村中老人介绍高友太阳节情况说：

> 太阳神的祭祀，自古以来都在冬月十九日辰时，即农历十一月十九日早晨八九点钟，此时是太阳神诞生纪念日。因为太阳是人类开天辟地的命脉，也是大自然中动物和植物的命脉。如果没有太阳的光合作用，动物与植物都无法生存，我们人类更不能没有太阳的光合作用。所谓"天上若无太阳神，昼夜时刻不分明，地下若无太阳神，万物生长难收成。"万物生长靠太阳"，太阳为我们带来了生存的机会，为我们又带来了幸福，具有无错的功德。
>
> 自古传承至今，祖祖辈辈的村众老人，每逢冬月十九日念念不忘，人人诚心敬供太阳神，家家斋戒祭祀太阳神。成了

① 梁园园：《侗族村落空间建构的文化解析——广西三江县高友村为寨例》，南宁，广西民族大学，2008。吴浩，张泽忠，黄钟警《侗学研究新视野》，广西民族出版社，2008。

② 杨顺丰：《畅游三江》，广西人民出版社，2015，第36页。

（高友村）侗家村寨传统纪念的主要活动之一，也是弘扬民族文化的传统纪念日。它象征着风调雨顺、国泰民安、五谷丰登、六畜兴旺、吉祥如意。村老流传世代荣昌，诚心敬供，造福子孙，合围康泰，千秋旺盛，众生平安，万代兴隆。[1]

据田野材料显示，高友村的太阳节，在每年的农历十一月十九日，是太阳神的诞生纪念日。村民认为"万物生长靠太阳而生存与发展"，以此去敬仰，去纪念，这是一种对生命、对世间万物的敬畏。因此促成一种文化习俗，并通过仪式方式，代代相传。

---

[1] 采访对象：陈仕贤，68岁，男，高友村人，巫师。访谈时间：2020年8月9日。访谈地点：高友鼓楼内。根据录音整理。

第十章　林溪河流域侗寨文物古迹

杨顺丰　潘永成

一、获得各级政府命名的文物

（一）国家级文物

程阳永济桥，又叫程阳风雨桥，位于广西壮族自治区三江侗族自治县北程阳村林溪河上，始建于 1916 年。程阳永济桥是侗乡规模最大、造型最美、民族特色最浓郁的一座风雨桥，采用密布式悬臂托架简支梁体系建造，两台三墩四孔，长 77.76 米，宽 3.75 米，桥面高 10.6 米。5 座桥亭建于墩台之上，与 19 间桥廊和谐连为一体，浑然天成，雄伟壮观。1982 年 2 月 23 日，程阳永济桥被国务院公布为全国重点文物保护单位。该桥与赵州桥、泸定桥及罗马尼亚诺娃沃桥一起被誉为世界四大历史名桥。

程阳永济桥因别具一格的建筑技艺和雄伟风姿而闻名于世。1965 年郭沫若题《今日程阳桥》诗云："艳说林溪风雨桥，桥长廿丈四寻高。重瓴联阁怡神巧，列砥横流入望遥。竹木一身坚胜铁，茶林万载茁新苗。何时得上三江道，学把犁锄事体劳。"

（二）省（区）级文物

林溪侗寨古建筑群（含高友村、高秀村、平岩村等村寨）、亮寨鼓楼于 2017 年 12 月 8 日被广西壮族自治区人民政府公布为广西壮族自治区重点文物保护单位。

1. 林溪侗寨古建筑群（含高友村、高秀村、平岩村等村寨）

高友侗寨：高友侗寨位于林溪镇东北部，距离镇政府所在地8千米，距离三江县城36千米。东、北与湖南通道县甘溪乡相接，西、南与林溪镇高秀村、合华村相邻，全村只有一个自然屯。

截至2020年12月，全寨10个村民小组，有400多户，居住着1 900多位侗族同胞。高友侗寨建寨始于明朝天顺年间（1457—1464），大部分原始居民是从江西吉安逃难到湖南，再从湖南迁徙到林溪上游小溪山谷中屯，后到高友。他们在这块土地上勤奋耕耘，逐渐形成较大规模的自然村落。村里的6座鼓楼、1座风雨桥、1座戏台，以及吊脚木楼、青石板古道、井亭、凉亭、飞山庙等均保存完好。高友村民风淳朴，寨民团结、乐善好施，村容村貌自然和谐，远近闻名。依托优美的生态环境、淳朴的民风、多样的民俗和独特的侗家建筑，高友村村民积极发展生态旅游，促使高友侗寨成了摄影爱好者和自驾游的旅游目的地和各类高校学生的写生培训基地。

高秀侗寨：高秀侗寨位于林溪镇北部，与湖南交界，邻通道县平坦镇，距离程阳22千米，是人文风情体验的最佳去处。全寨400多户1 000多人。高秀侗寨是中国少数民族特色村寨、中国传统村落、广西重点文物保护单位、柳州市十大美丽乡村之一。高秀又是广西侗族文化与湖南侗族文化的交接点，既具有侗族传统优秀文化，又拥有自己特色的生活习惯。高秀的吊脚楼、鼓楼、戏台、风雨桥、井亭、凉亭等人文景观与自然山水融为一体，呈现出"景在寨中，寨在景中"的美好画面。每一年高秀村都举办红薯文化节。高秀侗寨以挖红薯、山上采茶、田里抓鱼等农耕文化体验活动，芦笙、多耶、纺纱、百家宴、行歌坐夜等民族文化展演，以及特色农产品展销等，吸引了不少游客。

平岩侗寨：平岩村有马安、平寨、岩寨、平坦四个屯，坐落于国家4A级景区程阳八寨景区之中，是程阳八寨之一，距离县城20千米。全寨300户1 000余人。平岩村获得中国少数民族特色村寨、中国十大最美乡村和中国侗族文化深度体验区等荣誉称号。

平岩依山傍水，历史悠久。自然生态美、文化和谐美、生活幸福美、产业发展美、创新引领美。古老村落与现代文明生活紧密相融，绿水青山与生态产业发展相得益彰。平岩村展现在世人眼前的是一幅美丽乡村图。饮食文化（百家宴）、服饰文化、歌舞文化，彰显自信，习俗风情浓郁，旅游资源丰富。

2.亮寨鼓楼

亮寨鼓楼位于林溪村亮寨屯的林溪河边，建于清同治三年。2017年12月，亮寨鼓楼入选广西壮族自治区人民政府核定并公布的第七批自治区级文物保护单位名单。这里是亮寨的公益事业、公益文化、美德教育的中心。白天，老人们在这里烧烟聊天；晚上，中青年人在这里教学文艺，氛围浓厚，其乐融融。

（三）县级文物

1987年三江侗族自治县人民政府公布亮寨红军桥为自治县重点文物保护单位。

二、民间留存的文物古迹

（一）宗教信仰类

信仰是每个人、每个民族都会有的一种寄托精神的方式，最早的信仰源于人类对于自然界未知事物的不解。在侗族地区，信仰是侗族人民寄托精神的主要形式，侗族人民与自然为友，在与自然的接触过程中，认为自然万物是有灵的。

这种万物有灵的信仰观念对于侗族人民的生活具有巨大的影响。当侗族人外出谋生或做生意的时候，都会请鬼师请一道平安符，又或者是带上一点家乡的东西，如木炭、红绳缠绕的稻秆，等等。之所以这样做，是因为在侗族人的观念里，自己独自一人到外地去，势单力薄，无人帮衬，可能会遭受到霉运，带上一道平安符或者一点家乡的东西，那么自己将会受到家乡和祖先的庇护，在家乡和祖先的庇护下，自己不再是一个人，就有了精神上的支撑。可见侗族人的宗教信仰与侗族人的生活密切相关，而这种信仰也赋予侗族人强大的精神力量。

1.飞山庙

林溪河流域每个侗寨都建有一座庙宇，以纪念民族首领杨再思。杨再思在守卫边疆，保家卫国中做出了突出的贡献。为了寄托哀思，弘扬杨再思的爱国情怀，和他建设家乡、关心民众、积极向上的精神，人们每月初一、十五，或重大节庆都自觉到庙里上香祭拜，敬仰英雄。

有些大的飞山庙会定期举办庙会，这时候的飞山庙前人流如织，热闹非凡。在庙会上，有香客上香祈愿，有人遇到老友，相聚畅谈；妇女们带着小孩在摊贩前采购针线货物；年轻的后生和姑娘们，则会结伴而行，在庙会上一方面体会庙会的热闹气氛，另一方面，则想着能不能寻到中意的后生小伙（姑娘）。

但对杨氏宗族来说，飞山庙对他们还有更深层次的意义。在林溪河流域，很多的杨氏族人都认为自己是杨再思的后代，飞山庙是他们祭祀祖先和追溯祖源的地方。同时，飞山庙也是很多杨氏族人联系感情的一个纽带，各村各寨的杨氏族人可能都不认识对方，但是一提起飞山公杨再思，他们之间便多了一条联结的纽带，便有了说不完的话。

2. 萨坛

林溪河流域侗寨普遍修建萨坛（萨，侗族最大的祖母神），位于寨中，有木质结构和石质结构两种。萨坛不封顶，内中见天。坛边栽有常青千年松，树下放置伞、茶壶、灯台等。农历每月的初一、十五，寨上人都到萨坛去烧香敬茶，以祈求萨的保佑。当前以岩寨萨坛最具观赏价值。

萨坛在侗族社会里具有很重要的地位，一般来说，要建立一个寨子，就先要立萨坛，然后以萨坛为中心再向四周建房。萨坛的祭祀有专人掌管，一般是寨老或是由最初落寨的那一姓氏主管。萨坛体现了侗族传统的"萨"文化，即对女性的崇拜。萨坛对于一个寨子来说是个非常重要的地方，它是侗族人民精神团结凝聚的体现。就村寨而言，共祭萨坛是团结村寨的精神信仰；就家庭而言，"斗萨"是维系家庭和谐的重要纽带。

3. 回龙寺

回龙寺也叫回龙庙，建在枫木村大培山。回龙寺分设武帝殿、观音殿、药王殿。武帝殿内又设三座神龛：中央神龛供关公、关平、周仓塑像，右侧神龛供二尊观音塑像，左侧神龛供包公及二位卫士塑像。林溪河流域规模最大的寺院便是大培山回龙寺。

回龙寺体现了侗族人民在对外交流过程中对汉族文化的吸收与融合。侗族人民信仰多神，信奉万物有灵，崇尚仁义礼智信。回龙寺内的菩萨是慈和悲的象征；关公、关平和周仓是义和武的象征；包公则是正义和律法的象征。这一佛一道一儒的代表体现了侗族人民对美好品格的追求，同时起着道德教化的作用。

4. 三王宫

竹王，名竹多同，汉初西南少数民族领袖。三王，即竹多同的三个儿子。德智超群、为人忠厚的竹多同与他德才兼备、智勇双全的三个儿子共同为汉武帝统一大业和民族团结立下汗马功劳。汉武帝封竹家父子为夜郎侯，封竹多同为竹王，封其三个儿子为三王。自古侗寨就建有三王宫，也叫三王庙。林溪河侗寨三王宫修建在冠洞村。该三王宫除了给予侗族人民精神的信仰外，三王宫的节日庆典，戏台上表演的侗戏，还有着促进文化道德普及，促进侗族社会和谐的伦理教化作用。

5. 南岳庙

南岳庙是佛道共存的庙宇，堪称侗乡寺庙一绝。南岳大帝是南岳最大的菩萨，高大、威武、神圣、庄严，代表着神在观察、在思考、在暗示，拥有凡人不可能达到的大智慧、大胸襟、大眼界，对人间万事了然于胸，能够思接千古，预言未来。因而，不管平民百姓、达官贵人，甚至皇帝，均对其极为敬畏。比如，高友侗寨南岳庙，始建于清朝光绪二十七年（1901），除定期祭祀外，在国家昌盛、战事胜利、水旱虫灾等的时候，都要举行庆典活动。南岳庙庆典活动，是人民对美好生活的向往和对丰收的喜悦。在庆典上，人们分享节庆的欢乐，相互交流，庆典活动也从刚开始的祭神庆典，慢慢变为庙会庆典，祭神活动成为庆典的一部分，南岳庙也因为庆典的功能扩大，而在原有的信仰神庙的基础上，增加了经济文化交流功能。

6. 雷子庙

自古以来，侗族人民崇敬天地，敬畏生命。建立雷子庙，祭祀雷神，祈求风调雨顺，国泰民安。在骂做坏事的人时说"你不怕被雷劈死"，就是利用雷电的威慑力劝导人们一辈子做好人做好事，引导人们崇善尚义，积善成德。雷电是自然界最具有震慑力的自然现象。人们每次遇到打雷，总会觉得自己很渺小。雷子庙立雷神，用雷电的雷罚作为警示，用天人感应的理论将上天与人联系起来。在侗乡，雷子庙的信仰警示和神话故事影响深入人心。林溪河侗寨雷子庙以高秀村保存得最为完好。

7. 土地神位

在侗寨的寨旁、桥头、亭边、山坳口大都建有土地庙。庙或石板围成，或砖头砌成。内侧写或刻有"本境土地之神位"的字样；有些无神位，只立有木雕或石雕的神像；有的只立着似人形的石条，或木雕做神像。土地神位虽小，但对于老百姓来说确是非常重要的一个神灵，自古人民靠土地吃饭，对土地有浓浓的感激之情，经过发展，就产生了土地神。

在林溪河侗寨，土地神位和萨坛是必不可少的，萨坛是寨子的核心，侗族人相信萨神会保护侗寨，但是离开了寨子，寨子周围的土地则需要土地神来管理，土地神位在某种程度上来说和萨坛一样重要。在侗族有一种属于自己的傩戏，侗族人叫它为"咚咚锵"，其中有一支舞蹈叫跳土地，这舞是娱神之舞，也是欢庆丰收之舞。从这傩戏里我们可以感受到侗族人对土地神的崇拜之情。

8. 风水树

侗族先人提出，寨的四方都应种树，作为四神具足的地方，所以，风水树关系到村寨的四时运气、八方财运、健康平安、吉祥如意。而侗族人自称为"更"，意思是生活在树木遮挡的地方的人，所以侗族人对于树木都十分爱护。在侗寨的附近会保留着一块青葱林木地，其中多是樟树、松树、柏树、楠木。除了保留一块树林外，侗族人对那些自然生长的树木尤其是古树是十分敬重的。在侗乡，有约定俗成的规矩，就是不可以砍伐古树，因为在万物有灵的信仰观念下，侗族人认为古树是有灵的，或者说是古树上面栖息着精灵。古树可以聚气，盘活风水。在山林里，那有一棵古树，就说明那块地方风水好，如果一个寨子里面有古树，那么就是这个寨子里有灵气，风水俱足，如果破坏了树木，那么就会坏了风水，失了福气。当然，前面所言多是从信仰观念来讲，而风水树也有实际的作用，如给村寨营造一个良好的生态环境。侗族人民要求保护风水树、风水林，可以说是保护环境的先锋。

9. 巨石

在侗寨各村的山上、坡上都有一块特别的巨石，侗族人敬畏生命，崇拜自然，封巨石为神。有的家庭为了祈求子女健康平安，茁壮成长，像石头一样硬朗，特拜巨石为父母，烧香敬茶。如果说风水树是福，那么巨石在侗乡来说就是个宝了。造型奇特、体型巨大，坚固且历经风雨，布满时光痕迹，仍然仡立原地的巨石，对侗族人来说是不可多得的宝。在侗寨，古树可以聚气，调风水，巨石则起着镇守一寨运势和财富的作用。一个寨子为了守住本寨的运势，都会寻找一块巨石，在镇运观念的作用下，侗族人把巨石视为神灵，希望能通过信仰和供奉的方式，得到巨石的庇护。

（二）居所建筑类

居所建筑是人们用于安身立命的重要保障，自从有了居所后，人们的联系越发紧密。一间间居所构成了一个个片区村落，一个个村落又构成了人类社会。居所用于居住和庇护人们，在社会发展中，人们为了方便自己的生活，提高生活水平，又修建了一系列的建筑。随着社会的发展，人们的居所建筑也不断地跟着发展，一直到如今，人们依然在建造新的建筑。

1.村落

村落主要指大的聚落或多个聚落形成的群体，即现代意义上的人口集中分布的区域,包括自然村落、自然村、自然屯。村落在世界的角落生根壮大，在侗族人的生活中扮演着重要角色。它保留自己的传统，并使人类走向文明。村落作为较原始的群居方式，一方面，它为统一的文明树立了榜样。同时，村落受地理环境因素的影响，逐渐演变为联系历史与未来、原始文明与现代文明的一个因子，它本身也正是人的生存环境。同时，村落老者智者试图掌握精神的永恒，保护自己的族人，特别强调，无论在哪里，都别忘了自己是谁。人们摆脱苦役与野蛮统治后，认识自己，发现自己，回归途中，同一"村落"的人们终究要会面。

林溪河侗寨大的有几百户人家，如冠洞村，小的才十几户人家，如金寨。这些聚落自古以来依山建寨，傍水而居。山上树木葱郁，人们就地取材，建制木楼；山边多沟坎，水上交通不便，多建制木桥（风雨桥）。侗寨寨名各异，缘由不同，各有特点。侗寨内部以族（同一姓氏为一族，有时同一姓氏也分几族）为交往单位，以"补拉"（父子）为社交核心，以鼓楼为议事中心。侗寨就像城市里的社区，有相当于社区管理制度的族规民约，有相当于居委会的寨老协会，寨老必须是德高望重之人，负责解决村民的疑难问题，等，侗寨中人们自编自演、自娱自乐的文艺活动丰富多彩，侗寨的人们是一个和谐的集体，也是一个快乐的群体。

2.吊脚木楼

吊脚木楼以大圆杉木为架，宽厚木板作壁。房舍建筑端庄，三层居多，也有达四五层的。以四层木楼为例，其底层置放农具、家畜、柴火等。第二层为火堂，第三、四层为卧室及仓库。木楼工艺精巧，不用一颗铁钉，结构复杂而严谨。石坎上、溪水边一排排错落有致的吊脚木楼不仅是侗族人最安全的家，也是侗寨一道独特的风景。

家庭的核心以血缘为纽带构成，房子是人们观念里的家的最为直观的外在体现。吊脚木楼是侗族人的房子，是侗族家庭的主要活动空间。

侗族的吊脚木楼，从一楼门口一侧有一条木梯直上二楼，到二楼靠巷道一面则是靠廊，再靠廊进去便是堂屋，堂屋可以说是吊脚木楼的中心，也是侗族人家庭相处的中心。在堂屋一侧有些吊脚木楼会做一间房间，这间房一般是父母或老人的房间。而子女的房间一般是在堂屋上层。

从房间的布置来看，父母与子女的房间是分开的，这样的设计保证了各自的生活空间，而交流和维系情感的重任就放在了堂屋。侗族人从早上到晚上，一天的时间里至少有三次一家人是要聚在堂屋里吃饭，而在做饭、吃饭的时间里，侗族人的情感，随着火塘的温度，传递到各自家人的心中。吊脚木楼，划分区域合理明确，在兼顾了各自生活空间外，还兼顾了情感的维系，而这一设计，也体现了千百年来侗族人对家这个内涵的理解。

3. 鼓楼

鼓楼最早称为"共"（巢之意）和"百"（堆座之意），其后称为"堂瓦"（公房之意），再后来才称为"楼"或"鼓楼"。它是侗族村寨的主要标志，是民族的族徽，是侗族村寨祭祀、议事、歌舞、娱乐、迎宾、庆典、断案、判案的主要场所。鼓楼从其造型样式来分，可分为塔式鼓楼、平栏式鼓楼、楼阁式鼓楼、门阙式鼓楼等四种类别；从檐层的间距来分，可分为密檐式和疏檐式两大类别；从鼓楼的顶部结构来分，可分为悬山顶、歇山顶、攒尖顶三大类别。各种类型的鼓楼，不管其高矮、大小如何，一般均遵循一些共同的建筑理念和规律。鼓楼的平面均为偶数，多为正方形、六边形、八边形；鼓楼的立面均为奇数重檐，短小的为三层、五层，高大的则在七层以上。鼓楼的内部结构，除独脚楼以单根粗大的杉木作主承柱外，多数的鼓楼均以四根（也有六根或八根的，但很罕见）粗大的杉木为主承柱，从地面直通楼顶。主承柱之间用穿枋连接檐柱，檐柱的不同排列，构成不同的平面。其次，利用逐层内收的梁枋和设置的檐柱、瓜柱作支撑，层层挑出楼檐，从而构成自下而上，逐层内收的横穿直套的枋柱网，这就是鼓楼的主要框架。鼓楼的顶部结构，设计巧妙，具有极高的建筑艺术，特别是攒尖式双叠顶，是侗族梓匠的一大发明和创造。

4. 风雨桥

在林溪河侗寨，"风雨桥"也称"福桥"，又叫"花桥"，建桥历史上称为"廊桥"。风雨桥集桥、亭、塔、阁、廊于一体，风格独具。桥梁结构多为石墩木面桥。桥的下部结构为石料填心的墩台。桥梁结构多采用密布式悬臂托架简支梁体系，以减少大梁的跨度。桥面多为木板铺设。桥的上部，由亭、塔、廊、阁组成。通常于墩台之上置亭、塔，在墩台之间设廊、阁。亭、塔、廊、阁采用榫卯结合梁柱体系连成整体，重檐翘角，层次分明，美观雅致。廊、亭的柱子之间设有栏杆坐凳。亭、塔内部，通常设有悬柱挑梁，面上有画。亭、塔顶部和翘角飞檐之上，饰有飞鸟、仙鹤、葫芦等图腾物，从而使桥体既有雄伟壮丽之势，又有玲珑精巧之姿。风雨桥的整体设计，颇具匠心，具有极高的建筑艺术价值。

在现实生活中，桥是用于跨越河流或山涧的建筑，而在侗族人的眼里，桥还被赋予了特殊的意义。风雨桥，顾名思义，就是遮风挡雨的桥，一座桥，按道理来讲直接平铺过去就可以了，但侗族人却在桥的基础上加盖了亭、廊，使得原本只有过渡功能的桥，又多了一种供人休息、遮风挡雨的功能，大大方便了人们的出行，也给村寨增添了一道风景线。但在遮风挡雨这一功能外，侗族人还赋予它调和风雨的意义，于是风雨桥上面会有各种刻绘，如龙、葫芦、蝙蝠等，会有各种挂饰，如绣球、侗绣等，这些都象征了侗族人祈求风调雨顺的美好愿望。

5. 凉亭

林溪河侗乡的凉亭，多建于交通要道的山坳，凉亭是用于行人歇息的。凉亭多采用杉木建造，大小不等，形式不一，有的用青瓦遮顶，有的用树皮覆盖，亭内两边设有长凳供过往的行人休息乘凉。有的还在亭内绘制各种花草和飞禽走兽图案，精美异常。凉亭和风雨桥可以说是侗族人的两大特色基础建设，风雨桥建在寨内，给寨中或者回寨的人一个躲避风雨和休息纳凉的地方，凉亭分布在距离寨子比较远的交通要道上，是给在山上做工和往来人休息、躲雨、纳凉的地方。在侗族地区，人们关心自己也关心他人，所以侗族人民都十分热衷于公益事业。有时候会看到一些老人拿着镰刀在山道清理两侧掩盖道路的杂草，一些热爱公益事业的人还在凉亭的旁边挖一口水井，有的还挂上一双双草鞋在凉亭内给行人应急。这些举动都反映了侗族人对生活的热爱和对他人的关心。

6. 戏楼（台）

林溪河侗寨的戏台或侗族戏楼为干栏式的吊脚木楼，分上下两层。下层悬空四根支柱只安枋，不装板。上层用于演出，又分前后两个部分，前台中间供演员表演用，两侧长凳供乐队和戏师坐；舞台两侧有两个门，供演员上下场用；后台为演员化妆和候场休息的地方。这种吊脚楼式戏台虽比较小，但造型别致美观，并与鼓楼互相对应，起到美化寨容的作用。戏楼（台）一般与鼓楼相邻，相对于鼓楼来说，戏楼（台）在平时很少有人会上去，所以与鼓楼相比戏楼（台）平日里比较冷清。但是一旦到了唱戏的时候，戏楼（台）前有带着孩子的妇女，有拿着板凳坐着聊天的老人，还有到处乱跑的小孩，每次开戏，台下欢声一片。正式开唱后，观众看得十分投入，如演《珠郎娘美》的时候，人们会为珠郎娘美的悲惨爱情而落泪；在看《三媳争婆》的时候，人们会因为媳妇孝顺、家庭和睦而感到高兴。总之，戏楼（台）是演出侗戏的场所，侗戏是侗族人特有的一种用于娱乐和教化民众的演出方式，所以戏楼（台）因为侗戏也具有了娱乐和教化的作用。

7. 水井亭

以前，林溪河侗寨里的人们多饮用山泉水，也叫井水，侗族视井水为生命之水，他们爱井如家，往往在井水上方搭盖漂亮的井亭，为井遮风挡雨，为在井边饮水的人们遮阳纳凉。井水亭也是木式建筑，通常建得小巧玲珑，是侗寨的又一处亮丽风景。水井亭跟凉亭的作用差不多，但是最重要的却是为了保护水井。在侗寨，水井是侗族人民非常重视的，要建一个寨子，首先要考虑的问题是这个地方有没有水，如果没有水，寨子根本建不起来，可见水井对于侗族人的重要性。为水井专门建一座水井亭，就体现了侗族人对水井的爱护。水井亭首先可以防止落叶或杂物飘落到水井之中弄脏水井；其次还可以给水井遮挡风雨，防止下雨的时候雨滴落到水井中，将井水弄浑，或者将污物带入井中，将井水弄脏。水井亭体现了侗族人对水的珍爱，同时水井亭又可以反馈于人自身，起到提醒侗族人要珍惜、保护水资源。

8. 寨门

寨门是林溪河侗寨的又一木式建筑，形状像亭子，立于寨子出入口处，门框上方飞檐翘角，框边雕龙画凤。在侗寨，寨门可谓是一个寨子的门面，如果到侗寨，不看其他，单看寨门大小就能看出这个侗寨的人口、实力。在以前，侗族地区经常有强盗、土匪出没，为了保护村寨人民的人身和财产安全，当时的侗寨四周都会用围墙围住，寨门是唯一进出寨子的通道，因此，寨门对于侗寨来说非常重要。但现在，寨门是外人踏入侗寨的第一道门槛，一般要在此接受侗族礼仪中的见面礼。客人来到，侗族人民在此吹起芦笙、唱起拦路歌，向客人敬献拦路酒。如今，随着人口的增多和侗寨的扩建，寨门留存不多，但寨门作为侗寨建筑的一种，体现了侗族人民的热情好客、讲究礼仪。

9. 晾禾架

林溪河侗寨村民喜食糯米，所以多种糯谷。糯米收割不像是稻米，可以直接脱粒然后装袋储存，而是需要用摘禾剪一根根地摘下来，然后捆成一把把的禾把。由于侗族人居住的地区多是河谷山脚地，没有过多的平地用于晾晒禾谷，所以，智慧的侗族先民们便想到了将禾谷挂起来晾晒，于是便造出了晾禾架。每当金秋时节，各家各户都必选定受光长、通风好、位于寨边的地方起牌做架，专作晾晒禾把之用。由于侗族人民素来团结同心，所以，晾禾架也就一排接一排，一直把溪边寨边围满，自然构成一个连心牌架。到了秋天丰收季节，黄灿灿的晒禾架是侗寨最漂亮的风景，同时又是侗寨丰收的写照，是侗族人民勤劳耕作的明证，是侗族丰富的稻作文化成果的展示。

10. 砌石坎

在生产中，用人工将石头修筑成台阶形状，如田坎。在建设房屋基础时，用石头砌成的是屋基石坎。在建设道路时，用石头砌成的是路基石坎。在没有水泥的时代，石头是自然赐给人们最好最多的建筑硬料。用石头砌成的石坎坚固耐用，相对于泥坎、木坎，石坎的坚固性能大大提高，同时，也相对提高了人民的生活品质。

11. 石板路

在侗寨，走不完的是青石板路，一片片石板，一点点爱心，一条条古道，一个个热心肠。热心公益事业是侗族人的千年古训，也是侗族人的传统美德。寨中人自愿出工出力，用愚公移山的精神，抬石铺砌而成石板路。铺就石板路是为了来访侗寨的客人走好、玩好，用石板路牢牢地连起侗寨与外族的友谊。在日常生活里，石板路也给侗寨人民带来了方便，石板路坚固、平整、美观，极大地方便了侗寨人民的出行，也点缀了寨子的风光。对于给寨子带来方便的石板路，经常会有人自觉打扫冲洗。侗寨的一条条石板路是侗寨人民团结的象征，也是侗寨人民好客的象征。

12. 寨巷

巷，比较窄的村路。寨巷，即侗寨里的小路。侗寨里的小路纵横交错，条条相似，一不留神便会分不清东南西北。寨巷将侗寨紧紧地联系在一起，极大地方便了寨民的日常出行往来，通过寨巷，寨民可以到达寨子的任何一处地方。这一条条的寨巷，连接的不只是一处处屋子，更是一份份人情。

13. 石阶

侗寨依山傍水而居,有上寨、中寨、下寨。由下寨往上寨的道路呈阶梯状,阶梯状的道路铺砌着石块,这就是石阶。石阶由石匠精制而成,善男信女从本地石山上,或从外地抬来石块铺砌建成。铺建石阶是侗族同胞捐钱捐物、献工献力的结果,是村寨公益事之一。石阶最大的用处便是利于交通,石阶坚固牢靠,不惧风雨的冲刷,相对于泥巴路,石阶更为安全。村寨的各个屯之间的迎来送往,在这一级级石阶上留下了浓浓的人情。石阶将寨子各个屯连接在一起,石阶与寨巷、石板路构成侗寨的交通体系,它们历经时光的洗礼,见证着侗寨历史的变迁。

14. 香竿

一把尺子、一个墨斗、一根香竿就是侗族建筑工匠的法宝。侗族没有本民族的文字,所有建筑包括风雨桥和鼓楼均没有设计图纸,全凭工匠聪慧的脑袋。在建造房子之前,侗族的建筑师们先对地基作一番测量,然后根据地势高低、地形方圆、面积大小来构思,一座房子完整的图形存放在师傅们的脑海里。然后侗族的建筑师们则需要把这一整栋房子拆分开来,拆分成一根根柱子,这样,房子就化作了各种高高矮矮的柱子,大大小小、长长短短的方条图形和尺码,侗族的建筑师们会用一把曲尺、一支竹笔将它们全部绘制在半边竹竿上。这种绘制好的竹杆,侗语称为香竿。香竿是侗族建筑师特有的图纸,对于每一位侗族的建筑师来说,掌握了香竿的使用,就学到了一大半的本领,剩下的则需要亲身实践。香竿对侗族建筑师来说很重要,但香竿的制作却很简单。香竿由毛竹破开制成,有长有短,长度根据房子的高矮来定,通常与房子中柱的长度相当。一座建筑物一根香竿,香竿上会被画上密密麻麻的侗族建筑符号,在外人看是眼花缭乱,而侗族的师傅们,就是依据这根香竿,建造了许许多多著名的建筑物。香竿是侗族建筑师的智慧产物,也是侗族建筑文明的一个特色体现。

(三)生活用具类

根据材质的不同,侗族人的生活用具可以分为石制、木制、竹制、藤制、金属制、陶瓷制等类器具,还有些比较特殊的,如水碾房、火塘、焙坑等。各种材质制成的生活器具是侗族人每天都会用到的,与侗族人的生活紧密相关,大大提升了侗族人的生活质量。

1. 石制器具

（1）石磨：石磨通常用两块比较坚硬的圆石，各凿出密布的浅槽，合在一起而成，是用于把米、豆等粮食加工成粉、浆的一种机械。可分为传统片式石磨、现代片式石磨、现代辊式石磨三种。开始时是用人力或畜力，到了后来，用水做动力。磨是平面的两层，两层的接合处都有纹理，粮食从上方的孔进入两层中间，沿着纹理向外运移，在滚动过两层面时被磨碎，形成粉末。

石磨用整块石头雕凿而成，分量很重，且坚实耐用。在以前，石磨可以说是侗族人民对食物进行精细加工的一种重要的生产工具。虽然如今随着电磨打粉机的出现，石磨已经渐渐消失，但对于老一辈的侗族人来说，石磨是他们那时候人生的一个重要见证，也是他们对以前生活的一份美好记忆。现在，经过历史的沉淀，石磨身上多了一种铭记历史的作用。

（2）石臼：自古以来，石材因为其材质坚硬，牢固，被人们所钟爱，制作成各种生产器具使用。在侗寨，石臼是侗族先民以各种石材制造的，用以砸、捣、研磨药材或食品等的生产工具。在电气化生产以的侗寨，谷物粮食主要是被这种生产工具加工成食品。具体来说，臼是用石凿成的舂米谷等物的器具。可以说，石臼是古代侗族人生活的必需品，几乎是家家具备，可见石臼对侗族人民生活的重用作用。在侗寨，石臼和水井可以说是侗族定居点的标志了。

（3）石槽：石槽是一条凹形的石坑，壁内无乱石，形成一条石刻水槽。在侗寨，石槽用途较多，但主要用于捶打加工食物，用得最多的是打糍粑。侗族人喜欢食用糯米，对糯米的食用方法主要有两种：一种是蒸熟后直接食用，另一种是通过石槽进行捶打，加工成糍粑。当然，也有其他的食用方法。在林溪河侗寨，逢喜庆年节是必送糍粑，所以石槽在这时候就会被频繁地使用。在使用石槽捶打糍粑的过程中，需要两人或多人齐心捶打，所以石槽也间接地促进了侗族人民之间的团结互助。

2. 木制器具

（1）盒：指在侗寨日常生活中，能装东西的一种箱子。一般来说，木质的盒子最多。盒子是用来装东西的，在装东西的时候，不能装满，要留一定空隙保持通风，也是为了取用方便。木盒在侗族人的生活中被普遍使用，如在新人结婚的时候，新娘的娘家人会准备一个大箱子，在箱子里面放上给新娘做的新衣服和其他嫁妆。除了大木箱，还有一些较小的木盒，如用于装置首饰的首饰盒，用于存放饭菜的饭盒，等等。木盒轻便且造价便宜，用途广泛，但最大的作用，还是用于收纳储存。在侗寨人家，木盒可以说是常见的事物了。

（2）盆：木头制作的上口大底部小的倒圆台形状容器。盆形式多样，大小不一。在日常生活中，盆主要有三个用处：第一，用于装水，叫水盆，水盆一般都是用于洗漱；第二，用于洗碗，叫洗碗盆，是专门用来清洁餐具的水盆；第三，用于装糯米饭、糍粑等物的盆，叫饭盆。盆的功能比较单一，但却非常实用，在没有塑料盆、金属盆等的时候，木盆可以说是侗族人每天都会用到的器具。

（3）桶：盛水或其他东西的器具，深度较大，用木材制成。桶的主要作用是挑水和储水。在侗寨有一个婚庆习俗，就是新娘过门后的第一天的清晨要去挑水，挑水用的就是一对精制的木桶。新娘挑水走在寨巷的时候，在新娘四周，看新娘挑水的人特别多。而且到了现在，侗族人成亲办酒或者有其他喜事的时候，男方的亲戚会送礼祝贺，在这些礼物中，必定有贴了红纸的桶。由此可见，桶除了实用的储水功能外，还带有祝福美好的寓意。

（4）柜：也叫柜子，是收藏物品的器具。方形或长方形，一般为木制品，有固定的形制。跟盒子、箱子一样，柜子的一个基本功能就是用于储存和保护东西。在侗族人家，家家必备两个柜子，一个是衣柜，主要用于收藏和保护衣服；另一个就是碗柜，用于收纳存放碗筷等生活器具。当然，也有些人会专门打造小柜子，用于收藏保护贵重物品，如金银首饰。柜子的收藏功能使得侗族人的生活更加自然方便，它在收藏保护衣服、碗筷这些东西的同时，也让侗族人对东西的放置更为妥当，避免衣物、碗筷乱放的情况。

（5）桌：也叫桌子，是一种常用家具，上有平面，下有支柱。可以在上面放东西或做事情。在侗寨，桌子一般是木制品，如饭桌、写字桌等。饭桌是侗族人吃饭的地方，同时体现侗族人的家庭观念。在吃饭上桌的时候，由长者先落座，坐在最尊贵的位置，而后其他家庭成员再相继就座。在吃饭的时候，先由长者动筷，后其他人才能动筷。这种规矩体现了侗族人对长者的敬重。在饭桌上，可以促进家庭成员之间的情感交流，促进家庭和睦；在饭桌上，也可以促进人与人之间的情感交流，从而促进村寨和谐和民族团结。可以说，饭桌不仅可用于吃饭，更重要的是它还可以促进人际交流。

（6）椅：椅子，是一种日常生活用具。有靠背和扶手。有的用木材制作，叫木椅；有的用藤编制而成，叫藤椅；有的用竹制作，叫竹椅。椅子相比于凳子更为舒适，能给人一种舒适的感觉。在夏夜里，坐在椅子上，扇着扇子，听着虫鸣，在没有电视的时候，这就是侗族人晚饭后享受生活、消遣时光的不二之选，椅子也因此深受侗族人的喜爱。

（7）床：供人躺在上面睡觉的家具。侗乡因为盛产杉木、松木、樟木、楠木，所以木床居多。侗乡的木床由床头、床尾、床腿、床板、床垫等组件构成，采用多种工艺，具有防鼠、防蛀、耐用、简约美观、易清洁、移动方便等特点。有平板床、单人床、双人床、四柱床、双层床、儿童床等。

（8）纺织机：又叫纺机、织机、棉纺机等。在古代侗乡，纺织机是依靠人力带动的。侗家纺织机就是把棉花加工成线后织成布料的工具全称，包括如纺坠、纺车、锭子、踏板等。吃穿住自古以来就是人们所要解决的三大基本生活问题。纺织机是侗族人民重要的生产工具，侗族人穿的衣服布料都是通过妇女的巧手，用纺织机生产出来的，可以说没有纺织机就无法纺织出布料，就没有衣服可穿。一个家庭里再怎么困难都会备上一台纺织机。对于侗族女性来说，纺织机的重要性说是排在第一位的都不为过。它集中展现了侗族女子精巧的手艺，通过纺织机，侗族女子可以织出漂亮的布料，可以织出美丽的侗锦，漂亮的布料和美丽的侗锦是侗族人穿着的重要保障。

（9）轧棉机：侗族人的一种重要生产工具。轧棉机是指将棉纤维从棉籽上剥离下来的机器。轧棉机是通过圆形锯片转动时钩住纤维向前运动，然后吐出棉花纤维，再通过轧棉肋条挡住棉籽，从而使得纤维与棉籽分离。相对于人工脱籽，轧棉机的生产效率较高，适用于细绒棉。轧棉机轧出的皮棉松散，杂质、短绒少，纤维长度整齐度好，这就为接下来的棉花进一步加工奠定了良好的基础，也极大地提高了整体的工作效率。

（10）弹棉机：是指使棉纤维重新排列达到蓬松效果的棉花加工器具。加工器具原为弹花椎弓（吊弓），后为木制箱式弹花弓（弹花车）。弹棉机起源于明代鼎盛种棉花时期，沿用至民国初期。现在侗乡所见的弹棉机主要有两个作用：一是对棉花原材料进行第二次加工，使得棉花更为蓬松柔软。二是对旧棉被进行翻新，通过弹棉机的加工，可以使得在经过长期使用后导致挤压在一起的棉花重新变得蓬松柔软。在以前物资缺乏的时候，弹棉机对于那些做不起新被子的人来说，是一种非常重要的工具。

3. 竹制器具

侗族人的寨子附近都会有竹子，因为侗寨的侗族人都会专门种一片竹林。在侗族人的生活里，竹子因轻便、耐用、产量高而被广泛利用。勤劳的侗族人用竹子编制各式的生活器具，极大地方便了侗族人的生产生活，也极大地提高了侗族人的生活水平。

（1）篮：用竹子编制成的篮子轻巧、方便，具有良好的滤水作用。侗族人对竹篮的使用，一般是装菜、洗衣、盛物件。如今竹篮的应用非常广泛，除了传统的用途外，还可以作为各种产品的外包装，这很好地凸显了民族特色。

（2）箕：指簸箕、撮箕。簸箕，用竹篾编成的器具，三面有边沿，一面敞口，用来簸粮食或暂时盛东西；撮箕，指撮垃圾的簸箕。在高友、高秀侗寨，也用撮箕到山上去挑柴火，还可以用于铲土、搬运，被侗族人广泛应用于各种生产劳动之中。

（3）筐：用竹篾编制的容器，如抬筐。筐子，多指较小的筐。筐可以用于收菜，用竹筐收菜，可以保证蔬菜完好，也方便对菜的清洗和水分的过滤。筐还可以用于挑肥料，用筐挑肥料可以保证在搬运的过程中肥料不会掉落，而且筐口大，在施肥的时候也非常方便。总之，筐是侗族人常用的搬运工具，具有非常实用的搬运功能。

（4）篓：用竹篾编成的盛东西的器具，从口到底比较深。篓比较精巧，不会限制人大幅度的动作，可以灵活使用。由于篓一般是挂在身上的，所以一般篓用于采摘或者存放较为轻小的东西。在侗寨，人们上山采茶、挖竹笋，下河抓鱼和摸螺蛳等都会用到竹篓。

（5）笋：这里指笋筐，用竹篾编制的筐式盛器，中间空，也叫"背兜"。具有搬运和保存功能，主要用于从田里收粮食回家或晾晒粮食时盛装粮食。一些精制的有盖的笋筐则用于收藏侗布和衣物，因为笋是用竹子制作而成，具有良好的透气性，可以保证放置的侗布和衣物不会因受潮而发霉。

4. 藤制器具

（1）椅：这里指藤椅，指用藤条编制的生活家具。有靠背和扶手。藤椅具有良好的韧性和一定的弹性，质地比较轻便，和木椅一样，用于人的休息和放松，但更为舒适，在制作工艺上也更为复杂。在以前，家里面有一把藤椅可以说是非常体面的。

（2）篮：这里指藤篮，指用藤条编制而成且有提手的盛物器具。作用跟竹篮一样，都是用于盛放东西，但是在防水上比竹篮略差，质地也更重一些。在侗寨，藤篮较为少见。

5.金属器具

（1）铁锅：用铁材料制造的生活器具。用于炒菜或烧水。铁锅是侗族人生活的必需用具。每天早上侗族人的家里都会响起打油茶的声音，伴随着这一声声的捶打声，侗族人开启了新一天的生活。

（2）铁鼎：用铁材料制造的生活器具。上面有一个圆圈，下面有三根支架。火塘里，铁鼎上，架铁锅，炒菜做饭。铁鼎是做饭烧水的基架，由于铁鼎三面都是通的，一般侗族人会用砖头或者石头将铁鼎的背面围起来，这样做一来可以防止在烧柴的时候把柴火推出鼎外，二来也方便将柴火的火力集中起来，提高柴的利用率。而铁鼎剩下的两面，一面用于放柴火，一面则用来掏火炭、炉灰，或者烤红薯等食物。

（3）刀：指用铁材料制造的生产生活器具。有柴刀、菜刀等。刀的用途很广泛，柴刀可以用于砍柴和对木材进行加工。菜刀用于切菜，在斩骨头时会有专门的斩骨刀。镰刀用于除草和收割稻谷。总之，刀是侗族人生产生活的利器，从前除了作为生产和生活工具外，刀还是一种有力的防御武器。

（4）锄头：指用铁材料制造的生产器具。一种长柄农具，其锄身平薄而横装，专用于耕种、除草、松土。锄头是侗族人进行生产劳作和保养土地的重要生产工具。在收获、挖穴、作垄、耕垦、盖土、除草、碎土、中耕、培土时都可使用，属于万用农具。锄头的构造、形状、重量等，依地方依土质而异，可分为板锄、薅锄、条锄等。

板锄：高比宽略长，锄身较厚，斜度略小，受向下力较多。板锄主要用于大面积的浅度挖掘，如土地的松土翻种。

薅锄：高比宽略短。较板锄略轻略薄，斜度较大，短柄小锄。主要用于地表的铲掘工作，如铲除地面的杂草。

条锄：一种特制的锄头，锄身窄小，微斜，使用范围较小，主要用于小面积的深度挖掘，常用于土质坚固的地方，也常用来挖掘生长在土壤里的块茎植物，如红薯、马铃薯、芋头等。

6.陶瓷器具

（1）碗：盛饮食的器具，口大底小，一般为圆形。有大碗、中碗、小碗。有纯白碗，有印花碗。碗属于每天都要用到的生活用具，一个小小的瓷碗，承载的是侗寨里的万家灯火。

（2）碟：盛菜蔬或调味品的器皿，比盘子小，底平而浅。碟子相对于碗来讲，更适合盛放菜蔬和对菜肴进行装点摆盘。一碟可口的蔬菜加上精致的摆盘，让侗族人普通的日子更增添了一份滋味，也体现了侗族人对生活的用心点缀。

（3）缸：盛东西的器物，底小口大，用陶、瓷烧制而成。有水缸、茶缸、酒缸。和木缸一样，陶缸和瓷缸也用于储存水和放置物品，也是酿酒的重要器具。由于材质影响，木缸经过长期的使用后会有酒水渗透浸入木板，在长期的放置过程中会产生异味。陶缸和瓷缸不惧水，密闭性好，且更容易清洁。所以，陶缸和瓷缸直接取代了木缸的地位，成了侗族人酿酒的新宠。

（4）瓦：这里指瓷瓦。用瓷制成的盖瓦就是瓷瓦。瓷瓦是铺屋顶用的建筑材料，有拱形的、平的或半个圆筒形的。瓦是侗族人建房的重要材料，相较于木皮来讲，瓦片轻巧、耐用，能抗潮、防水、防火，且装上后美观，更换方便。在侗寨，瓦被广泛用于各种建筑的屋顶。

（5）钵：陶制的器具，形状像盆而较小，钵相对于碗和碟来说更大、更深，能容纳更多的饭菜、茶水。在日常的生活中可以当饭盆来用，也可以当作茶壶来用。只有在婚宴酒席上，钵才会被大量地用于装大分量的菜肴。这满满一钵的菜肴，意在让客人吃好喝好，体现了侗族人对客人的热情和欢迎。

7.水碾房、火塘、焙坑

（1）水碾房：碾房，把谷物碾成米或面的作坊，是侗族人精细粮食的生产地，对侗族人的米面生产具有重要作用。一般的碾房对谷物的加工主要是依靠人力完成，费时费力，效率低下。为了提高生产效率，解放生产力，勤劳智慧的侗族祖先发明了水碾房。水碾房是指用水作为动力，把谷物碾成米或面的房子。侗族祖先用水做动力碾米，提高了生产效率，解放了劳动力，也提高了侗族人民的生活质量。

（2）火塘：在侗寨，一般住三层吊脚木楼。在第二层堂屋里会有一个用泥土特制的小坑。四周铺石条（石块），中间生火取暖，这便是侗族人的火塘了。在侗族地区，火塘用于烧水和制作食物。在火塘上，架上铁鼎，在其上放置铁锅就可以用来做饭烧水。在侗寨，火塘除了用于烹制食物和烧水外，还是一个社交的中心。燃烧着炭火的火塘总会给周围的人带来温暖。在家里面，侗族人在火塘边传递亲情的温暖；在寨子里面，侗族人在火塘边，相互交谈，促进寨民之间的情感；而在有客人到来时，火塘更是促进了侗族寨子之间的团结。除了这些之外，每当夜幕降临，父母和老人酒足饭饱，睡眠休息后，侗寨的火塘边就成为三五青年男女行歌坐夜、弹琵琶、对情歌的主要场所。在凉凉的夜色里，在火光的照耀下，在动人缠绵的情歌里，侗家的青年男女在火塘边进行侗族人特有而浪漫的恋爱仪式。

（3）焙坑：用于烘焙食物和农作物的一种生产设备。在没有冰箱和其他保鲜手段的时候，侗族人为了能更好更久地储存食品和农作物，往往会通过烟熏、晾晒、腌制和烘焙等方式对食物和农作物进行加工。焙坑就是为了烘焙而制作的。在使用焙坑的时候，侗族人会先把需要烘焙的食品或者农作物放置在焙坑上，然后用微火来慢慢地烘焙。在实际的生产生活中，焙坑最常用于烘焙食品和茶叶。

（四）生产设施用具类

生产设施用具与侗族人的生产活动息息相关，是侗族人民为了方便生产活动而创造发明的。这些生产设施给侗族人民的生产活动带来了极大便利，也在一定程度上保障了侗族人的生产生活物资的产量。生产设施用具可以分为生产设施类和生产用具类。生产设施是为方便和保障生产活动和提高农产品产量而修建的各种设施，如水车、水渠等。生产用具则是侗族人在生产时所使用的工具，如犁、耙、锄等。

1. 生产设施

（1）水车：侗乡古老的提水灌溉工具。车高10米多，由一根长5米，直径0.5米的车轴支撑着24根木辐条，呈放射状向四周展开。每根辐条的顶端都带着一个刮板和水斗。刮板刮水，水斗装水。河水冲来，借着水势的运动惯性辐条缓缓转动着，一个个水斗装满了河水，被逐级提升上去。临顶，水斗又自然倾斜，将水注入渡槽，然后流到要灌溉的农田里。侗族地区依山傍水，开垦的田地也在水边。在一些河流边的农田的地势要高于河面，侗族人为了更好地利用河水，也为了防止旱季农田干旱，于是便发明了可以从低处将水搬运到高处的水车。水车的出现，体现了侗族人对粮食作物的重视。水车作为侗族农耕文化的重要组成部分，为侗乡农业文明和水利史研究提供了见证。水车的运用为侗乡人民安居乐业和社会稳定奠定了基础。

（2）水渠：农田灌溉常利用江河之水，通过地面上所开之"沟"将水引入农田。水渠是人工开凿的水道，有干渠、支渠之分，一般用石头和泥巴砌成。水渠最大的作用就是运输水灌溉农田。在侗寨，侗族人视水渠为水田的命脉。侗族人定期查看水渠有没有损坏或者被杂物堵塞，导致水流不畅或者水量变少。如果发现水少或者水渠被杂物堵塞的情况，就会想办法增加水流，清理杂物、疏通淤积。如果遇到了暴雨天，河水猛涨，可能导致水渠塌陷，那么侗族人就会冒着大雨前去查看，水多了就开沟引水分流，以此保证水渠的安全和水田水量的稳定。

（3）分水口：分水口指两个流域分界的山脊或坳口，也叫分水线。主要用于分引水流，也是修建水利引水的重要参照。

（4）水笕：用于引水的长竹管，具有引水和灌溉的功能。侗族的农田多是梯田，由上到下，层层叠叠。在灌溉的时候，一般通过水渠引水到田里浇灌，然后一层层地引水灌溉下去。但是在一些梯田之间，由于地势影响，田与田之间的落差有的高达十几米、二十几米，直接引水灌溉，在地心引力的作用下，水流会有巨大的冲击力，会对农田造成冲刷和侵蚀。为了解决这个问题，侗族人便将竹子打通，制成水笕，然后通过水笕来引水，这样就避免了水流对农田的损毁。除了高度差之外，山丘上的一些农田，在最高处没有自然的活水，也无法开渠，这时候就可以通过水笕，从高处输送水源，解决灌溉问题。另外还有一些地方，或是因为地势险峻，或是地方狭小等难以开渠，就可以通过水笕来引水。水笕除了可用于农田的引水外，在侗族的吊脚木楼里也会用到。侗族人会把水笕安置在屋檐下接住雨水，这样能够有效避免雨水对吊脚木楼的伤害。水笕和水渠是农田的命脉，它们相互补充，保证了侗族农业水利的完善，也保障了侗族人的粮食作物产量。

（5）拦水坝：用石头砌成的堤坝，有蓄水和泄水双重功能。它广泛运用于灌溉、渔业、河道景观工程，是侗族人生产和生活安全的重要保证，也方便了人们的出行。

（6）田地、田埂：田地，种植农作物的土地。田埂，田间的埂子，主要是用来区分土地边界并蓄水，也是人们行走的过道。田地是侗族人最为重要的基本生产资料，是侗族人的命根子。自古以来，侗族人就靠着田地的出产养活了一代代人，延续至今。在今天，田地不仅是最基本的生产资料，更是侗族人对家乡的一种怀念，也是侗族人对自己祖先的一种缅怀，对过去记忆的铭记。也许，自家的某片菜园就承载着自己儿时的记忆。

（7）石板路和独木桥：石板，把石材修整成板块，有正方形的，有长方形的，铺平成道路，便是石板路。石板路平整、坚固、耐用，相对于泥巴路和石子路，石板路的安全性更高，也更美观。独木桥，指用一根木头搭成的小桥。在侗族村寨到处都有独木桥，不过位于野外的居多。在野外，侗族人在干活的路上难免需要跨过溪流、深沟，来回行走、挑柴十分不方便。但是要在野外修建一座风雨桥或是大桥，是难以办到的。为了方便自己和他人的出行，就有善士好人就地取材，在山里砍大树然后搬运到需要的地方架起独木桥。独木桥的搭建方便了人们的出行，也体现了侗族人热衷于公益事业的传统。

2. 生产用具

（1）犁：翻土用的农具。用畜力（牛力）牵引。犁有犁铧、犁镜。犁铧，安装在犁的下端，用来翻土的铁器，呈三角形。犁镜，犁上的一个零件，是安在犁铧的上方、向一侧倾斜的一块弯板，用铸铁制成，表面光滑，作用是把犁起的土翻到一边。犁是一种重要的翻土工具，主要用作田地的翻土工作。由犁犁出来的田地土块较大，需要进行二次碎土加工，但相对于用锄头人工翻土，用犁犁地的效率就高很多。在侗寨，犁不是家家都有，基本上只有养牛或者养过牛的家庭才会有。没有牛和犁的人家耕作时就借用或者是请主人帮忙犁田。一般遇到这种情况，侗族人都会乐意帮忙，在侗族有互帮互助的传统。如今天别人来借牛和犁，那么以后你需要他帮忙的时候就可以叫他来帮忙，这种形式在侗语里称为"备告"。在这种相互帮助协作观念的作用下，侗寨的寨民紧紧地团结在一起。

（2）耙：碎土和平地的农具。它的用处是把耕过的田里的大土块弄碎弄平。有钉齿耙和圆盘耙两种。田地在经犁犁过后，土块还是较大，需要用耙再对大块土块进行二次碎土，这样才能达到栽种农作物的要求。除了二次碎土外，耙还可以直接作用于水田。水田的泥土质地细腻，且柔软，犁吃土较深无法下田，但是水田上残留的禾根又要清理，这时就需要用耙来翻新土壤和去除禾根。一块水田用耙来回地耙上两三遍就可以直接撒谷种了，对于侗族人来说，耙是耕作地翻土的重要工具，一个好的耙手，可以较好地整地，从而提高农作物的产量。

（3）篓：用竹篾编制的盛东西的器具，从口到底比较深。多在采摘茶叶等时用。在耙水田的时候，篓是用在耙后面抓鱼的最佳工具。篓也是侗族人培养孩子劳动兴趣的重要工具。侗族一个七八岁的小孩子就会被大人带着一起上山干活。例如，摘茶叶时会给他一个小篓，用于装存茶叶，等到摘一篓后，便会适当进行鼓励，培养孩子的劳动兴趣。从这一方面来看，篓除了是劳动工具还是教育工具。

（五）服饰装饰类

在林溪河流域，侗族的衣服以纯色布料为主，花纹较少，但有一种芦笙服却是个例外。芦笙服在侗族里又被称为百鸟衣，色彩斑斓，上面有各种图案和羽毛装饰，非常精美，具有极高的艺术价值。侗族人喜爱银饰，其装饰主要以银饰为主，根据不同的部件，有大有小，做工精美，具有极高的艺术价值。

1.金银饰品

在林溪河侗寨中有很多银匠，这些民间艺人根据人们的需要，铸造了花样繁多的银制品（首饰）。例如，银帽、银簪、银梳、银耳环、银项圈、银纽扣、银戒指、银手镯、银脚镯、银带子等。

（1）银帽：帽子正中，类椭圆形，中间镶嵌着一朵牡丹。其制作工艺包括模凸、錾刻、花丝、镏金、嵌宝、弯丝、焊接、錾孔、修剪等。下层宝托素边，素边上沿等距离各錾两两相对八个小孔，以供穿系于帽。上下双层宝托之间，以类椭圆形素面薄银片，相接相连，令宝托看上去犹似一只莲花座。端庄大气、做工精美的银帽对于侗族的女性来说，是非常有价值的一件宝贝。平日里侗族女性一般都会十分小心地将银帽收藏起来，只有在重要节庆的时候才会穿戴。在节庆里，身着侗装，头戴银帽的侗家女子是一大亮点。而在侗族女子出嫁的时候，她们身着新衣，身上点缀着各种银饰，头上戴着美丽的银帽，这一刻，她们是最美的。

（2）银簪：是一种别住发髻的条状物，或者说，用于绾发和装饰的一种最为常见的头饰，用银材料制成。银簪的样式多种多样，常见的品种有如意簪、通气簪、盘髻簪等。银簪常用于日常生活的束发。侗家女子在用梳子梳好头发后，会将头发盘起来，然后用梳子或者银簪固定。相对于梳子来说，银簪更为简洁、美观，也更能体现侗族女子的美。

（3）银梳：用银材料制成的梳理头发的用具。银梳可以作为梳子使用，具有实际的用处，也可以用于盘发固定。当然，银梳由于本身的材质与工艺，还可以当成饰品。在侗寨，基本上每一位侗家女子都会随身携带一把银梳。

（4）银耳环：耳环又称耳坠、珥、珰。银耳环是用银材料制成的戴在耳朵上的饰品。银耳环是侗族女子特别喜爱的饰品之一。银耳环精致、小巧，且方便携带，挂在耳垂上，能够在整体上使侗族人增添魅力。有些银耳环带有铃铛，会随着人走动发出叮当叮当悦耳的声音。

（5）银项圈：用银材料制成的戴在脖子上的饰品。银项圈多为实心，分量比较重。在装饰上面，银项圈与银帽一样，都十分引人注目。亮闪闪的银项圈与银帽交相辉映，更映衬了侗家女子的美丽。银项圈上一般刻有"长命富贵""福寿安康"等文字，有一种美好的祝福寓意，祝愿孩子健康成长，体现侗族人对孩子深沉的关爱。

（6）银纽扣：用银材料制成的在衣服上起扣合作用的球状或片状小物件。银亮的纽扣在或蓝或黑的侗服的对比下，可谓侗族服饰装饰的点睛之笔，为侗服增添一份美丽。

（7）银戒指：戒指也称指环，是戴在手指上的饰品。戒指是爱情的信物。戴在左手无名指上的是结婚戒指，戴在左手食指上是在求爱，戴在中指上则表示恋爱中，戴在小拇指上表示单身。从这方面看，银戒指不只是一种饰品，更是侗族人对外释放出的一种关于自身婚恋情况的信号。银戒指也体现了侗族人真诚待人和朴素的爱情观。

（8）银手镯：用银材料制成的戴在手腕上的一种环形饰品。其作用有三个：一是用于显示身份。在以前，金银器物是富贵人家的一种外在体现，银手镯越精美，分量越足，就代表持有者的身份越尊贵。二是突出个性。有人不喜欢佩戴饰品，也有人喜欢佩戴饰品，但有个性的人都会选择一种方式来突出自己的个性，银手镯作为一种大气、美观，又便于日常携带的饰品，就成了突出个性的首选。三是美化手臂。银手镯作为一种装饰品，戴在手腕上可以起到装饰和美化手臂的作用。

（9）银脚镯：用银材料制成的套在脚踝上的一种环形饰品。相对于银手镯来说，银脚镯更为独特，佩戴的人也要少一些。

（10）银带子：用银材料制成的束在腰间的饰品。银带子是银与布料结合而成的，带子上面印有漂亮的花纹，而银饰则是用来点缀这些花纹的。从整体来看，银带子束在腰间，勾勒出了侗家女子的体态美，使她们在花纹和银饰的衬托下更为动人。

从银饰图形纹饰看，装饰大致可以分为祥禽瑞兽、花卉果木、人物神仙、吉祥符号、吉祥文字等。祥禽瑞兽有凤、仙鹤、鹿、十二生肖等。吉祥符号有八吉祥、八宝、琴棋书画、文房四宝等。吉祥文字有"大吉祥""五世吉昌""福、禄、寿、禧"等。花卉果木中常见的有牡丹、莲花、梅、竹、石榴、桃等。牡丹寓意花开富贵，象征人间的荣华富贵。莲花寓意清廉高洁。

2. 锦绣品

（1）侗锦：有素锦和彩锦之分。用黑白的棉线织成的称为素锦，用黑白线和彩线织成的称为彩锦。素锦历史悠久，它以白棉线为经线做底，黑棉线做纬线起花，通经通纬，正反两面起花，巧妙地织出黑、白、灰三色的精美图案，图案色彩两面相反，可两面观赏和使用。侗锦的图案都是通过几何线条构成的，具有粗犷大方、朴实稳重、美观素雅的特殊艺术效果。

在侗族人日常的生活中，侗锦主要用作装饰。侗锦可以单独挂在墙上用于观赏，也可以缝在被套、枕头、衣服上，作为一种花饰使用。如今侗锦一般用于收藏和制作百鸟衣。

（2）刺绣：侗族的裙裤、床毯、被套、头巾、背带等，都是用自纺自染的侗布制作。集纺织、印染、刺绣于一体的传统侗布制作工艺世代相传，是侗族妇女的主要家庭手工业之一。侗族妇女进行的刺绣一般分为两种：一是直接绣，这需要绣者有极其熟练高超的手艺；二是用纸片裁剪出花纹样式，然后将纸片缀到布料上依样绣，这对绣娘的要求较低，但绣出来的图案也非常精美漂亮。在侗寨，织锦和刺绣水平的高低是衡量侗族妇女聪明能干程度的一个标准，一位优秀的绣娘往往可以引得十里八村的妇女前来求取绣样。侗族织锦和刺绣技艺精湛，绣品色彩艳丽、美观实用，具有极高的观赏价值和实用价值。

3. 男女装

（1）男装：林溪河侗寨的男式服饰，上衣为对襟衣，小立领，有很多布扣，排扣为单数，或五或七或九，以黑色、白色为主；下装是蓝色或黑色宽裆宽筒裤。由于传统的侗族布料会掉色，而且受新式服装的影响，现如今侗寨的男人穿侗服的次数变得更少了。除了常服外，林溪河侗寨还有一种男式的芦笙服。相对于朴素的常服，芦笙服更为华丽。芦笙服在侗族被称为百鸟衣：色彩斑斓，上面有各种图案和羽毛装饰，非常精美。男士穿着芦笙服吹芦笙的时候，身体摆动带动芦笙服上飘带和羽毛的摆动，配上女士的踩堂舞，场面甚是好看。不过芦笙服和它的名字一样，主要是在吹芦笙的时候穿，平日里很少穿。

（2）女装：林溪河侗寨的女装，上衣主要是交襟衣，以黑色和蓝色为主色。这种服饰以天然质朴为主要特征，各种绣花缀边较少，主要讲究的是布的质量和印染的技术，即衣服布料的亮度和光泽，缝制的手工艺等。下装大都是短裙或长筒裤。相对于男人，女人穿侗服的次数较多，她们对自己做出来的侗服非常爱惜，把侗服作为常服来穿，尤其是老一辈的阿婆们，她们经常穿着侗服聚在一起聊天。

（六）文化艺术类

文化艺术是一个民族智慧和文明的集中体现。一个民族的生活习惯、思想观念、宗教信仰等通过各种形式表现出来的就是文化和艺术。侗族最著名的文化是歌文化。侗族可以说是一个歌俗互动的民族，侗族人的歌与侗族人的生活紧密联系在一起。侗族人没有本民族的文字，于是就用声音将自己对生活的体验唱出来。除了侗歌外，侗族的一些宗教文化器具、仪式，一些规章制度和一些艺术绘画都体现了侗族人独特的民族文化和艺术审美。

1.卜卦板

卜卦，也就是占卜问卦，是一种古老而又神奇的算法，意指用龟壳、铜钱、竹签、纸牌或星象等工具来推断未来的吉凶祸福。在科技不发达的、认识水平不高的古代，卜卦是很常见的。在侗族地区，卜卦板几乎是每个巫师都会用的法器。

2.巫师用具

在古代，不同的巫师会传承不同的魔法工具，但有些是共通的。在传统中，有八样魔法工具：仪式匕首、仪式剑、魔杖、鞭、细绳、白柄刀、五芒星、杯。多样的魔法工具体现了侗族巫师在长期的发展过程中对其他宗教的吸收和融合。

3.古书

古书即巫师所用的日理、地理、命理三本书。

4.歌书、歌本

歌书、歌本以汉语记侗音的形式把侗歌记录下来，以线装本保存下来，有《侗族大歌》《小歌》《细声歌》《流水歌》《白话歌》《茶歌》《酒歌》《耶歌》《双歌》《礼俗歌》《拦路歌》《赖油歌》《嘎经》《琵琶歌》《芦笙歌》

《笛子歌》《牛腿琴歌》《木叶歌》《婴儿歌》《老年歌》《新居歌》《丧歌》等歌书、歌本传世。歌书、歌本体现了侗族人对本民族文化传承的关注。一些侗族的探索者们，在没有本民族文字的情况下，巧妙地运用汉语记侗音的形式，把无形的侗歌，呈现于纸张之上。这些歌书、歌本对于现代人研究侗歌的发展演变具有重要意义。同时，这些歌书、歌本以有形载体的形式流传下来，具有文化保护和传承的功能。

5. 琵琶

琵琶是侗族四大乐器之一。琵琶歌流行于侗族地区，是一种自弹自唱的艺术，具有娱乐和社交功能。琵琶歌分为两种：一种是行歌坐夜的歌曲，节奏轻快、活泼，一般用于男女青年对唱，相互娱乐。一种是叙事琵琶歌，主要用大琵琶弹奏，声音较为低沉，用于讲述故事和叙述历史，一般用于鼓楼演奏。青年人和老年人皆喜欢琵琶歌。青年人在行歌坐夜串寨时边走边弹唱或在姑娘家的火塘边弹唱，老年人则在鼓楼里聚众弹唱。侗族人非常爱听琵琶歌，即使是七八十岁的老人在寒冬的夜间，如闻到歌声，也非起床去听不可。琵琶歌手在侗乡颇受人尊敬，不少青年歌手因此结成姻缘。

6. 芦笙

芦笙是侗族的四大乐器之一，管乐器，由芦竹管和一根吹气管装在木制的座子上制成。芦笙曲调悠扬，具有浓郁的民族特色。芦笙演奏需要多人协力，在大型的芦笙演奏中，人数多达百人。百人齐奏，芦笙可声传数里，震撼异常。芦笙一般用于节庆娱乐和"月也"做客交流，是侗族人促进情感交流和村寨团结的一种重要工具。有些地方还会举办专门的芦笙坡会以芦笙来进行比赛交流，在坡会上，人来人往，芦笙声音震天，热闹非凡。

7. 笛子

笛子是侗族的四大乐器之一。笛子歌，侗语称"嘎笛"，是以侗笛伴奏的一种歌，多由小伙子伴奏，姑娘唱歌。笛子歌常以多种衬词穿插于歌句首尾，唱起来十分亲切；音韵优美清秀，曲调华丽明快，节奏徐缓舒畅，婉转动人，有如山野中的蝉鸣，令人心旷神怡。笛子体型精巧，便于携带，声音婉转细腻，所演奏的歌曲多与表达爱情有关，是侗族青年男女约会、交流的不二之选。在以歌为媒的时候，侗家小伙出门走寨或者赶坡会都会带上一支笛子。若是青年男女彼此有意，便能通过笛声诉情，收获良缘。

8. 石刻

石刻是运用雕刻的技法在石质材料上创造出具有实在体积的各类艺术品。石刻属于雕刻艺术，是造型艺术中的一种门类。侗族匠师们运用圆雕、浮雕、透雕等各种技法创造出风格各异、生动多姿的石刻艺术品。在一些古老的村寨和寺庙中，我们可以寻找到一些古老的石刻，这些石刻体现出侗族匠师们的高超技艺。在一些带字的石刻上面，我们可以了解到一些以前的故事。石刻对于现在的侗族人来说，是一种历史的记忆，也是一种技艺的体现。

9. 壁画

壁画是人们直接画在墙面上的画。作为建筑物的附属部分，壁画的装饰和美化功能使它成为环境艺术的一个重要方面。壁画是侗族历史上最悠久的绘画形式之一。侗族的壁画多描绘侗族人的生产劳作场景，如打糍粑；或者刻画一些吉祥的图案，如龙、凤、鱼等。现在侗族壁画多用于鼓楼、风雨桥、戏楼（台）上。这些壁画为建筑增添了一份魅力，同时在日常的生活中展现了侗族人民的独特审美。

（七）其他

1. 三百堆（冢）

传说明朝永历帝朱由榔在战乱中逃到南方后，小公主朱芙敏突然患病，医治无效，不幸离世，年仅 13 岁。王皇后抱着小公主的遗体哭得死去活来。人死不能复生，永历帝没有哭泣，想的是如何安葬这个心肝宝贝。当时文武官员、皇后、嫔妃的建议是将遗体埋葬在县城古宜（泥），永历帝的主意是就地埋葬，但又担心日后被盗墓贼侵扰。太监庞天寿说，可参照魏武帝曹操的做法，造多座墓穴，混淆视听。永历帝采纳此建议，并命令于半夜三更在驻地皇朝屯的对面山坡上挖掘墓穴 300 处，选其中一处埋葬小公主。

2. 科马界

科马界也叫大伞山，在林溪河北面，是长江流域和珠江流域的分水岭，有一条山道沿山修建。科马界因为特殊的地理位置，自古便是连通湘桂两省（区），官、商、民、兵南来北往的重要通道，20 千米长的山路历史上全用石板铺设，十分方便行走。

第十一章 林溪河流域侗寨文学艺术

杨树清

一、林溪河上流淌的歌谣

林溪河流域除了高山上住着少数苗族同胞外，其余居住的都是侗族同胞。在悠悠的历史长河中，侗族人民不但创造了为人称颂的物质文明，而且创造了灿烂的精神文明，丰富多彩的侗族民间文艺就是例证，其中歌谣又占了相当大的篇幅。正所谓"饭养身，歌养心"，这充分说明除吃饭穿衣外，陶冶他们性情的、丰富他们生活的交友联谊以及谈情说爱都离不开歌，甚至哄小孩睡觉、解除病人痛苦、夫妻拌嘴、劳动解乏等都离不开歌。浩如烟海的歌谣在林溪河上顺畅地流淌着，永不枯息。

在这里，除了侗族人喜爱的琵琶歌外，还有多种民歌在他们的生产生活中久唱不衰，百听不厌，主要有拦路歌、走寨歌等。

拦路歌：迎接宾客的礼仪歌。一个村到另一个村去做客时会吹芦笙、唱侗戏，或多耶等，当客寨人走进村时会遇到人拦路，此时便会对唱拦路歌，这种活动侗话称"月也"。当主村人知道客人来了，就派村里的姑娘们到寨门外拉一根竹竿拦路。竹竿两端各挂一小把用红丝线捆紧的糯禾穗。糯禾穗象征吉祥如意，五谷丰登。姑娘们护着竹竿，一字排开，站中间的姑娘手上还端个大盘子，盘子里放酒壶和酒杯。当客人来到面前时，姑娘们就唱起歌来，大致是问客人从哪里来，来时妻子交代了什么，是不是说不要同别村姑娘唱情歌。客村人一时答不上，就互相推拉几个能说会唱的人到前面去"挡驾"。这样一唱一答，几个回合下来，不管输赢，走在前面的客人都要被姑娘扯耳朵，灌上几杯酒，一陈"煎腊哟"后才放客人进寨门。

唱拦路歌是侗寨里流传已久的礼貌待客的传统习俗。主村如果没有安排姑娘唱拦路歌，就显得待客气氛不热烈，对待客人不够热情。

走寨歌：这是男女青年行歌坐夜时的歌谣。走寨歌是男青年走村串寨去未婚姑娘家谈情说爱时所唱的，所唱的歌谣的先后顺序为：开门歌、讨凳歌、讨水歌、初相会、赞颂歌、结情歌、私奔歌、互换信物歌、送别歌等。歌词多为两句或四句，押腰韵和句内韵，善用比喻，语言生动、风趣幽默。

酒歌：多在接客迎宾、婚嫁酒宴上唱。侗族人喝酒初时斯文，主客分明，话语不多。没多久便步步深入，杯杯斟满，喝到尽兴时，气氛热烈，推杯换盏，酒歌四起。先是主方唱，后是客方还。大多是自谦之词，如"客人进屋无什么招待，拿起筷条夹青菜……"客人还唱："杀鸡杀鸭摆满桌，猪肝粉肠当小菜……"当然，也唱其他内容的歌，如孝敬公婆的、夫妻恩爱的、劳动耕作的、送别歌等。歌词多为四句或八句，押腰韵和脚韵。语言要幽默风趣，以达到烘托气氛为目的。有时候客人不愿喝酒了，主方便派姑娘们来唱酒歌，这种场合不管客人能喝不能喝，姑娘们"毫不讲理"，扯起客人的耳朵就灌酒，灌猛时从胸口淋到腹部，起哄声，夹杂着姑娘们发出的笑声，酒不醉人人自醉。

木叶歌：最贴近大自然的歌种。在万物复苏、春暖花开的季节都能听到木叶歌声。这时节，男女青年去赶坡会唱情歌，在坡上树丛中随意摘一片木叶含嘴边就吹响起来了。"吟吟……"的木叶声，带给青年男女无限的欢乐。可是，最有韵味的还不是这些，而是几男几女上山去挖地时吹的木叶歌。当勒汉（男青年）发现有勒勉（姑娘）在对面山挖地，而勒勉们还未发现他们时，勒汉们就吹响木叶，那悦耳动听的木叶声飘荡在深山幽谷中，勒勉们停下挖锄，议论着、猜测着：这是哪个勒汉吹的木叶？只能意会不能言传的木叶歌，无不扰乱勒勉们的心情。

此刻，她们也摘片木叶吹起来。那颤吟吟的木叶歌，仿佛在召唤勒汉们快过去和她们一起挖棉花地。勒汉们似乎听懂了勒勉们的木叶歌，他们慢慢朝着飘来歌声的方向走去，越走越近，互相听得出是谁人吹的木叶。他们相逢在地头，那兴奋劲儿无法言表。随即挖地的重活自然落到了勒汉们身上，勒勉们则坐在一旁吹木叶，此情此景，挖地的勒汉不觉得困，吹木叶的勒勉吹得更起劲。时间很快过去，一块棉花地挖好了，吃饭的时间也到了。一男一女共吃一包用竹壳包的糯米饭，各自吃出了特别的味道。谁人又知，他们是行歌坐夜时已约好的，木叶歌是他们要聚到一起的信号。

笛子歌：演唱笛子歌时，用侗族的竹笛来伴奏，一般在未婚青年男女行歌坐夜时唱。男的吹、女的唱，配合默契，造就笛子歌的完美。侗笛是用金竹或是黑竹制成的，笛声响亮。竖着吹，吹时很少换气或不换气，这种吹笛技巧在林溪河流域没有几个人能学会。笛子歌多为情歌，也有问讯歌、试探歌、相识歌、私奔歌等。歌词生动形象，比兴贴切，押韵严谨，押腰韵和脚韵，唱起来顺畅圆润，歌声笛声融为一体，悦耳动听，回味无穷。

劳动歌：在辛苦劳作时，为了减轻一些疲倦，把疲倦变换成轻松快乐，侗族人创作了很多歌谣，"拉山歌"就是一个典范。一根根又长又粗的杉木要被从山沟拉到山顶上，那种辛苦就别提了，于是侗族人在拉山时创编了"拉山歌"，歌词内容大概是"哼哟哟，拉山哟！绷紧绳，齐用力，阿妹山上等阿哥。哼哟哟，拉山哟！挺腰杆，快步走，走到山顶有酒喝……"这一哼一唱，节拍明朗，促使辛苦劳作的人步伐一致，劲往一处使。心中想起情妹妹，想到有肉吃有酒喝，再重的活儿也要减轻一半。此外，还有放排歌、挖地歌、耙田歌、纺纱染布歌等，这些都在劳作当中起到排难解乏、增添乐趣的作用，使劳动成为侗族人一项快乐的事业。

儿歌：为了哄孩子睡觉，妈妈在孩子耳边哼着歌谣，哼哼唱唱，伴着孩子入梦乡。傍晚时分，奶奶带着孙子到村边去等待孙子母亲从山上归来，嘴上也哼着盼母曲；当婴儿饿了哭闹的时候，奶奶无奈拿山泉来哄孙儿，手捧泉水唱道："喝着山泉甜又甜，妈妈奶水比泉甜，妈妈快来喂宝贝，宝贝盼妈泪涟涟。"在民间，还有很多娱乐孩子的歌谣，如"小猫咪上谷仓，心里怕神色慌。找呀找，咪咪咪……不知妈妈在哪方"。

儿歌一般都比较简短，语言质朴生动，充满童趣，既启发儿童发挥想象，认识事物娱乐身心，又培养儿童从小学习唱歌的兴趣。

林溪河流域的歌谣还有很多种，除了上述，还有双歌、蝉歌、情人歌、火塘坐夜歌、细声歌、礼俗歌、哭丧歌、地名歌、敬老歌等，皆是久唱不衰，代代相传，闪着耀眼的光芒。

二、朗朗上口的韵文词句

林溪河流域侗寨除有一座标志性建筑物鼓楼外，还设置了宽敞的鼓楼坪。鼓楼及鼓楼坪不但是村民进行文化娱乐、聚会议事的场所，而且是基层"款"组织的活动场地。这种组织活动是不定期的，次数多少也看情况而定，规模大小也有区分。

侗族的款文化包含两项内容：一是村民抵御外来入侵之敌，不让自身利益受到侵害，保卫村寨、保护村民财物及生命安全。二是为了"款"组织发展壮大，纯洁组织；使广大款民的生产生活有序进行，邻里和睦，款民团结，特制定约束村民行为规范的款词（村规民约）。简言之，款文化包括小社会组织和维护这一组织的规约条款。

具体来说，款组织是指侗族历史上曾经长期存在的以地缘为纽带，具有军事联盟性质的民主自卫自治组织。款组织的结构体系是非常严谨的，它既以血缘关系连为一体，也以地域分片区抱成一团，以"补拉"（父子）或"斗"（房族）为基层单位，组成村寨；以数个村寨（亲属集团）组成小款，包括方圆数十里的范围，称"洞"或"坪"（款的中层组织）；以相近或毗连的数"侗"或"坪"组成大款（款的高层组织），包括方圆数百里的范围；以数个大款组成特大款（款的最高组织），即整个民族的联合。

村寨有村规，家族有族约，家庭有家法，这样才有章可循，奖罚有据，才能达到治理效果，使村寨立于不败之地。故为了大、中、小款组织的诞生、壮大、有序健康地发展，更加有必要制定规章制度、法律法规来约束款民。于是，款词就应运而生，而且经过长期的口头传承，汉字记侗音的文体传承，使之得到不断修改、补充，日趋完善。为便于记忆、念诵吸引听众，赋予款词较精彩的文学语言，并以韵文形式展现。

款词按内容来分有以下几类：一是创世款，主要以记述人类及物种起源为主要内容；二是祖宗入村款，记述始祖入村建村状况及其年代；三是约法款，这是侗族款词的重要内容，融入侗族的各种规约、法律条文等内容，如《六面阴规》《六面阳规》等；四是款坪款，记述古代款组织所辖之区域及活动场所；五是风俗款，侗语称"款使胜"，以各种风情风物及社会道德礼仪为主要内容，规劝人们遵纪守法的一种款词；六是英雄款，以赞颂和记述民族英雄生平事迹为主要内容；七是祭词吉语，是在竖柱上梁、嫁娶、丧葬、庆典、进新屋、添粮、祝寿、喜庆丰收、开鼓楼门、"踩桥"等场合而念诵的吉语彩话；八是白话歌，以谈情说爱为主要内容的风趣幽默之词。这些款词，部分有相对固定的时间来念诵的，也有不定时念诵，相对固定的时间是在农历三月和九月。在三月春种时节，很有必要把村民集中起来，将相关的乡规民约向大家念诵宣讲，强调村民要管好猪牛羊、鸡鸭鹅等，不糟蹋粮食。如果损坏别人的庄稼，情节轻的，按损失多少赔偿，严重的要加倍赔偿；如果是人为破坏的，就要罚其杀猪宰羊在鼓楼坪上设席摆酒请全体村民，通过这种方式来惩罚自己，教育村民。九月也是如此，因为这时候稻谷熟了，其他瓜果和旱地作物也熟了。除了要防牲畜糟蹋外，更重要的是怕有人偷盗，这时候念诵约法款犹如时雨，使大家都提高防盗意识。这些约法款都制定得很细，面面俱到，针对性强，也便于操作。例如，程阳八寨有这样一则歌词：

> 偷豆偷茄罚两一，
> 偷鸡偷鸭罚三两；
> 偷条烟斗罚两多，
> 斗萨（妇女）偷茶二两二，
> 勒温（小孩）煮茶偷瓜免银两。①
> 区区之事，人人记牢，
> 列有条文，开上款榜。

当然，也有不定时起款念款词的。无论是小款、中款、大款，都有这种情况。在旧社会，遇到有外敌入侵、盗贼洗寨，或是勾生吃熟等情形时，鼓楼里的大鼓被擂得咚咚响，听见鼓声，村民们赶紧跑到鼓楼坪去，款首领诵款词，村民齐声附和，这一声声呼喊，大大激发了村民情绪；视其事轻重，对照款词，拿出处置办法。民国时期，程阳八寨之一的平寨村有一黄姓人勾生吃熟，把外人引进村寨盗窃财物，欺压村民。于是款组织就擂鼓起款，聚众议事，对照所违犯的款规款约，将其开除村籍，驱逐出寨；并在两人合抱的鼓楼柱上打下三根耙齿眼，其意明确：如不出村，就要遭到钉耙齿的严惩。后来，黄姓人家逃到与广西毗邻的湖南安家。如今，起款钉耙齿事件老辈人还记忆犹新，几孔耙齿眼沐浴着岁月的风风雨雨，依旧牢牢地印在鼓楼柱上。

光阴荏苒，我们翻开款词这本大书，从中读到款词身上的二重性：一是教育约束性。无论哪类款词，都具有借古喻今、借远比近，教育后人的作用，特别是一些礼俗款，其内容都是规劝世人遵守礼仪，不要做那些昧良心事，不要有偏离道德的行为。规劝人们要孝老爱幼，夫妻和睦，热爱公益，遵守社会公德。款词在约束人们行为方面作用是很大的，上述提到的开除村籍、驱逐出寨就是一个明显的例子。在一些细枝末节

---

① 程阳八寨每年中秋节青少年都有打南瓜仗活动之风俗，故偷南瓜不算偷。

上也管束严格，哪怕鸡毛蒜皮也不放过，能让人对所做之事感到畏惧、羞耻。例如，偷菜偷茄的、偷鸡偷鸭的，都给予一定的处罚。二是文学性。款词不但有诗歌的和谐押韵、长短句式，以及节奏感，而且有诗歌的神韵，诗歌的意境，诗歌的美感。有时候大量运用对偶句和排比句，这样念诵起来朗朗上口，便于牢记；有时候尽显夸张之能事，如：

> 山上剪下簸箕一团，
> 回家装得一库一仓；
> 山上剪下席子一方，
> 回家装得一楼一廊；
> 禾秆粗粗比秤杆粗，
> 禾穗长长比马尾长；
> 禾叶宽宽比芭蕉叶宽，
> 谷粒大大比葫芦瓜大。
> 一颗谷粒够吃一天，
> 一把禾把够吃一年。

而比兴的运用更是不胜枚举。总之，款词经过了历代历年集体创作，可谓千锤百炼，有很强的文学性，这也是它们世世代代能够传承下来的重要原因之一。

三、浓墨重彩描绘林溪乡村美

程阳永济桥雄伟壮观，引来我国著名历史学家、文学家郭沫若题诗赞赏，吸引国内外宾客纷至沓来，赞叹声不断。程阳永济桥是全国重点文物保护单位，是侗乡众多风雨桥的杰出代表，也是侗乡一张亮丽的名片。林溪河的美，美在一座座飞架两岸的风雨桥，美在一蓬蓬掩映河面的竹木野花，美在清洁幽静的河水。

走进村寨，那又是另一番景象。映入眼帘的是漂亮的寨门，宽敞的鼓楼坪，高耸入云的鼓楼，鳞次栉比的吊脚楼。戏台、凉亭、井亭应有尽有，还有一口口鱼塘将村寨紧紧环绕；村头村尾大都种植又高又大的风水树，村人说，那是神树，年年月月，护佑村寨，保村民平安，因而村民也对其百般呵护。这样一幅幅画面、一幅幅图景，构成了侗寨乡村的大美画图。仅用文字是不能完整地表现林溪的美景，更不足以描绘侗族人民是如何用勤劳的双手和聪明才智去创造物质财富和精神财富的。

时间来到 20 世纪 70 年代初期，三江县文化馆美术老师到林溪开班讲画，男女青少年踊跃参加学习，功夫不负有心人，在这片热土上，成长起来了一代又一代的农民画家，以杨培述、吴德标、石万景、陈玉秋等人为代表。男女青少年开始学画时，是在自家的木楼里，通过木窗往外看，是一片宽阔的田野，父老乡亲们冒着严寒酷暑在田间里春种秋收，这种火热的劳动场面深深地感染学画的他们，农民不怕苦累的精神不正是他们学画时应具有的精神吗？他们从中得到极大的鼓舞，利用自己长期生活在农村贴近群众的优势，从早到晚不停地画，画……把林溪河畔风情风物、人文景观、自然景观都画个够，一幅幅写生素描铺满纸张。风雨桥、鼓楼、吊脚楼、凉亭、井亭、水车以及纺纱织布、染布捶布、剪禾把、晒谷物、捡茶籽、摘棉花、竖柱上梁、抬木头、放竹排，甚至是撒网捞虾、赶泥鳅、捉黄鳝，都是他们绘画的素材、创作的源泉。

　　他们长年累月不断耕耘，创作了一幅幅构图精巧、色彩斑斓的画作，这些画作融入林溪河畔一幅幅生活画面，使人如同身临其境。2001 年，在浙江嘉兴秀洲举办的中国农民画展上，选送参展的陈玉秋作品《又是丰收年》获得银奖，让人万分欣喜。林溪农民画如涓涓细流，汇入三江农民画大江河水，形成汹涌势头，流向全国，产生了不小影响。几十年来，涌现了杨培述、程兆旗、吴德标、梁同昆、王丽萍、罗耘、陈玉秋、杨丹、杨共国等农民画家。他们创作了《送新娘》《赶集归来》《绣嫁衣》《三朝酒》《新芦笙》《山花朵朵》《侗乡风雨桥》《猎》《四月八》《赶泥鳅》等画作。这些美术作品有的刊登在文艺刊物和报纸上，有的参加各种画展，并有多幅作品荣获金、银、铜奖，被全国各地美术馆收藏。在南宁举办的一次展览上，一位挪威朋友当场掏出 2000 元钱买走两幅作品。1995 年、1996 年，文化部外联局会同三江县文化部门组织创作近千幅画作，由我国驻外使馆转赠给外国朋友。从此，三江农民画漂洋过海，漂到挪威、日本、美国……让外国友人也领略到侗乡美景。

　　一步步走来，一幅幅精美画作，从推开木窗望田野上劳作的一个个背影，到点点滴滴累积创作素材；从艰难起步到展翅腾飞；从走向全国到漂洋过海，无不是振奋人心的跨越。如今，络绎不绝的游客涌向侗乡，踏入程阳八寨南门，他们是冲着淳朴的民风而来，是冲着林溪河畔的美景而来，而创造这美景的，不但有历代侗族人民的辛劳耕耘，还有农民画家们不断用汗水进行的浇灌。

四、引人入胜的民间故事

林溪河是一条美丽的小河，河水清清，不时能看见鱼游虾戏，一副自由自在貌。小河两岸，一片片毛竹迎风招展，似在向客人挥手致意。沿河两岸数十里，坐落着数十个侗寨，侗寨下游横跨一座风雨桥；侗寨中央或偏中央，耸立一座或几座高高的鼓楼，鼓楼前面有一用石板铺就的宽阔鼓楼坪，村民居住的吊脚木楼分别建在四周，鳞次栉比。在漫长的历史长河中，林溪河流域侗族人民不但创造了大量的物质财富，而且他们也很会丰富自己的精神生活，创造了五彩斑斓的文学艺术，使侗寨更加活力四射，生机勃勃。

因林溪河流域侗族文学故事无文字记载，从古至今，民间故事就靠故事手在鼓楼里讲述而流传下来，是一种口头文学。侗寨里的故事手分几个层次，优秀的故事讲述人能同时扮演几个角色，随着故事情节的展开，讲述人进入角色，开始声情并茂地讲述。每一次讲述，都是一次新的创作过程；同一个故事，其内容不断充实，形式不断创新。天长日久，不断讲述，锤炼出一个个精品杰作，极大地丰富了侗族民间文学宝库。

小时候笔者在鼓楼里听到的故事，题材十分广泛，内容极为丰富，具有极其鲜明的侗族特色。侗寨民间故事大致可分为以下几种类型：①神话传说，这类有姜良姜妹，找歌的传说，芦笙的传说，等等；②男女青年自由恋爱的爱情故事，代表作品有三梅（娘梅、刘梅、述梅）等；③机智人物故事，如"卜宽"系列故事，其在侗乡流传十分广泛，人人皆知，此外还有"天神哥""开甲""满根"、班善和培三桑等农民和妇女题材机智人物故事；④歌师的故事，如关于陆大用、吴文彩、石戒福、吴朝堂的传说故事；⑤动物、植物故事，这类有虎姑娘结亲、螃蟹与野牛故事、芦笙和地瓜，等等。

在侗寨里流传最广，人们听得最多的要数机智人物故事"卜宽"，这也是笔者小时候最爱听的故事。"卜宽"的故事是由若干个小故事组成，通过一个个小故事，塑造了"卜宽"这个性鲜明、深入人心的机智人物形象。这些小故事主要有《鼓楼招贤》《智取大水牯》《竹手杖换银手杖》《牛上树》《掐死牛》《腌酸肉》《租牛》《爱吃盐的蚂拐》《庙里吃的猪头》《智取牛群》《宝竹筒》等。在这里摘录《庙里吃猪头》一则故事与大家共享：

> 大年三十晚，财主杀猪宰羊，大摆酒席，可是长工卜宽吃的还是剩饭残汤。财主吃罢酒，卜宽收拾碗盏的时候，财主蹬

着二郎腿，躺在虎皮椅上抽水烟，他把管家叫到跟前，郑重其事地吩咐："明天是大年初一，把祭品准备好，猪头要整个煮透煮熟，有腥气神是不吃的；还有那只大肥鸡，也要整个煮熟。明天一清早就上神庙去，别忘记蜡烛、纸钱、神香，都要带走！记清楚了吗？"

管家回道："记住了，老爷！"

这些话卜宽也都听在耳里了，鸡叫三遍卜宽就起了床，到蝙蝠窝里捉了一只大蝙蝠，带上一把小锯子，悄悄出了后门，走到神庙，从窗口一跃，跳到庙里。神台上立着三个大神像。卜宽爬到神台上，用锯子把中间神像的脖子给锯断了，安上一根钉子，做转动的轴。做好后，卜宽一手抓着蝙蝠，一手抓住神像的脖子，躲在神像身后。

清晨，管家挑着担子，财主在后面跟着，恭恭敬敬走进神庙来了。

财主站在神像前，丝毫不敢乱动。管家小心翼翼地把猪头、肥鸡、酒等祭品端到供桌上，接着点蜡烛烧香，财主口中念念有词："神灵在上，佑我安康，发财致富，享年无疆……"接着跪下磕头。

卜宽见财主这样做作，几乎要笑出声来，正当财主下跪之时，卜宽把手中的蝙蝠掐了两下，蝙蝠"呱呱呱"叫了起来。财主以为神发怒了，吓得面如土色，抬头望望神像，神像的头又左右转动起来，财主一见，"哇"地惨叫一声，屁滚尿流，跌跌撞撞逃命去了，管家也跟着逃出了神庙。

卜宽笑嘻嘻地拿起猪头、肥鸡、酒和穷兄弟们一起过年去了。

讲这些故事也多在晚上进行，山村的夜晚，万籁俱寂，静得使人只听到呼吸声，在夜深人静时，昏暗的灯光下，鼓楼里的人们围成一圈，听着讲述人讲故事，讲完一个又接着讲另一个，人们还意犹未尽，要求再讲一个，讲述者特别会吊人的胃口，讲着讲着，由远及近，不知不觉，就讲到了鬼神故事。比如：

某一天晚上，漆黑不见五指，几个朋友去行歌坐夜，走进吹风坳，只听到"嘭"的一声，似乎从树上掉什么东西下来，再抬眼一看，仿佛看到两只眼睛发光闪亮，直逼他们，几个朋友口头虽说不要怕，可是阻挡不了一股股冷气袭上身来，吓得他们头发几乎竖起来了。大家最终还是壮起胆，捡起石头和木棍，决定向前去看个究竟，是人是鬼也要看个明白。他们向前一步，那团黑影，两只发亮的眼睛，又往后退一步，他们走得快，对方也退得快，两只眼睛忽闪忽闪的。眼看要追过坳了，快接近黑影了，黑影来不及躲开，就跌下稻田去，"嘭"的一声响，同时传来了鸭子的"嘎嘎"叫声，他们不敢相信，竟然有鬼变成鸭子的奇怪事，"鸭鬼"也会吓人吗！于是，他们从几个方向下田去捉"鸭鬼"，赶呀捉呀，从这块田赶到那块田，最终一无所得，天蒙蒙亮，再也听不到鸭子的叫声……

孩子们听着听着入了迷，不由得身上起了层层鸡皮疙瘩。他们已经害怕回家了，只能等待父母来接。

五、夜空中飘来铮铮琵琶声

林溪河流域的侗族同胞，无论男女，无论老少，都喜欢听琵琶歌。入夜，铮铮的琵琶声伴着歌声，悠扬婉转，久久萦绕，在静寂的夜空中，更加有穿透力，不由使人产生无限的遐想。侗族特色浓厚的琵琶唱腔，有着非同寻常的魅力；加之那跌宕起伏的故事情节，抒发着深深的情感，不时夹杂几句念白，无疑把人带到记忆的深处，撩拨人心底那份激情，产生若有若失的意念。

侗族琵琶是用梓木或是被雷劈、被火烧过的杉木制成的。用这样的材料制作的琵琶，其声清脆、嘹亮、回响声强。一个四方形共鸣箱面部挖两只收音孔，像两只窝陷的眼睛，一手长短的把杆，终端雕琢一掌粗"鱼尾巴"，四根弦，四转轴，一个用竹片或是用牛角片子制成的拨子，左手慢捻，右手轻拨，"鱼尾巴"在晃动，发出"铮铮"音响，似乎在诉说人生无限事，道出男女情意长……

当然，能打动人的不仅仅是琵琶声，更重要的是一首首长篇叙事歌，一首首抒发情感的诗篇，一首首诙谐风趣的短歌名句。较为著名的且人们喜爱听的长篇叙事琵琶歌有《娘梅歌》《绣银吉妹歌》《妹桃歌》《刘梅歌》等；以抒情见长的有《病危的情人》《银情柱》《青石碑》等；诙谐风趣的琵琶歌有：《开堂歌》《卜宽歌》《七十二艺歌》，特别是《七十二艺歌》，用非常风趣的语言勾画出各行各业手艺人的形象。但从题材方面来分类，大致有以下几种。

开堂歌：是开始弹唱的一种仪式歌，内容大多为歌的起源、歌师的自谦词，多以生动幽默的语言来烘托歌堂气氛，以引起听众对歌的兴趣，集中大家的注意力，如《饭养身歌养心》《歌不助兴什么能助兴》等。

劳动歌：通过叙述侗族同胞们一年四季所从事的各种农活、耕种技术、不误农时、收获喜悦，把听众带到一个个炽热的劳动场面。主要有《十二月劳动歌》，流传广泛的《七十二艺歌》。还有的歌从多方面强调了人生在世，人人都要掌握一门养活自己养活家人的技术的理念，还强调了行业无贵贱之分，只有技术高低之别，歌颂侗族各行各业工匠精神。

世态人情歌：这类歌很多，主要有《孝敬父母歌》《婆媳歌》《四女歌》等。通过弹唱的形式，用艺术化、形象化的语言，寓教于乐，告诉人们要互敬互爱，尊老爱幼，互相谦让，礼貌待人，以达到家庭和睦，邻里团结，社会和谐的美好局面。

情人歌：情人歌是侗族琵琶歌的永恒题材，通常经过大段的叙述、铺垫来抒发情人间分离之情，路远难逢之情，病危怜悯之情，初恋结识之情，私奔离乡之情，恋爱自由婚姻不自主之情，等等，最有代表性的有《病危情人歌》《远路结情歌》等。

历史事件歌：在侗族地区发生的重大历史事件因无文字记载，依靠歌师编琵琶歌流传下来，如"刘官乱三江"，编成琵琶歌，对事件的发生时间、地点、人物都记得非常翔实。

一种艺术形式之所以经久不衰，永存魅力，是因为有其特别之处，弹唱琵琶歌也是这样。它不需要正规舞台，演唱者多不化装，只抱一把琵琶，一人（现在发展成多人）边弹边唱，这样最贴近生活，贴近群众，也最受群众欢迎。除此之外，琵琶歌的内容也不可忽视，现实生活是作者取之不尽的创作源泉。创作者根据男女不同年龄段，各个不同的生活经历，如或是人生的不幸遭遇，或是甜蜜的爱恋结局，或是失恋后的寻死觅活，创作出多彩的琵琶歌。因为琵琶歌取材于生活，与人们紧密联系，所以在歌者唱到欢乐时听众跟着笑，唱到悲情处听众以巾拭泪。

唱琵琶歌虽然不需要正规舞台，但也需要较宽的场地，这场地是为听众落座听歌，通常设在鼓楼里，或是居住的吊脚楼火塘边、长廊上。无论在哪里，听众都把歌师紧紧围在中央，著名的歌师（这里指弹唱得好的人）能受到听众众星捧月般的拥戴，搬凳的、递茶的、点烟的，甚至有帮着扇凉的，总之，生怕哪个环节照顾不周，怠慢歌师。歌师无不感受到听众的热情，但善于吊听众胃口的歌师，不会开场就开始弹唱，要等到听众不断催促，才调整情绪，酝酿情感，弹起琵琶进入最佳状态。此时，唱者听者都热情起来，歌堂的氛围更感人了，也更迷人了，这样唱了一首又一首，夜深了，听众还不答应唱散堂歌，此刻，有人提醒："你们不困歌师不困吗！该歇歇，喝碗糖粥！"话音刚落，只见几个年轻少妇、姑娘，端着一碗碗冒着热气的糖粥到歌师和听众面前。原来，当歌师唱入角色、听众听入迷的时候，主人家已在屋里悄悄熬了一锅糖粥。

糖粥是对歌师的尊重和奖赏，也是对听众最好的招待，象征着生活的甜蜜。如果歌师弹唱得不好，像老牛"哭屎"般难听，听众会中途退场。遇到这种情况，歌师和听众都别想喝到糖粥了。因而，半夜三更的糖粥，不但能使人甜透心肠，解饥顶饿，更是检验歌师技艺水平的试金石。

喝罢糖粥，听众仍然一动不动，舍不得离去，怎么办！歌师犯难了，最终拗不过听众听歌的热情，不得不重拾琵琶，"转轴拨弦三两声"，琵琶歌声又飘在夜空中。这样唱到响起一声声鸡叫，唱到了天边露出鱼肚白，听众才放歌师一马，允许唱散堂歌。唱散堂歌，意味着弹唱马上要结束了。这散堂歌唱得人汗毛直竖，因为歌的开头就劝来听歌的神灵先行离去，鬼怪退回坟墓，鸟儿退去森林……把这些鬼神禽兽劝退完了，才劝退身边的听众。传说是因为歌师弹唱得好，才招来一帮鬼神禽兽听众，它们越听越入迷，舍不得离开，缠着歌师不停地唱，使歌师不得安宁，后来才发展成先唱散堂歌"劝散"它们。这就是琵琶歌的魅力。

六、程阳八寨芦笙赛

山上长满了绿竹青杉，还有叫不出名的杂树，郁郁葱葱。最抢眼的是茶叶地，一行行，碧绿欲滴，让人联想到丰收的喜悦。山脚下，有稻田，有鱼塘，还有一条弯弯曲曲的小河流，就在这小河边，或是偏僻一些的山坳里，零零散散坐落着八个侗族村寨，俗称程阳八寨，分别称平坦、马安、平寨、岩寨、懂寨、程阳大寨、平铺和吉仓。程阳八寨不是因为处在崇山峻岭中，绿树成荫、流水潺潺、环境幽雅而闻名，而是因其鼓楼、吊脚木楼、风雨桥享誉世界。程阳八寨有两位国家级非物质文化遗产传承人，他们对侗族木构建筑营造技艺颇有研究。

此外，程阳八寨侗族人在长期的生产生活中创造出来的民间文学艺术内容丰富多彩，形式多样。就拿芦笙赛来说，特色极其鲜明，有别于其他地方芦笙赛，这门传统的民间艺术成功申报国家级非物质文化遗产项目也不是没有希望。

春种结束，村村寨寨的后生们相约到很远的地方砍芦笙竹，来回需要几天时间才能把一捆捆有大有小的芦笙竹扛到本寨的鼓楼里，芦笙竹经过一段时间阴干后，村上便派人请师傅来制作芦笙。请师傅也颇讲究，需要认真考察制笙师傅的技术水平，侗寨众村民会提着鸡鸭、美酒上门去请得到大家认可的制笙师傅。

请来了师傅，鼓楼坪就变成了制笙工场，哪家哪人需要做芦笙，需要做哪种型号的芦笙，就要到师傅那里登记。因为制作一堂芦笙，不管是几十把，还是几百把，都要有高中低音，大中小把，还有地筒。因此，要视一堂芦笙规模大小来确定大中小把芦笙数量各多少，这样统一音调，高中低音才能和谐共鸣。

师傅每制成一把芦笙，小伙子们便争相试吹，跳起芦笙舞。一堂芦笙制成了一大半，他们就到鼓楼坪上围成一个圆圈，摆开阵式，吹奏起优雅、舒缓的踩堂曲。当一堂芦笙制作完成后，一到天黑，小伙子们就选择到别的村寨去吹芦笙。首选之地当然是平常交往密切的侗寨，特别是小伙子和姑娘的交往，如果当中没有那么几对情投意合的，他们是不轻易去吹笙的。这样来来往往几个月，笙曲吹得顺畅，舞蹈动作也优美娴熟。

中秋节来临，侗寨沐浴着柔和明亮的月光，到处洋溢着浓浓的节日气氛。小伙子们穿上侗装白衬衫、绛青色土布裤子，脚上穿的布鞋以白色的鞋帮为最美。踏着月光，小伙子们走上了比赛的征途。

按照芦笙赛规程，以寨子大小来排比赛场地顺序，因此，程阳大寨便排在第一，于是中秋节晚上八堂芦笙都集中到程阳大寨鼓楼坪上，选手们等待角逐争第一。过后每隔一晚轮到下一个村寨，即十七日晚上轮到平铺，十九日轮到平寨，二十一日轮到岩寨……按村寨大小类推。

八寨笙赛除按侗寨大小排列比赛场地顺序这一规则不可打破外，还有其他规矩也要遵循。例如，甲寨要到丙寨笙赛，途中经过乙寨，就要在乙寨边吹一首过寨曲，其曲调（汉字记音）为：

会会而能业 而能业 灭业业
会……外……外会会而
能业 而能业哦 外外 敌……
敌鸟而林 而能业 而业 而能
业务雾度……务度……度……
务……务雾而林都……都……都……
鸟务雾度……务会会而能灭业

这过寨曲仿佛在告诉寨里的人们：我们路过你们寨了，因为有约，不宜进寨拜访，请多包涵，谨以此表示尊重、礼貌。侗寨里也会回应一曲，表示理解。后每经过一个侗寨，就得吹一首过寨曲，否则人家会说你不明事理。但是到了主寨的寨门边，就要吹入寨曲，亦称报信曲，向主寨人报信："我们已来到寨门边了。"

寨里听到了报信曲，互相叫喊迎接的，催促姑娘打扮的，小孩缠着大人快带去看的……一片嘈杂声，全寨都沸腾起来了。

中秋节是侗寨里的盛大节日，小伙子们除注重打扮自己外，还会费心费神地把自己手上的芦笙装扮一番，有的在芦笙管上插了绿叶嫩草、野果野花，有的在芦笙筒上贴着红纸，写上"雷公""惊天动地""威震天下""常胜将军"等字样，诚然一副如花似锦、吉祥喜庆的样态。小伙子们看到芦笙变成这副模样，无不露出得意的笑容。

可是，一首入寨曲吹罢，还不见有姑娘出来迎接，小伙子们的心产生些许凉意。为使那颗有些许凉意的心再次滚烫起来，他们又重新吹一曲入寨曲，边吹边跨进寨门，朝着那狭窄曲折的石板路走去。这时才看到了曙光、看到了希望；因而越吹越起劲。石板路两旁已经站满了一排排姑娘。她们几乎是同样的穿戴：脚穿新布鞋，身着从衣箱底层取出的绛色亮丽的新衣；头上戴满银花银朵；颈上佩戴吊胸兜银链、扁形项圈、方形项圈和侗话说的"世引"项圈；两手戴几只造型各异、花纹不同的银手镯。姑娘们左手提着一盏竹筒油灯，夜风轻轻吹，灯光忽明忽暗，为小伙子们照亮前行的路。

伴着悠悠的入寨曲，就这般迎接入场，提灯照明，等待芦笙队都进场了，才开始芦笙踩堂。依然按顺序，但主寨的踩堂一定排在最后。轮到哪个队，那个队就进鼓楼坪围成一个大圆圈，一圈容不下的，就围两个圈，总之，高高的芦笙"王"和大大的地筒都立在圆圈中心。圆圈外则围着主寨的姑娘们，她们一人提一盏竹筒油灯，等待照芦笙队，照情郎，也照亮自己秀美的脸庞。听吧！那小把芦笙首先"嘀嘀……"地吹响引领曲，片刻，只听到"哈了，哟了！"全场那舒缓绵长的踩堂曲就这样吹起来了。

小伙子们边吹边跳，退半步上一步，退左脚上右脚，随着笙曲节奏转圈，随着芦笙晃动舞蹈着；一跃一个虎步，一跳一阵风儿，宁可踏乱了舞步，不可忘斜视姑娘一眼。在这笙曲悠扬、月色明朗的夜晚里，说姑娘们提灯照芦笙堂，倒不如说提灯照情郎，每当意中人跳圈到自己面前，细心人会察觉到：一个微笑，一个注目礼，是男女双方情意互动的表露。

美好的时光容易逝去，一支芦笙队踩堂结束，姑娘们才能放下油灯休息片刻。接着下支队入场，姑娘们又重提油灯照着，这样一场接着一场，踩堂多久，姑娘们就要提着油灯照多久，任何人都不可中途退场，更不可将油灯放下，否则将遭到本寨老人的指责。

等客寨的芦笙队踩堂完毕，最后才轮到主寨上场，先客后主是传统规矩。等到主寨踩堂完毕，才进入下一个高潮，即芦笙大赛。赛前，每个村寨先选一个办事公道且懂"业务"的人当评委。评委们站到离鼓楼较远的地方认真听曲，对比评判，最后综合，投票得出结果。而各芦笙队自排成一方块，先是甲寨与乙寨对赛，这样一对一对赛一遍，最后八支队同吹笙赛一曲。笙赛曲节奏快、情绪高亢、声音清脆，但上千把芦笙同时吹响，且各队芦笙音调不尽相同，外行人听起来正如笙筒上所写的"震天动地、雷公发怒"，响得楼瓦都要掉下来。但你不要担心，懂行的评委就能分辨出是哪个寨的笙声。哪个寨的笙声响亮，哪个寨的笙声又被"掩盖吞没"了，评委们都一清二楚，牢牢记住。最后综合评判得出较统一的结果，各村寨也心服口服。比赛结束，无论输赢，离开时都要吹一首告别曲，主寨还首送客曲。笙曲阵阵，久久回响，饱含着依依不舍的情意。

当然，赢的村寨，村民们个个喜笑颜开，欢欣雀跃，庆祝会上杀猪羊、宰鸡鸭、斟美酒来款待制笙师傅，人人向师傅敬酒，说制笙师傅劳苦功高，为村民长脸。没有进入前三名的村寨，村民们无不牢骚满腹，情绪低落，不乏人扬言要拿师傅来剃干头（不湿水剃头很疼），扣工钱……当然，这是背地里说的牢骚怪话，到了师傅面前，仍然是毕恭毕敬，说好话，将比输的原因转嫁到评委身上。

程阳八寨芦笙大赛后，稻谷已进入抽穗扬花时节，寨上的老人就禁止年轻人吹笙了，传说这时候还吹芦笙，就会导致田里的稻谷、山上的旱地作物颗粒结实不饱满，实际上是在告诉年轻人：你们不要再沉溺于吹笙娱乐中，山上各种农活儿都等着你们去做。

随着时代的进步，人民的精神生活需求日益增长，芦笙这种簧管乐器也从三管变为多管，音质提高，乐曲也不断创新；传统上限男吹男舞，如今发展为男女同吹同舞，舞蹈动作多姿多彩、变化多端，笙曲韵味十足，芦笙赛更加耐听耐看了。

第十二章 林溪河流域侗寨遗产价值

覃桂双 杨尚荣

一、林溪河流域侗寨村落现状描述

林溪河流域侗寨，根据其所处的地理状况，可分为溪河平坝型和山梁山脊型两种，即老百姓口里说的沿河村寨与山上村寨。沿河几十个侗寨，从"河底"的马安往上数，马安、岩寨、平寨、东寨、大寨、平铺、冠洞、合华、大田、亮寨、美俗、茶溪、水团、下河、高友、高秀等村寨，可归为溪河平坝型村寨。这些侗寨土地有河流可以灌溉，有土地可开垦，有缓坡可建屋，亦距山间林地不远，生态资源条件相对较好，是理想的栖息地。平岩、吉昌、金竹、务岗、枫木、大培山、弄团、都亮、南岗、牙己、孔冲等村寨，则属于山梁山脊型村寨。

林溪河侗寨一般都依山傍水。村前是清澈的河流或溪流，村后是茂密的树林或竹林。林溪侗族人在村前宅后的狭窄坡地开垦出或大或小的层层水田，以种植水稻。鼓楼高耸于村寨民居之中，是全寨最雄伟的公共建筑，是侗寨的标志。侗族的社会结构以姓氏为单位，以鼓楼为标志。一般是一个房族共聚一个村寨，围绕鼓楼而建房。即使一个村寨住有多个房族，也是分片而居，各姓围绕自己的鼓楼建房。鼓楼一般建在侗寨中心的平坦地带，鼓楼前面修筑鼓楼坪。鼓楼坪是全寨村民议事、节庆的场所，侗族人的芦笙歌舞、男女青年的行歌坐夜也在这里进行。他们都崇奉共同的祖先，村寨中都有祭祀祖先"萨岁"的萨坛。正是这种远古血缘的联系，使得侗族人在族姓之间、村寨之间、朋友之间，都能彼此平等相待、团结协作。建房、修桥、补路时，各家各户乃至于相关村寨都共同出力。

林溪河流域侗寨的民居，临水贴山而建，廊檐相接、鳞次栉比。所有传统的民居都为"干栏式"吊脚木楼，吊脚木楼多用杉木建造，大多有三层，底层堆放柴草，关养牲畜，设置石碓；二层设火塘和老人住房；三层为年轻人的卧房和贮存粮食的地方。楼房外围均有走廊栏杆，宽敞明亮，空气流通，供家庭成员休息，也是侗家姑娘纺纱织布的地方。楼的檐角上翻，犹如大鹏展翅。楼房四壁及各层楼板，均以木板开槽密镶；木楼两端一般搭有偏厦使之呈四面流水的形态。南部侗族地区的木楼，常常是房廊或屋檐相接，楼板相通，每逢喜庆节日，人们相聚于此设宴待客，真的是"侗屋高高上云头，走遍全寨不下楼"，体现了林溪侗寨民居的特有风貌。侗族的建筑不用图纸，千姿百态、宏伟精巧的建筑都来自建筑工匠的巧手和经验。河边、水上、陡坡、梯坎，工匠都能建出房来，且"百年木楼身不斜，一身杉木坚似铁"。在同一侗寨，几乎找不出两个相同的房屋建筑。侗族鼓楼、风雨桥在造型和制作上，都为世界建筑史增添了光辉的一页。

　　由于林溪侗寨多位于江河溪流边，因此一般都在村边河流上修建木构风雨桥。这些桥梁或多跨或单跨，或伸臂或悬臂，都是用木材层层叠垒伸出以缩小桥墩间或两岸间的距离，减小大梁的剪力。桥面上架构木框架瓦顶的廊屋，有的还在桥两头或桥墩的位置修建亭阁。多姿多彩的风雨桥形成了侗族的另一个特色。别具特色的风雨桥被周围其他民族模仿，甚至一些城市的现代建筑也被设计成侗族风雨桥的模样。

　　林溪河流域侗寨原来大都水塘密布，溪流纵横。村寨里各户人家的房前屋后都建有鱼塘，既养鱼又防火，还可作为生活用水，显示出水乡民族的特性。村寨内部交通以连接各公共建筑节点为主线，以通往各家各户为支线，由于山多路不平，寨中的道路体系大多呈立体树状分布，路面多用青石板或鹅卵石镶嵌而成。村寨之间的道路，从寨门处引出、延伸。侗寨都建有寨门，河上架有风雨桥或石板桥。侗族人一般要在寨门设置路障，对进寨人进行"拦路歌"盘问，这种迎宾仪式可能是古代设置关隘盘查外人的遗俗。

二、典型村寨现状的具体描述

　　高友村：位于广西与湖南的交界线上，地处林溪河北端，坪坦河最上游，全村446户1 927人，侗族人口占99%，村内有10个姓氏，以潘姓和杨姓居多。全村共有水田1 008亩（约67.2万平方米），旱地335亩

（约 22.3 万平方米），林地 40 000 多亩，森林覆盖率为 75%。粮食作物以水稻、玉米、红薯为主，经济林木种植有杉树、松树、油茶树、茶叶等。寨子始建于明代天顺年间，传说村寨先民潘氏是从江西省吉安府泰和县迁来的，以后又有杨、吴、李等 9 姓陆续迁入，形成现有规模。

村寨建在四面环山的山谷中，分中寨、崖上和寨脚三个自然寨，寨与寨以道路相区隔。一条流向坪坦河的小溪由东北向西南穿过，主要道路也沿溪河走向，将村寨分为西北和东南两部分。西北是早期村寨的所在区域，该区有 4 座鼓楼，核心是中寨，这里房屋最为密集，也是高友村村民最早聚集的地方，村寨就是以中寨为核心，逐步向坡上和左右两边延伸。村寨的东北和西南两端的山谷是村寨主要水田所在，在村内民居附近及村外，是水田和鱼塘。高友村村民在水田里种植水稻并养鱼，这是侗族人的种植特色。

高友村有 5 座鼓楼，其中高友下鼓楼、高友中鼓楼、高友上鼓楼、吴牙老鼓楼，均建于清代。高友中鼓楼最为古老，据说已有 600 年历史，位于村寨的中心。在这座古老鼓楼旁边的十几节台阶上，还矗立着建于清代初年的飞山宫，现在，村内最为壮观的鼓楼则是 2005 年修建的福星楼，该楼为 13 檐攒尖顶，楼的左右两边各有一座老鼓楼和一个戏台。民居为干栏式吊脚楼结构，一般分为三层，楼下安置杂物，饲养禽畜；楼上用于日常起居。每座楼房，除屋顶面盖青瓦之外，全部用杉木建造。村内的交通主要是石板路和碎石路，三条石板主干道已经有上百年历史。在高友村的三个村头，立有 3 个寨门，其中"永兴门"具有鼓楼的气势，寨门的两侧建有起凉亭作用的厢房。整个高友村还有保存完好的 27 个凉亭、13 个古井亭和 10 个古墓群。村寨的风雨桥位于村寨西南的山梁臂膀连接处，也建于清代初期。

高友村传统节日众多，有韭菜节、尝新节、四月八、五月五、七月十四、太阳节等，被誉为"百节之乡"。谷雨韭菜节，是高友村独具特色的节日。民间活动主要有斗牛、赛芦笙、坐夜、月也、唱侗戏、多耶、对侗歌等。侗寨人大多信仰自然神，高友村的太阳节在每年农历的十一月十九。节日这天，全寨人都聚集在鼓楼坪上，祈祷太阳神能保佑侗寨风调雨顺，繁荣昌盛。

高秀村：位于三江县林溪镇东北部，东、南、北方向与湖南交接，属于坪坦河上游。截至 2020 年 12 月，全村 392 户 1 675 人，侗族聚居。高秀村属岭南亚热带气候，雨量充沛，年平均气温 17 ~ 19 摄氏度，粮食作物以水稻为主，兼种小麦、玉米、红薯；经济林木有杉树、油茶、茶树、樟树、松树等。高秀村寨周围有4 000多亩的山林。关于高秀村建寨的历史，据高秀村老鼓楼序中记录推断，已有500多年。

高秀侗寨地处高山河谷中，四面环山，山谷中央有两条由东南流向西北的河流，一条来自上游的高友村，一条是东面山上下来的溪流，它们在村头的西北面汇合。这两条河流将高秀村民居分隔为四组，民居沿河两岸而建，以两河流之间最为密集。沿着西侧河流的大路（现已铺为水泥公路）是村寨交通的主干道，由该干道引出多条支路，分别向左右的山坡或谷地伸去，构成民居组群之间的通道，也将水田与民居连接起来。这些支路和村中巷道多由青石板铺砌，或宽或窄，依山而上，顺水而铺，穿梭于民居、稻田、水塘之间，连接着鼓楼、风雨桥、寨门等公共建筑。

全寨有7座鼓楼，以2008年新建的高秀大鼓楼（中心鼓楼）最为宏伟，楼为19檐攒尖顶，高达27米。鼓楼前面的鼓楼坪旁边建有戏台，是村民新的活动中心。全村300多座青瓦置顶的木质吊脚楼，挤挤挨挨地从山丘脚下的平坝地往背后的山上延伸，层叠而上。一座座鼓楼鹤立于鳞次栉比的吊脚楼之中，民居团状围绕鼓楼分布。作为民居的吊脚楼的形式因地势的不同而不同，大多为三层或四层，立于半坡的斜面上，一楼关养牲畜、堆放农具，二楼住人，由一楼偏厦配出楼梯直接上二楼的前廊。村内有5口古井，分别为下杨古井、边蓝古井、谢氏古井、吴氏古井和上杨古井，古井上均建有井亭。村口的3座风雨桥年代都较为久远，分别架在村寨的三个主要出入路口上。

高秀侗寨由于地处偏僻，村寨的景观和民风还保持着浓郁的侗族传统特质。琵琶弹唱、风雨桥上对情歌、吊脚楼里行歌坐夜、月也、芦笙对抗赛、多耶、戏楼台上唱侗戏、吹木叶歌、斗牛比赛等传统风俗，仍在村寨中流传。高秀村农作文化以每年谷雨"韭菜节"最具特色。节日这天，侗族姑娘可以随便进入农家菜园割韭菜，谁家的韭菜被割得多，谁家的主人会最得意。

平寨：位于林溪河东岸，一道伸向林溪河的山岭是村寨南侧的屏障，另一座耸立的孤山则将平寨与大寨分隔开来。两山之间的平川呈哑铃状，一条小溪东西向流过，最后汇入林溪河，平寨的民居主要位于这条小溪以北。截至2020年12月，全寨230户1 025人，主要有杨、吴、陈三个大姓，以杨姓居多。村寨以水稻种植为主，并盛产茶叶。山上林木主要有油茶、杉树、樟树、枫树、荷木等。村寨最早的文字记载是村中鼓楼旁道光元年的石碑，可以证明至迟在1821年，这里已经形成相当规模的聚落，并一直延续至今。

平寨的主体，即老寨，位于林溪河畔，以靠近北面山坡一带的民居最为密集，是该寨的核心聚居区，也是村寨先民最早落寨的地方。位于该区域中央的老鼓楼，建成于清道光元年，鼓楼为重檐悬山顶形式，其枋柱上留有原先侗"款"的痕迹。鼓楼旁立有道光元年刻的"亘古千秋"石碑，鼓楼斜对面还建有思源亭。寨内道路主要有5条，均由青石板铺砌，有的已有上百年的历史。这5条道路出寨处原各有一座寨门，其中面朝林溪河畔的西南寨门和连接今公路的东南寨门，是程阳八寨中保存最为完好的寨门。寨子村民住宅旁的溪流、水塘和泉井，构成了平寨的用水系统。寨内水塘主要集中于寨北部的民居周围，在村寨东边则有3口建有井亭的古水井。过去，在平寨东面约二三百米处还有座"社亭"，是附近村寨杨姓和吴姓祭祀的地方。寨北小山被村民视为风水山，山上有专门的墓地，山旁还有一株参天的古树，被村民视为"风水树"，保护着村寨的平安。

寨外西南的林溪河上架有一座名为合龙桥的福桥，桥为两墩三跨二楼。桥下以石为墩，墩上层叠圆木出挑，上架大木为梁，梁有雨披遮蔽风雨。桥面上有廊，在桥墩的位置起重檐歇山顶的桥楼。桥的形态与马安寨下游著名的程阳永济桥类似，桥始建于嘉庆十九年，200多年来曾三次被洪水冲毁，今存的合龙桥是1941年重新修复的。

岩寨：位于林溪河西岸，南与马安寨相连，北与程阳大寨接境，西与平坦相毗，东与平寨隔林溪河相望。农业以种植稻谷为主，也产玉米、红薯，经济林木主要有杉树、油茶。岩寨因地势不平、岩石多而得名，史料记载，明万历十九年岩寨属大营洞所辖。寨内现有杨、吴、陈、梁、张5姓，以杨姓入居最早。

岩寨三面环山，东南面为林溪河，地势北高南低。来自西南面的小溪从山寨穿过，在此折转向东南，穿寨而过汇入林溪河。这条小溪将寨子分为东西两区。溪东两水之间的三角地带为寨子的东区，该区是岩寨原寨的范围，其东西两侧以溪河为护河，北面靠山处原有防卫的寨墙，现只有两座寨门尚存。东区在林溪河边建有老鼓楼，鼓楼建在石块垒砌的陡坎上，为三间悬山顶两侧带披檐的殿堂式，中间加重檐歇山顶形成三檐模样。该鼓楼据说建于清宣统元年。从鼓楼沿河南下，不远处的河边码头旁有青石砌成的"萨坛"，坛外还有数棵古老的风水树。寨子西北面的山峰名为"衙萨"，即萨坛峰之意，被认为是村寨的"风水山"，据说古时岩寨的村民曾在此设坛祭祀萨岁。村内5条石板古道，组成村寨的交通主干道。街巷小径狭窄，或用石板铺成，或由鹅卵石砌就，通往各家各户。小溪以西是岩寨扩大后建立的新区，新老区之间有两座小型风雨桥相连。该区的居民木楼主要靠西侧的山麓而建，一条南北向的街道贯穿整个西区，北端通过小溪上游的风雨桥可至东区，南端沿山麓顺林溪河而下与马安寨相连。新区东南侧的新鼓楼建于2006年，鼓楼前有一块宽阔的鼓楼坪，坪的北侧建有戏楼。岩寨的外部溪流和内部小溪、水塘和水井构成了完善的供水系统，其中4口建有井亭的古井是村民饮水的水源。

马安寨：地处林溪河河道曲折迂回处的左岸。这里因常年河水冲击、泥沙淤积，形成了一个山间坝子。坝子东面靠山，从山脚下形成一片形如"马鞍"的平坦之地，马安寨就建在这个坝子上。截至2020年12月全寨有175户人家820人，由陈、杨、吴、梁4姓组成。农业以水稻为主，经济林木有杉木、油茶树等。据传，马安寨先民在此落寨居住已有700多年的历史，明万历十九年以后，马安寨属大营洞所辖，民国后期为八江区林溪乡马安村村公所所在。

马安寨坐落在三面围合的半岛上，与周围的田园形成辐射状，民居团状聚集在中间。鼓楼建于坝子中心突起的台地上，鼓楼前是一块鼓楼坪，村民的住宅围绕着鼓楼向外向下层层展开。马安寨的民居是典型的侗族风格的吊脚木楼，目前还有4处古屋，其中鼓楼坪南侧台地下的陈家老屋据说已有150年的历史，房主在清道光年间（1821—1850）从龙胜坪等地迁来。寨内有6条呈环绕状的路，构成村寨的"骨架"。在村边的河岸，是条环绕村寨周边的石板路，这条环形的石板路与进村口的两条路相交，构成了村寨内部的交通主线。村内除了林溪河提供灌溉水源外，还有从山上流下来的溪水。溪水在山脚下汇集成口口水塘。水塘用于养鱼，也用作消防。村民的饮用水主要是山上引下来的溪水和3口古井，程阳永济桥西头的月牙井，是马安寨神话传说中侗王吴勉下马饮水，放马鞍而变成马安寨的地方。过去，马安寨内有"一坪二楼三门四庙"，即一个鼓楼坪、两座鼓楼、三座寨门、四个土地庙，这些古建筑都在20世纪六七十年代被毁。现在村中的三间七檐的鼓楼是20世纪80年代按原貌重建的，也是该村现在唯一的鼓楼。马安寨的古碑石雕保存较多，共有35块。在居民木构住宅之外环绕着的是平展整齐的稻田，稻田之外，林溪河沿村而下，两座规模宏伟的风雨桥——合龙桥和程阳永济桥分别架在河流的上下，寨子的两边。

马安寨最引人注目的是村尾的程阳永济桥。该桥始建于1916年，为三墩四跨五楼，集桥、廊、亭三者于一身，是保存最好、规模最大、最为壮观的侗族风雨桥。桥的两侧为石砌高台，三座梭形砌桥墩上叠圆木出挑，上架粗大的木梁，木梁两侧有瓦顶的雨披以防止风雨侵蚀。桥面上修造长廊覆盖，桥头和桥墩的位置分别修建三檐四角攒尖顶和歇山顶的桥楼，桥边立有一块"永济桥"碑，叙述了村寨和桥梁的历史。

三、林溪河流域侗寨遗产价值确认

（一）能为一种已经消失的文明或文化传统提供一种独特的或至少是特殊的见证

林溪河流域侗寨凝聚侗族起源、迁徙和在当地生息的历史，是一部蕴含着大量历史信息和文化信息的大型资料库，是侗寨历史和文化的集中体现。这种历史和文化历经千年依然存在并不断发展演变，为正在快速消失的侗族文化传统提供了鲜活的见证，是世界多元文化的重要组成部分。

侗族没有本民族的文字，借由歌谣与故事言传的方式，将侗族起源、迁徙、择居以及定居于当地后发生的重大事件流传下来。从林溪河流域侗寨角度审视，其村寨联盟的传统社会组织规约、习惯法和村规民约等，只是通过定期举行村民大会并宣讲法规条文（侗款）而口耳相传，广为遵守。在相对封闭的环境中，林溪河流域不少侗寨还保留着先前传统的社会结构、生产方式和生活习惯，是侗族历史和文化的一个缩影，是重要的历史学和人类学资料。

林溪河流域侗寨人民生活在依山傍水的环境中，开辟梯田种植水稻，利用山林、水泽采集和补充生活所需。在漫长的历史长河中，林溪河流域侗寨虽不断地演化，依据时代需求改变村寨结构，或发展出新的文化事项，但对以鼓楼为核心的村寨结构，以风雨桥为特点的村头标识，以鱼鸭共生的山区稻作农业为基础的产业模式等，却一直保存。林溪河流域侗寨为世界多元文化提供了鲜活的例证。

（二）作为一种类型建筑群或景观的杰作范例，展示出人类历史上一个或几个重要阶段的作品

林溪河流域侗寨的传统建筑，尤其是鼓楼和风雨桥等公共建筑，集中地反映出侗族传统建筑的建造技术和侗族聚居区域的人文景观。这些侗寨的公共建筑单体与民居建筑群体结合巧妙，村寨建筑与自然环境和谐共存。侗寨传统建筑的建筑元素和景观特征为侗族聚居区乃至于周围其他民族聚居区的现代建筑设计所采纳并发扬，成为地域建筑文化的典型代表。

林溪河流域每个侗寨至少有一座鼓楼，有的侗寨多达四五座。侗寨人深受宗法观念的浸染，故单姓同宗村寨只建一座鼓楼，而杂姓村寨则每姓氏各建一座鼓楼，因此鼓楼通常位于村寨中心或各家族核心地带。鼓楼造型雄伟壮观，结构严谨，工艺精湛，是侗族建筑技艺的集中体现。

林溪河流域侗寨于交通要道多建有风雨桥，方便行人过往歇脚，也是侗族迎宾和进行社交活动的场所。村寨的能工巧匠根据自己的爱好和河床的宽度，设计出各式各样的风雨桥。这些不同于他处的风雨桥与鼓楼一样，都是侗寨独有的建筑形式，是侗寨有别于其他民族村寨的标识。

（三）作为传统的人类居住地或使用地的范例，代表一种或几种文化

在林溪河流域这个溪峒地理环境中，侗族人民选择在河谷阶地安家落户，这样的环境使得他们有溪流可以饮用灌溉，有平缓坡地可以开垦建屋，又有山林可以采集狩猎，他们在村前屋后的平地和坡地上开辟梯田，种植谷物为主要粮食来源。在房前屋后建鱼塘，除可养鱼、灌溉，作生活用水之外，还可用作消防，因为侗寨楼房皆为木结构，容易引发火灾。为确保水源平均分配，侗族人民构建精巧的人造水网，合理利用水资源。稻田养鱼就是充分利用有限空间及合理分配水源的体现，展现了侗族人民的生活智慧。这些侗寨是山区农业文明的宝贵遗产。

随着现代化、城市化和全球化进程的迅猛发展，林溪河流域的侗寨是为数不多的保留传统的"文化孤岛"。随着中国社会经济的迅速发展，乡乡通公路、村村通电信已经成为现实，公路和电波将原先偏僻的乡村与城市紧紧联系在一起。为了改变自己的经济状况，许多侗族人到城市寻找工作，即使留在村寨的人们也每天通过电视不断获取城市和现代社

会的信息，新的生产技术、建筑材料、建筑形式和思想观念强烈影响和冲击着村寨固有的传统，直接或间接导致侗族文化对外来文化的同化和异化，传统的侗寨正在迅速变化中，如果再不予以重视和保护，侗族村寨的文化特色就将淡化乃至于被世界主流文化同化，作为世界多元文化的组成部分，侗族文化失去了其载体，也将会彻底消失。

（四）林溪河流域侗寨文化的遗产比较价值

1. 与中国其他地区的村落文化景观相比

林溪河流域侗寨鲜明地体现出中国侗族文化特色，与西南其他少数民族村寨如苗寨、藏羌村寨相比，分别代表着不同的文化主体，具有不同的少数民族文化内涵。与中国其他地区村落文化景观相比，既不同于中原文化区皖南古村落对于汉族传统社会经济结构的反映，也不同于云南红河哈尼梯田对于稻作梯田这一典型农业景观的侧重反映，与华南村落文化景观相比，既具有类似福建土楼、开平碉楼对于建筑实体的依赖，并都具有独特的建筑形象，但又不同于二者对于建筑防御功能的极大诉求。与土楼、开平碉楼重实体建筑比，侗族村寨不仅有丰富的建筑类型，而且强烈地呈现出使用中的遗产的特色，具有典型的活态遗产的特点。

2. 与东亚其他代表性村落文化景观相比

《世界遗产名录》上已登录的其他亚洲村落或农业文化景观，包括：①菲律宾科迪勒拉水稻梯田，是社区可持续的稻作生产公共系统的生动例证，是对历史和千百代小农耕作方式的纪念，是人与环境相互和谐作用的土地利用的突出代表。②日本白川乡和五屹山历史村落，以种桑养蚕为生。当地农舍很有特色，在日本是独一无二的，它们比一般农舍略大，为两层结构，屋顶坡面很陡，用茅草覆盖，村落拥有与自然生活环境和社会经济环境完美适应的传统生活方式。③韩国历史村落河回和阳东，是朝鲜王朝保存最好、最具代表性的两个部落。村落建筑形式特殊，使用特殊泥墙、木框架和草顶。在选址、规划和建筑传统方面是对崇尚儒学的乔森王朝的独特例证，村落及其总体规划或单独规划，尤其阳班和村民的房子作为一个整体，反映了乔森王朝根据社会结构和文化传统、文学作品的影响力与哲学传统所形成的规则。

不同于菲律宾科迪勒拉水稻梯田因社会和经济的转变而变得脆弱，林溪河流域侗寨依然保持着生机与活力。在建筑材料和建筑形制方面，侗族村寨也具有不同于上述日、韩历史村落的特征，侗寨建筑类型更加丰富多样，民居建筑形式也更富有变化，河回和阳东反映了儒家思想的浸润与影响，而这恰恰反映出侗族村寨文化不同于汉族文化，也不同于韩国两处历史村落的根本之处。

3. 与欧洲和西亚典型村落或农业文化景观相比

《世界遗产名录》上已登录的欧洲村落或农业文化景观有：①捷克霍拉索维茨历史村落保护区，以南波希米亚民间巴洛克风格著称，代表着两种乡土建筑传统的融合，是中欧传统乡村聚落的突出例证。②瑞典吕勒欧的格默尔斯达德教堂村是北斯堪的纳维亚传统教堂镇的一个显著例证，很好地说明了在恶劣的自然环境中，传统的城市设计对特殊的地理和气候条件的造应。③罗马尼亚特兰西瓦尼亚村，保留有13—16世纪建筑风格的防御性工事教堂，具有特殊的土地利用系统、居住方式和自中世纪后期以来保存至今的家庭农庄组织的特点。④匈牙利霍洛克老村及其周边环境，是特意保留的传统聚落的突出例证。村庄主要在17—18世纪获得发展，是20世纪农业革命前乡村生活的一个鲜活例证。⑤叙利亚北部古村落，为古典末期和拜占庭时期的乡村农舍建筑、民用和宗教团体建筑，为中东乡村文明的生活方式和文化传统提供了独特证据。林溪河流域侗寨是对中国少数民族村落活态文化的突出代表，这些村寨与上述村落或农业文化景观相比具有不同的文化主体（侗族）、不同的建筑形式（从外观到材料）、不同的建筑功能（不强调其防御性），反映不同的时代（数百年演进至今），具有不同文化的侧重（并非以宗教为主）。

四、林溪河流域侗寨文化的世界遗产核心价值

一定区域的地理环境决定了这个区域的经济形态。林溪河流域侗寨整个发展历史进程代表了这片流域一种人类社会聚落文明发展的木石路径。因此，讲好"一根木头、一块石头"的故事，就能很好地厘清林溪河流域侗寨遗产价值的脉络。对侗寨遗产价值的研究，离不开对村落可视、直观、固化的直接观察。这既是"他者"视角，也是容易作出判断的部分。

侗寨文化的世界遗产价值，除了从"他者"视角进行观察研究外，更为重要的是我们应当深入其内部，从其社会结构、经济基础、审美意向等核心角度，探究侗族村寨村民的人与人、人与自然、人自我三者之间的生存哲学和生命皈依追求，理顺侗族村民把村寨作为一种生命生存智慧或手段的原始动因与力量。

农业或农耕的持守，则是侗族社会的基础表达。从刀耕火种的水稻棉麻种植到围渔狩猎，从割田坎、割青以肥田地到引水种稻、养鸭鱼，从铸（磨）造、烧制、编结、染织的手工技艺到腌、熏、腊等的再加工方法，从水、雾、雨、林、田到人、畜、村等的生命系统，从家庭、宗族、村落的社会系统到抑恶扬善、奖勤罚懒规约，从对自然神的崇拜到"飞山"和"萨"的祖先神崇拜，从山林、村寨、住房、家庭、家族、村寨、款组织的空间系统到祖辈、父辈、我辈、儿孙辈以及太阳出山、太阳当顶、太阳落山、夜晚等无穷的时间系统，从你方唱罢我登场的歌、乐、舞到"饭养身，歌养心"的精神养育论，循环往复、周而复始的农作系统，皆见证了侗族社会农耕文明的成熟。这在商业经济气息充溢全球的当下，显得是那么珍贵。

均富与平权，构成侗族社会的生产关系和经济基础。在侗寨里，自古以来就是人人皆耕有其田，村落无巨富、无赤贫，族人在属于自己的那一份田地里"日出而作，日落而息"，过着丰衣足食"小国寡民"的日子，这里"土地平旷，屋舍俨然，有良田美池桑竹之属。阡陌交通，鸡犬相闻。其中往来种作，男女衣着，悉如外人。黄发垂髫，并怡然自乐……问今是何世，乃不知有汉，无论魏晋"。日常生活中，大家互帮互助，一家有事大家帮，绝后之户房族救济，族内土地自行调调剂。村落社会由家庭、房族（斗、补拉）、村寨、款（小、中、大款）而形成政治联盟与军事结盟。管事的叫款首、寨佬、头人，他们都是自然领袖，是平时凭着急公好义、办事公道、知情达理而被大伙自然拥戴形成，与人断事理，也就招待一顿饭。若谁有杂念想徇私，他就没有了威望，失去了地位，因为此后他再也不会得到族人的认可。

在侗寨，族人讲究对精神的养育和对欲望的消解。与人与事以"要正好（恰到好处），与万物为邻，善音乐、不喜杀，团结互助"为重；对物质的追求要"是我们的就是我们的，是别人的就是别人的，别乱抢夺别人的"；人要保持内心之稳与社会之衡。因此，侗族社会歌乐无穷，诉说着族人对生命的诠释：有哲理歌对生命审美的诉说，有爱情歌的多情与浪漫，有款词的尊严与教导，有儿歌的清新与灵动，以及哭丧歌的无限哀思与悲凉。有歌就有舞，社会里有以团圆、聚合、圈层为要义的多耶，有以喜庆与欢乐为主要意义的芦笙舞，以及与神灵对话的傩（戏）舞……而这些，正是物欲社会所缺少的。

参考文献

[1] 魏任重，姜玉笙.三江县志 [M].台北：成文出版社有限公司，1946.

[2] 广西壮族自治区编辑组，《中国少数民族社会历史调查资料从刊》修订编辑委员会.广西侗族社会历史调查 [M].北京：民族出版社，2009.

[3] 杨锡光，杨锡，吴治德.侗款 [M].长沙：岳麓书社，1988.

[4] 吴浩，张泽忠，黄钟警.侗学研究新视野 [M].南宁：广西民族出版社，2008.

[5] 杨顺丰.畅游三江 [M].南宁：广西人民出版社，2015.

[6] 陈杏萍.广西三江民族村落 [M].南宁：广西民族出版社，2014.

[7] 吴世华.侗"萨"时代初探：三江林溪萨神遗迹调查 [J].贵州民族研究，1990（2）：41-42.

后　记

在三江侗族自治县、广西侗区、南部侗族地区，乃至整个湘黔桂三省（区）交界侗族地区，林溪河流域侗寨都是一个特色鲜明、文化多元的存在。方圆百里的侗族同胞把"村脚马安、村头冲罗、村中里贯、上棕树坪、合款第九"的林溪河溪峒几十个侗寨，统称为"条河林溪"（林溪那条河）和"峒村林溪"。其文化元素的多样性与鲜明的民族特色，也吸引了国内外研究专家、学者、旅游者等的目光。用历史人类学或者文化地理空间理论，对"峒村林溪"文化进行研究，并用一种读本表述的方式，向社会不同层次的人群进行例说，以期建构三江侗族自治县地方性知识体系，助力三江民族文化旅游建设，成为地方有识之士的共识。中国人民政治协商会议三江侗族自治县委员会根据委员提案，确立了《关于对"百里侗乡"林溪河文化进行研究的建议》的提案，组成工作队伍，开展此项研究。

参加林溪河侗寨文化研究并负责撰写各章节的人员，有科研院校的专家和教授，有生长在林溪、长期浸润于当地文化的学者，有留学海外的博士，有国内高校在读民族学研究生。写作团队多次深入林溪河流域侗寨认真开展田野调查，大家分工合作，取长补短；特别是几个在读研究生，利用长达数月时间，深入开展调查研究；团队在进行各章节内容的撰写时，明确要求各章节既独立成篇，又相互印证；对田野材料的运用，既各为己用，又以类相求；行文既要讲究人文社科范式，又要讲究运用通俗的语言表述观点，力求实现雅俗共赏，满足不同文化层次读者的需求。经过近一年的努力，大家终于完成了全书的创作。

本书的出版得到了很多领导和朋友的关心与支持。广西侗学研究会、柳州市侗学研究会，中共三江县委、县人大常委会、县人民政府、县政协等各级领导，都十分关心本书的编印工作。中国民间文艺家协会副主席、广西地方文化研究学者韦苏文对本书提出了很珍贵的修改建议。在调研期间，林溪河流域侗寨的各位父老乡亲给我们提供了大量的第一手田野资料。

在此，我们致以诚挚的谢意。